新时代跨区划法院探索实践丛书

跨区划行政案件审判参考

主　编　单国钧
副主编　武　楠

KUAQUHUA XINGZHENG ANJIAN
SHENPAN CANKAO

法律出版社
LAW PRESS · CHINA
北京

图书在版编目（CIP）数据

跨区划行政案件审判参考 / 单国钧主编 ; 武楠副主编. -- 北京 : 法律出版社, 2024. -- (新时代跨区划法院探索实践丛书). -- ISBN 978-7-5197-9607-5

Ⅰ. D925.318.5

中国国家版本馆 CIP 数据核字第 2024B6G755 号

跨区划行政案件审判参考
KUAQU HUA XINGZHENG ANJIAN SHENPAN CANKAO

单国钧 主编
武　楠 副主编

责任编辑 陈昱希
装帧设计 鲍龙卉

出版发行 法律出版社
编辑统筹 法规出版分社
责任校对 王　皓
责任印制 耿润瑜
经　　销 新华书店

开本 710 毫米×1000 毫米　1/16
印张 20.25　　**字数** 308 千
版本 2024 年 12 月第 1 版
印次 2024 年 12 月第 1 次印刷
印刷 北京盛通印刷股份有限公司

地址:北京市丰台区莲花池西里 7 号(100073)
网址:www.lawpress.com.cn
投稿邮箱:info@lawpress.com.cn
举报盗版邮箱:jbwq@lawpress.com.cn
销售电话:010-83938349
客服电话:010-83938350
咨询电话:010-63939796

书号:ISBN 978-7-5197-9607-5　　**定价**:88.00 元

凡购买本社图书,如有印装错误,我社负责退换。电话:010-83938349

新时代跨区划法院探索实践丛书

编辑委员会

初心如磐践行使命　奋楫笃行继往开来

——北京四中院十年改革探索实践纪实

（代序）

设立跨行政区划人民法院是党中央全面推进依法治国的重要部署。2014年12月30日，北京市第四中级人民法院（以下简称北京四中院）作为跨行政区划法院改革的试点应运而生。履职十年来，北京四中院坚持以习近平新时代中国特色社会主义思想为指导，紧紧围绕“努力让人民群众在每一个司法案件中感受到公平正义”的工作目标，立足在“特”字上做文章、在“专”字上下功夫、在职能作用上显风采，不断探索跨区划法院改革发展体制机制创新，努力提升审判质量、效率、效果，坚决护航首都发展大局，践行司法为民初心，以创新实干书写了新时代首都跨区划法院探索和实践的新答卷。

十年砥砺奋进，十年春华秋实

在历史的长河中，十年或许只是短暂的一瞬，但对于北京四中院而言，却是一段充满挑战与机遇、拼搏与奋斗的光辉岁月。十年来，在市委、市委政法委的坚强领导和市高级法院的正确指导下，历届院党组及全院干警同心同德、风雨兼程，执着向前、敢于斗争，锐意进取、勇于创新，推动北京四中院从无到有、从弱到强，改革建设发展各项事业均取得了显著成绩。

——这是政治统领激活改革发展动能的十年

人民法院既是政治性很强的业务机关，也是业务性很强的政治机关，讲政治是根本、是方向、是灵魂。自建院以来，北京四中院始终牢记“政法姓党”是永远不变的根和魂，坚持把党的政治建设摆在首位，牢记人民法院首先是政治机关，出台《党组理论学习中心组学习办法》《“第一议题”学习制度》等一系列学习制度规定，按照党中央、市委工作要求，深入开展党的群众路线教育实践活动、“三严三实”专题教育、党史学习教育、党纪学习教育等各类学习教育，教育引导干警进一步坚定理想信念，增强政治定力，确保深刻领悟“两个确立”的决定性意义，不断增强“四个意识”、坚定“四个自信”、做到“两个维护”。严格落实《中国共产党政法工作条例》《中国共产党重大事项请示报告条例》，制定请示报告清单，严格执行重大事项请示报告制度，切实把党的绝对领导落实到法院工作各领域各方面各环节。严格落实意识形态工作责任制，积极主动做好新闻宣传和舆论引导工作，坚决防范和抵制“三权鼎立”“司法独立”等错误思潮，坚定不移走中国特色社会主义法治道路。

——这是勇毅担当服务中心工作的十年

服务保障新时代首都发展是机遇、是考验，更是北京四中院的职责使命。经过十年的探索实践，涉外审判、行政审判、环境资源审判、涉互联网案件审判、走私类案件审判、涉铁路案件审判已经成为北京四中院独特的职能优势和鲜明特色。北京四中院持续优化跨区划法院案件管辖格局，先后推动北京法院国际商事纠纷一站式多元解纷中心（以下简称中心）、北京国际商事法庭在本院挂牌成立，制定《北京国际商事法庭建设发展规划（2022—2025）》《域外法查明指引手册》等一系列制度文件，全力推进北京国际商事法庭高水平运行，成功审结多起全国首例案件和有影响的案件，为首都更高水平对外开放、北京“两区”

建设提供了优质司法服务保障。积极探索行政审判“四中路径”，妥善审理涉中轴线申遗、大兴机场建设、副中心建设等一系列疏解非首都功能重大项目案件。注重强化互联网案件审判，切实以案件裁判完善互联网案件审理规则，为数字经济标杆城市建设提供优质司法服务保障，多篇案件信息被上级部门采用。紧紧抓住稳定这个关键，重拳出击严打走私犯罪，常态化开展扫黑除恶斗争，推进打击整治养老诈骗等专项行动，全力维护首都安全稳定。2023 年，挂牌成立环境资源审判庭，进一步创新公益诉讼案件裁判方法，建立“多元共治”生态保护法治屏障，为深化生态文明体制改革，夯实高质量发展生态基础，打造中国式现代化建设先行区、示范区贡献司法力量。

——这是司法为民做实司法公正的十年

司法审判工作，必须始终把人民群众满不满意作为评判审判质效、改革成效的标准，让人民群众切实感受到公平正义就在身边。一直以来，北京四中院注重优化诉讼服务，持续加强诉讼服务中心建设，出台《涉外、涉港澳台民事案件立案指南》等制度规范，最大限度便利群众诉讼。2021 年 11 月，顺利完成首例跨境当事人网上立案，在院网首页设置诉服工单查询入口的创新举措得到上级法院肯定。大力推进智慧法院建设，深度运用“云谈话”、“云庭审”、电子送达等方式妥善审理系列涉“两区”建设仲裁司法审查案件，得到当事人广泛认可与高度赞誉。积极落实善意文明执行工作理念，针对案款发还不及时问题，制定“1+3”工作法则，案款发还时限大幅缩减，最大限度提升执行事项办理效率。高度重视代表委员联络工作，主动接受人大监督，通过邀请代表委员参与庭审观摩、召开座谈会等方式，听取意见建议，及时回应社会关切，十年来，组织代表委员参与庭审观摩等活动累计达千余人次。加强信息化基础设施及智能化辅助办案系统建设，研发 AI 助手人工智能系统，搭建全市首家司法数据中台应用体系及涉外案款发还机制，顺利实现全市首例以线上方式通过银行跨境人民币结算服务直接发还案款人民币3000余万元，为全市法院办理该类案件提供参考，进一步提升了人民群众对法院工作的满意度。

——这是锐意进取推进改革创新的十年

作为跨区划改革法院，改革是发展壮大、行稳致远的关键一招。十年来，北京四中院锚定新时代首都发展战略定位，主动识变应变求变，不断深化具有跨区划法院特点的一系列改革举措，建院之初即出台《整建制改革试点框架意见》，以落实司法责任制为重点，优化司法资源配置，探索建立审判工作扁平化管理模式。扎实开展立案登记制改革，积极探索完善有效规制虚假诉讼、恶意诉讼、违法滥诉的制度体系和政策措施，做到有案必立、有诉必理，切实保障当事人的诉讼权利。深入推进以审判为中心的刑事诉讼制度改革，加大认罪认罚从宽制度适用力度，刑事案件当庭宣判率持续保持较高水平。进一步健全完善行政诉讼管辖制度，通过开展同堂培训、政府常务会会前讲法、发布审判白皮书、公开庭审观摩等多种方式，加强与行政机关沟通协调，推动行政机关负责人出庭应诉，促进法治政府建设。2016年12月，荣获第四届“中国法治政府奖”。出台《院庭长办案工作实施方案》，强化院庭长对重大敏感、疑难复杂和新类型案件的审核把关职能。制定《专业法官会议工作规则》《审判委员会工作规则》，充分发挥专业法官会议工作机制在辅助办案决策、统一法律适用等方面的作用。建立健全案件评查工作机制，制定《案件评查工作办法》，深化案件评查结果运用，助推各领域审判质效持续优化，改革成效逐步显现。

十年成果丰硕，十年亮点纷呈

习近平总书记指出，“历史是最好的教科书，也是最好的清醒剂”。经过十年的改革探索，北京四中院逐步形成了具有跨区划法院特色、符合司法审判规律的工作模式和业务格局，一支符合特殊案件审判要求、有力服务首都中心工作的干警队伍逐步建立，社会影响力和公众认可度日渐提升。

第一，坚持“党建引领”是助推改革发展建设的根基。跨区划法院可持续高质量发展，离不开高质量党建的引领和保障。建院以来，北京四中院始终将党建工作置于重要位置，院党组定期听取机关党建工作情况汇报，研究部署机关党建工作。出台《突出党建引领　推动党建与业务工作深度融合的若干措施》《党组书记抓基层党建责任清单》《党建工作手册》等系列制度文件，创新建立党建督导员机制，层层压实党建工作责任，确保将党建工作融入审判执行工作全过程、各方面，以高质量党建引领跨区划法院工作高质量发展。持续推行“一支部一品牌”建设，发布党建品牌矩阵创建方案，开展优秀党课评选、党史知识竞赛活动，举行“传承红色基因，铸就忠诚法魂”“追梦远航青年志　挺膺担当青年行”系列主题宣讲，全面激发干警队伍精气神。行政庭党支部获评“北京市直机关先进基层党组织”称号；杨晋东同志获评“北京市直机关优秀党务工作者”称号；机关党委“创新青年干警思想政治辅导工作法”获评北京法院示范党建创新案例；立案庭荣获北京法院党建工作先进集体称号；民庭党支部“‘五学五创’学创先锋党支部工作法”获评北京法院优秀党支部工作法；综合办党支部第三党小组“活用‘三融合’工作法”、行政庭党支部第三党小组“‘政研行’党小组工作法”分别获评北京法院优秀党小组工作法。

第二，坚持“调研贯穿”是提升干部队伍专业能力的基础。提高法院现代化审判能力，必须坚持以调研开路破题。北京四中院一直高度重视调研工作，尤其是2022年新一届党组班子组建以后，坚持把调研作为科学决策的基础、展示交流的载体、历练人才的平台。牢牢坚持调研工作为大局服务、为审判工作服务、为领导决策服务，制定《关于完善调研工作格局提升调研管理水平的意见》等一系列调研制度文件，探索建立调研联络员“一对一”对接庭室机制，进一步更新调研工作理念，创新调研管理机制，强化调研激励，全院调研热情和调研氛围空前高涨，调研工作全面开花、成果丰硕，为推动跨区划法院工作现代化奠定了坚实基础。多次中标司法部及最高人民法院、中国法学会等司法研究重大课题，获得市级以上优秀调研成果奖励40余次；审理的环境污染民事公益诉讼案，入选第四批联合国环境规划署中国环境司法案例，刊载于联合国环境规划署司法门户网站；干警论文、征文荣获全国法院学术讨论会一等奖、二等奖及其他重要奖项120余人次。

第三，坚持“管理支撑”是促进审判工作提质增效的保证。推动新时代法院工作高质量发展，进一步增强人民群众的司法获得感，必须贯通审判管理与政务管理、队伍管理。北京四中院始终高度重视审判管理工作，将其作为提升审判质效、确保司法公正的重要抓手。通过建立完善的审判管理工作体系，形成分管院领导主抓、审管办（研究室）组织、评查工作人员具体负责的“日常+重点+专项”全覆盖工作体系，明确各主体职责，确保了审判管理工作的有序开展。聚焦审判质效提升，研究制定审判权责清单“1+4+1+1”系列规定、《案件信息与审判数据管理办法》、《“百日攻坚”行动方案》等规章制度，定期组织召开审判执行工作点评会、数据会商会，建立健全节点管理、分类管理和全过程全员服判息诉机制，确保案件从立案到结案的全过程顺畅有序。与此同时，坚持做好收结案调度，强化案件监督管理，积极组织开展庭审观摩活动，常态化组织开展案件评查，进一步提升各审判领域审判质效，切实以审判管理现代化推进审判工作现代化。

第四，坚持“队伍保障”是推动跨区划法院工作现代化的关键。跨区划法院高质量发展，离不开人才支撑和队伍保障。北京四中院始终高度重视人才培养，在干部队伍建设和专业能力提升方面，常态化组织开展干部调整交流工作，实施优秀年轻干部质量提升工程，为高质量发展提供坚实的人才保障。制定完善人才培养发展规划，探索建设“四中知学堂”“四中自学堂”“四中智学堂”等分类培训平台，举办分领域、多层次的教育培训和技能比武活动，有效提升干警的专业素养和履职能力。建立廉政监察员和亲情廉政监督员工作机制，结合正反典型案例开展廉政警示教育，强化监督执纪问责，确保干警干事创业清正廉洁。认真学习贯彻习近平文化思想，建强多元文化阵地，做好关心关爱干警工作，建立健全安全问题“一票否决”机制，健全完善警务相关制度机制，有力提升“三服务”质效。此外，注重强化与高校合作共建，加大先进典型培树宣传，激励全体干警积极向上，营造浓厚干事创业氛围，进一步激发全体干警的工作热情和创造力。

第五，坚持“精品战略”是提升司法效能的抓手。习近平总书记深刻指出“一个案例胜过一打文件”，司法案例在法治建设中具有无法取代的重要作用。北京四中院积极推动司法工作向精品化方向发展，以打造精品案件、精品文书、精品庭审为目标，不断提升司法审判的质量和水平。立足特殊案件管辖与特色职能定位挖掘典型案例，加强对疑难复杂案件的研究和分析，制定《典型案例培育工作方案》，各部门主动加强典型案例选送培育工作，环境污染民事公益诉讼案入选最高人民法院指导性案例，多篇案例获全国法院系统年度优秀案例分析奖项。加强对裁判文书的撰写和审核，提高文书逻辑性、说理性和规范性，使裁判文书成为展示司法公正的重要载体，连续五年组织开展优秀裁判文书评选活动，10余篇文书获评全国法院优秀裁判文书。积极开展庭审规范化建设，组织庭审观摩系列活动，充分发挥优秀庭审在查明事实、认定证据、公正裁判、服判息诉中的示范标杆作用，提升法官驾驭庭审水平，在全国法院“百场优秀庭审”评选活动中斩获佳绩。丰富精品案例转化途径，鼓励法官将精品案例的研究成果转化为法学论文、调研报告等学术成果，推动法学理论发展，充分利用现代媒体手段，将精品案例制作成短视频、漫画等通俗易懂的法治宣传资料，众多案例受到中央及首都各级媒体广泛关注，跨区划法院知名度和影响力显著提高。

十年风华正茂，今朝扬帆起航

站在承上启下的历史关口，书写继往开来的宏伟篇章，面对新时代新征程对跨区划法院工作提出的更高要求，北京四中院将进一步提高政治站位，强化使命担当，立足跨区划法院职能定位和主责主业，紧紧围绕“政治建院、专业立院、人才兴院、改革强院、从严治院、文化铸院”的工作思路，创造性地推动党中央决策部署在司法实践中落地生根，确保跨区划法院工作与新时代同向同行，与党和国家事业同频共振。

一是围绕政治建院，永葆人民法院政治机关鲜明本色。以深入学习贯彻党的二十大和二十届二中、三中全会精神为契机，旗帜鲜明把党的政治建设摆在首位，学深悟透习近平新时代中国特色社会主义思想，准确把握习近平法治思想的丰富内涵和实践要求，切实把思想和行动统一到以习近平同志为核心的党中央决策部署上来。坚持以高水平机关党建为引领，将党建工作融入北京四中院工作的各方面全过程，特别是实现机关党建与重点工作同步提高、相互促进，在国际商事法庭建设、服务“两区”建设和京津冀协同发展等重点工作的开展中，切实以严格公正司法、切实为民履职的实际行动来检验党建工作的实际成效。

二是围绕专业立院，持续推动各业务管辖领域群芳竞艳。全力推进北京国际商事法庭高水平运行，依法公正高效审结涉外商事案件，深入推进涉外商事纠纷多元化解，有效助推北京打造国际商事纠纷解决优选地。依托北京四中院丰富的行政审判实践经验，持续深化府院良性互动，充分发挥行政审判对于法治政府建设的示范效能。持续提升涉互联网案件审判影响力，围绕网络治理深入开展调查研究，总结提炼案件审判规则，为数字经济标杆城市建设提供优质司法服务保障。深化推进环境资源审判“北京实践”，创新公益诉讼案件裁判方法，持续深化区域生态环境协同治理，建立“多元共治”生态保护法治屏障。切实发挥和延伸刑事审判职能，加大对走私类刑事案件审判经验和审判规律的总结，进一步加强与海关、公安、检察院等机关的协商联动，强化对走私刑事案件的审理和宣传。更加注重执行规范化建设，创新执行财产处置方式，深化执行联动机制，着力破解执行难题。

三是围绕人才兴院，着力培养一批高素质、高层次、专家型、复合型审判人才。进一步探索将政治素质、业务素质、职业道德素质融为一体的教育培训机制，深入务实组织开展“四中知学堂”“国商法谈”等特色活动，着力建设完备的梯次化人才队伍。充分发挥“行政审判特色人才高地”的示范引领、辐射带动作用，继续深化与高等院校和科研院所合作培养人才机制，努力推进国际商事审判人才高地建设。着眼未来发展、立足队伍实际、根据干部业绩，开展常态化的人员轮岗调整，最大可能实现人尽其才、才尽其用、用人唯才。以调研联络员工作机制为抓手，定期通报调研工作任务完成情况，切实推动形成人人参与调研、人人主动调研、人人善于调研的浓厚氛围，推动专家型、复合型审判人才不断涌现。

四是围绕改革强院，切实以审判管理现代化促进审判质效全面提升。坚持审判质量优先，进一步调整完善审判权责清单、院庭长监督管理、院庭长办案等相关制度机制，进一步提升评查工作办理制度化、规范化水平，持续强化各审判领域典型案例发掘、培育及发布工作。兼顾审判效率，坚持审判分层管理和精细化管理相结合，持之以恒强化审限监督管理，扩大积案清理成效，切实提高法定审限内结案率，降低延长审限率，缩短审判周期。重视审判效果，持续加大国际商事纠纷一站式多元解纷中心规范化建设力度，加强诉前、诉中全过程调解、和解和释明工作，提升国际商事纠纷“多元调解+速裁”工作成效。

五是围绕从严治院，努力锻造一支堪当重任、敢打敢拼、清正廉洁、业绩一流的干警队伍。注重创新管理方式方法，教育引导广大干警始终保持锐意进取、敢为人先、迎难而上的奋斗姿态，为全院高质量发展贡献力量。持续夯实严管厚爱的认识基础，切实在全院树立“严是爱、松是害”“推动干部成长进步是厚爱，让干部知规矩、守纪律、不犯错误、不受处分、顺利成长、平安生活同样是厚爱”的理性认知。持之以恒推进全面从严治党、从严治院、从严管理，持续抓好防止干预司法“三个规定”等制度执行，认真开展审务督察、督导检查、案件评查，持续巩固深化政法队伍教育整顿成果。持续完善目标责任制考核机制，强化考核结果运用，进一步激励担当作为，营造风清气正的政治生态。

六是围绕文化铸院，不断提升法院文化软实力和影响力。突出培育审判文化，以审判工作现代化服务保障中国式现代化为目标，不断提升司法审判的质量、效率、效果，争取人民群众更广泛的理解和支持，实现政治效果、社会效果和法律效果相统一。推崇廉洁修身，筑牢拒腐防线，“用身边案身边事警示教育身边人”，切实达到反面典型案例的警示、震慑作用，让“按制度办、按程序办、按职责办”的审判文化在广大干警中形成风气。坚持以文育人，提升法院文化传播力影响力，强化舆论宣传和先进典型宣传，讲好法治故事，全面展现跨区划法院良好形象。

潮平两岸阔，风正一帆悬。十来年，北京四中院坚持服务大局、司法为民、公正司法，不断巩固提升、稳中求进、守正创新，立足跨区划法院职能特点，以全面推进法院工作现代化为目标，奋力推进跨区划法院高质量发展。下一步，我们要在全面总结的基础上，传承发展、开拓创新，进一步激发争创一流的志气，锤炼攻坚克难的作风，凝聚上下一心、心齐劲足的强大合力，坚决扛起跨区划法院工作责任担当，以高度的政治自觉、饱满的精神状态、顽强的斗争意志、科学的工作方法做好做实各项工作，持续巩固和增强全院工作“好的基础、进的态势”，努力推动全院工作展现新气象、开辟新境界、实现新作为。

北京市第四中级人民法院党组书记、院长 单国钧

2024 年 12 月 30 日

目录 CONTENTS

典型案例

经验交流

理论前沿

机制探索

典型案例

发挥行政机关负责人出庭应诉的制度功能，有效实现“案结事了人和”

——某路桥工程有限公司诉某区人民政府行政批复案

【案件基本信息】

1. 裁判书字号

北京市第四中级人民法院 2015 年四中行初字第 2 号行政裁定书

2. 案由

安监行政批准

3. 当事人

原告：某路桥工程有限公司（以下简称路桥公司）

被告：某区人民政府（以下简称某区政府）

【基本案情】

2014 年 7 月 15 日，在路桥公司位于北京市某区的一处露天货场内，一名工人在装卸作业中受电击死亡。同年 8 月 21 日，该事故调查组出具事故调查报告，认定该起事故为一般生产安全责任事故，路桥公司对事故发生负有责任。2014 年 8 月 26 日，某区政府作出批复，同意上述事故调查报告。路桥公司不服某区政府所作批复，诉至北京市第四中级人民法院，请求撤销该批复中有关其公司的部分。北京市第四中级人民法院对该案进行公开开庭审理，被告某区政府负责人出庭应诉。在庭审的最后陈述环节，原告提出撤回起诉申请。在该案之前，事故死者的家属已向某区人民法院提起民事诉讼，请求判决路桥公司等三被告共同赔偿其损失共计人民币 102 余万元。此外，因路桥公司被认定负有事故责任，某区安全生产监督管理局对路桥公司作出罚款 10 万元的行政处罚决定，路桥公司对该行政处罚决定不服，亦向某区人民法院提起行政诉讼。

【法院裁判要旨】

北京市第四中级人民法院在依法审查原告撤诉申请的同时加大矛盾纠纷的化解力度，经人民法院调解，相关民事争议各方达成调解协议并实际履行。在此基础上，北京市第四中级人民法院裁定准许原告路桥公司撤回对某区政府的起诉，理由在于：其一，原告申请撤诉系其真实意思表示，并未受到胁迫或欺骗，亦不存在违背其真实意思的其他情形；其二，原告路桥公司申请撤回起诉，不仅与法律的规定并不相悖，亦未侵害国家利益、社会公共利益或者他人合法权益；其三，原告路桥公司既在本案中提出撤诉申请，又表示愿意一并解决相关民事争议，经人民法院调解，上述民事诉讼案件的各方当事人已自愿达成调解协议，路桥公司因本案所涉生产安全事故而承担的民事法律责任亦借此确定，在此情况下，准许原告路桥公司撤回本案起诉，不仅符合其真实意愿，也充分保护了其合法权益。

【法官后语】

本案是北京四中院作为跨行政区划人民法院开庭审理的第一案，通过对行政争议与关联民事争议和关联行政争议的一并解决，同时注重发挥行政机关负责人出庭应诉等制度机制的功能作用，最终促使矛盾纠纷得到实质性解决，有效实现“案结事了人和”。同时，人民法院对行政争议与关联争议的解决始终在法律框架内进行，行政审判保障相对人合法权益、促进行政机关依法行政的职能作用得到充分发挥。

一方面，人民法院应当充分保护公民、法人和其他组织的合法权益，切实监督行政机关依法行使职权。本案中，尽管原告当庭提出撤诉申请，但合议庭并未当庭准许。庭审结束后，合议庭对原告的撤诉申请予以进一步审查核实，不仅要求原告提交书面撤诉材料并写明撤诉理由，还专门约谈原告的法定代表人，了解其申请撤诉的真实动机，排除其由于受到外在压力而委曲求全的可能。在确保原告申请撤诉系其真实意愿且原告及利害关系人的权益均未因此受到不利影响的前提下，法院依法裁定准予原告撤回起诉。

另一方面，人民法院在行政审判工作中应当力求实现矛盾纠纷的实质性化解。本案中，人民法院注重发现隐藏于行政争议背后的其他争议，在充分尊重当事人意愿并确保信息对称和公开透明的前提下，将民事争议和另一行政争议纳入纠纷解决体系，积极引导当事人就关联争议进行协商，最终促使民事案件各方当事人达成调解协议并实际履行，既充分保护和实现了事故死者家属的合法权益，又确定了路桥公司的民事责任范围，消除了其对民事责任风险的担忧。两起行政案件均以原告撤诉的方式结案，实现了行政争议的彻底解决。同时，本案中行政机关负责人出庭应诉对于有效化解争议、密切官民关系也起到了积极作用。

编写人：北京市第四中级人民法院　陈良刚

通过行政协调实现行政争议实质性解决

——北京某水泥有限公司、北京某矿业有限公司
诉北京市某区人民政府撤销企业关闭通知案

【案件基本信息】

1. 裁判书字号

北京市第四中级人民法院（2016）京04行初398号行政裁定书

2. 案由

撤销企业关闭通知

3. 当事人

原告：北京某水泥有限公司、北京某矿业有限公司

被告：北京市某区人民政府（以下简称某区政府）

【基本案情】

原告北京某水泥有限公司及其配套关联企业北京某矿业有限公司是被列入北京市去产能、去库存以及大气污染治理防治目录的企业。因对企业关闭等问题未能达成一致意见，原告向法院提起行政诉讼。原告诉称，2015年7月8日，被告某区政府向原告北京某水泥有限公司发送《北京市某区人民政府办公室关于企业停产关闭的通知》，要求原告于2015年8月20日前停产关闭。原告认为，被告作出通知前没有对原告进行补偿和安置，致使企业运营陷入困难，因此，起诉撤销上述通知并要求某区政府安置关闭企业的职工。被告答辩称，被告对于发布通知的事实没有异议，但就原告起诉要求解决的问题，认为双方已经就企业停产关闭相关问题进行了协商。2015年7月8日，双方就关停企业的准备工作和善后事宜进行了磋商会谈，原告也同意关停企业，被告依法就原告主张的安置问题予以补

偿。后因原告在协商关停企业方案时要求过高，从而未能达成一致意见。另外，原告应依据《劳动法》和《劳动合同法》的规定，对其企业职工依法进行安置，被告没有安置原告职工的职责，故原告的诉讼请求不应得到支持。

【法院裁判要旨】

北京市第四中级人民法院经审理认为，本案涉及落实中央关于大气污染防治、供给侧结构性改革的决策部署和京津冀一体化等因素，属于本市大气污染防治和供给侧结构性改革的典型案件。涉诉企业是本市最大的民营水泥生产企业，因企业关闭涉及大额资金补偿及数百名职工的安置问题，社会影响较大，应当在依法审判的同时做好矛盾化解工作，力促行政纠纷的实质性解决。在案件审理过程中，承办法官积极开展协调工作并多次组织协调会，为各方当事人的沟通搭建平台，提出合理性的建议，促使被告召开专题会议研究解决相关问题，为实质化解行政纠纷创造了有利条件。经过多方协调，双方当事人就企业转型、员工安置、剩余原材料的处理等一系列问题达成了合意，使原告起诉涉及的行政纠纷得到实质性化解。

【法官后语】

为疏解北京非首都功能、推动京津冀协同发展，落实中央供给侧结构性改革，北京市全面启动了大气污染治理工作，其中一项重要任务是根据调控要求，对全市范围内“三高企业”严格实施污染物排放控制，促使企业应用清洁能源或优化产业结构，进而推动企业转型，推进生态环境建设。该背景下原告企业被关停后，通过行政诉讼法治途径寻求救济。人民法院审理该案过程中摒弃传统的办案方式，采取直接磋商与个别谈话相结合的方式，先后进行了十余次协调和上百次沟通，提出多项合理化建议，引导双方回归理性。该案结案后原告北京某水泥有限公司和被告某区政府共同向法院赠送四面锦旗，取得了化解一案、规范一事和引导一片的良好效果。

该案凸显了北京市第四中级人民法院在审理跨行政区划案件、涉及重大环境资源类案件时从党和国家中心工作以及首都工作大局出发，创新司法理念，充分发挥人民法院的审判职能，将行政纠纷从根源上予以实质性化解，努力实现了法律效果和社会效果的有机统一。

该案入选了最高人民法院公布的十起“人民法院为京津冀协同发展提供司法服务和保障参考性案例”以及《保护企业家权益、弘扬企业家精神典型案例评述》，同时，入选了北京市委政法委为“疏解整治促提升”专项行动提供法治保障典型案例。

编写人：北京市第四中级人民法院　向绪武　李世邦

申报工作负责人不具有起诉撤销非物质文化遗产名录的原告主体资格

——袁某诉北京市某区人民政府非物质文化遗产名录案

【案件基本信息】

1. 裁判书字号

北京市第四中级人民法院（2016）京04行初2624号

2. 案由

行政行为

3. 当事人

原告：袁某

被告：北京市某区人民政府

【基本案情】

2013年4月15日，北京市某街道社区公共服务协会（以下简称服务协会）出具《授权书》，同意将中国古建筑模型"扎小样"项目申报第四批某区级非物质文化遗产保护名录，向某区非物质文化遗产保护中心递交申报书、论证报告及相关资料，并授权该区通过多种渠道、多种方式对本项目进行宣传和推广，同意将提交的该项目所涉及的相关材料用于非物质文化遗产的宣传和保护工作。同年4月24日，服务协会作为中国古建筑模型"扎小样"项目的申报单位填写了《某区第四批非物质文化遗产项目申报表》，本案原告袁某系申报工作负责人。此后，北京市某区文化委员会组织了专家评审、网上公示等工作。经被告北京市某区人民政府研究，同意将中国古建筑模型"扎小样"等28个项目列入第四批区级非物质文化遗产名录，并予以公布。原告袁某认为被告将古建筑模型“扎小样”列入第四批区级非物质文化遗产名录的行为不具有合法性，提起行政诉讼，请求人民法院判令被告将中国古建筑模型“扎小样”项目从第四批某区级非物质文化遗产名录中撤销。

【案件焦点】

如何判断公民、法人或者其他组织对某一行政行为是否具有提起诉讼的原告资格。

【法院裁判要旨】

北京市第四中级人民法院经审理认为：根据《非物质文化遗产法》的规定，非物质文化遗产是指各族人民世代相传并视为其文化遗产组成部分的各种传统文化表现形式，以及与传统文化表现形式相关的实物和场所。《北京市人民政府办公厅关于加强本市非物质文化遗产保护工作的意见》提出，要按照国家有关评审标准对各类非物质文化遗产项目进行科学认定，并在此基础上建立起市及区（县）两级非物质文化遗产代表作名录体系，逐步建立与世界“人类口头和非物质遗产代表作”和“国家级非物质文化遗产代表作名录”相衔接的非物质文化遗产代表作名录体系。对于是否将某一项目列入非物质文化遗产代表性项目名录，公民、法人和其他组织可以行使的是建议权。本案中，申报古建筑模型“扎小样”为某区第四批非物质文化遗产的单位是服务协会，原告袁某系古建筑模型“扎小样”的从业者和该申报项目的负责人。是否将古建筑模型“扎小样”列入某区第四批非物质文化遗产名录，不属于原告袁某的个人权利。同样，是否将该项目从非物质文化遗产名录中撤销，也不属于袁某的个人权利，对其个人的合法权益亦不产生实际影响。因此，原告袁某与本案被诉行政行为不具有利害关系，其不具有提起行政诉讼的原告资格。据此，北京市第四中级人民法院裁定驳回了原告袁某的起诉。

原告袁某不服提起上诉，北京市高级人民法院作出驳回上诉，维持一审裁定的终审裁定。

【法官后语】

本案系北京市首例涉及非物质文化遗产名录的行政诉讼案件。我国是历史悠久的文明古国，不仅有大量的物质文化遗产，而且有丰富的非物质文化遗产。对于非物质文化遗产的保存、保护，既需要相关国家机关依法采取认定、记录、建档、传承、传播等措施，也需要全社会的大力支持与积极参与。加强非物质文化遗产保护、保存，是继承和弘扬中华民族优秀传统文化，促进社会主义精神文明建设的需要。古建筑模型“扎小样”，是老北京的优秀传统文化技艺，久负盛名，作为非物质文化遗产保护项目列入名录，有利于对这一传统技艺的保护和传承，是贯彻落实《非物质文化遗产法》的体现。

根据《非物质文化遗产法》第二十条的规定，公民、法人和其他组织认为某项非物质文化遗产体现中华民族优秀传统文化，具有重大历史、文学、艺术、科学价值的，可以向相关行政机关提出列入非物质文化遗产代表性项目名录的建议。不过，公民、法人或者其他组织可以就某一项目应否被列入非物质文化遗产代表性项目名录提出建议，并不代表其具有针对非物质文化遗产名录的确定提起行政诉讼的原告资格。根据《行政诉讼法》第二十五条第一款的规定，公民、法人或者其他组织对某一行政行为是否具有提起诉讼的原告资格，取决于其与该行政行为是否有利害关系；而是否有利害关系，通常从该公民、法人或者其他组织是否会受到该行政行为的不利影响，其主张的受到影响的利益是否属于相关法律规范所保护的利益等方面进行审查判断。

本案原告对这一项目是否为非物质文化遗产并没有异议，而是对没有确定代表性传承人表示不服。这一类案件的发生，表明了人们对非物质文化遗产保护的重视以及所产生的权利和义务的关切，对于宣传对非物质文化遗产的保护具有推动作用。原告的诉讼主张也可以督促有关主管部门在保护过程中更加重视严格依法收集代表性实物，确定代表性传承人。从司法角度来说，作为行政诉讼的原告，应当与所争议的事实有利害关系，其是否列入名录对原告个人并不产生权利义务关系，法院的裁定使当事人清楚了起诉的条件，可以引导当事人采取适当的方式予以监督，维护权益。

编写人：北京市第四中级人民法院　张　岩

将行政处罚执行权交由被处罚主体执行属行政行为“明显不当”

——刘某某诉北京市某区人民政府撤销移交罚没行为案

【案件基本信息】

1. 判决书字号

北京市第四中级人民法院（2016）京04行初2760号

2. 案由

撤销具体行政行为

3. 当事人

原告：刘某某

被告：北京市某区人民政府（以下简称某区政府）

【基本案情】

北京市某区市政市容管理委员会（以下简称某区市政市容委）未取得合法用地手续，占用刘某某房屋所在土地进行石夏路东延（107国道—良常路）道路工程建设。经刘某某举报，北京市国土资源局某区分局（以下简称某区国土分局）对某区市政市容委作出京国土（房）分局罚字〔2015〕第56号《国土资源行政处罚决定书》（以下简称56号决定书），给予处罚。后因北京市国土资源局和某区国土分局不履行法定职责，原告刘某某向北京市东城区人民法院提起行政诉讼。2016年7月6日，某区国土分局向某区政府提出请示，将56号决定书中关于某区市政市容委在非法占用的土地上新建的建筑物及其他设施的处罚决定，移交某区市政市容委进行处置。同年7月19日，某区政府批准将56号决定书中涉及没收非法占用的土地上新建的建筑物及其他设施的处罚交由某区市政市容委处理。刘某某认为，该批示行为明显违反有关法律规定，56 号决定书的被处罚单位是某区市政市容委，但某区政府在作出批示后，又将处罚的执行权交予某区市政市容委，该行为达不到行政处罚效果。故原告刘某某诉至北京市第四中级人民法院，请求法院判决撤销某区政府将 56 号决定书处罚事项移交给某区市政市容委的批示行为。

【案件焦点】

被告某区政府对某区国土分局提交的罚没移交请示作出的批示是否合法?

【法院裁判要旨】

北京市第四中级人民法院经审理认为：关于某区政府批示行为的合法性问题，56 号决定书是针对某区市政市容委未经批准非法占用土地行为作出的处罚决定，某区市政市容委系被处罚人，被告某区政府批示将没收某区市政市容委在非法占用的土地上新建的建筑物及其他设施移交给某区市政市容委自身处置，明显不当，且无法真正实现对该没收处罚的履行，从而导致 56 号决定书得不到实质意义上的执行。因此，某区政府对某区国土分局的罚没移交请示作出的批示行为属明显不当。

北京市第四中级人民法院依据 2014 年《行政诉讼法》第七十条第六项的规定，判决撤销被告某区政府于 2016 年 7 月 19 日对某区国土分局《关于对道路工程行政处罚罚没地上物及其他设施移交的请示》作出的批示。

【法官后语】

2014 年修正的《行政诉讼法》在第七十条引入“明显不当”这一审查根据，对于全部行政行为明显不当的，可以依法予以撤销。由此，法院对于行政行为的合理性进行一定程度的审查在立法上得到了进一步确认，并在原有规定的基础上得到扩大，一些无法明确认定为“滥用职权”的行政行为，可以通过“明显不当”这一审查标准予以纠正。“明显不当”的现实意义在于，法律赋予行政机关裁量权力，也要求行政机关根据具体情形斟酌处理，如果行政机关只考虑后期行为的便利性而不考虑事情本身的合理性和行政相对人的接受程度，以致严重偏离公正的准则，是对其裁量职责的怠惰，应该予以纠正。

本案中，被告某区政府作出批示，同意某区国土分局将没收某区市政市容委在非法占用的土地上新建的建筑物及其他设施移交给某区市政市容委自身处置，依据《行政处罚法》，参照《国土资源行政处罚办法》和《北京市国土资源局关于行政处罚没收矿产品、建筑物或其他设施处置工作的通知》的规定，被告某区政府作出该批示，在职权、法律适用、法定程序以及事实认定上符合法律形式上的规定，并不违反具体条文的规定。同时，被告某区政府基于该项目属于未批先建的项目，后续的批准手续正在办理过程中，未来该项目将会合法化，为便利后续工作的开展，将没收的非法建筑物及其他设施移交某区市政市容委自身处置，并不能认定其具有恶意行使权力的主观恶意。但是，被告某区政府的批示却在客观上导致被处罚人与处罚财产的接收处置人重合，无法真正实现对没收处罚的执行，未能达到没收被处罚人非法财物的客观效果，明显与《行政处罚法》和《国土资源行政处罚办法》对违法者予以惩戒、有效实施行政管理、维护公共利益和社会秩序，以及保护公民、法人或者其他组织合法权益的立法目的相违背，亦违背常理，因此，应当属于行政行为“明显不当”。

编写人：北京市第四中级人民法院　孙永欣　周孟伟

放射性损害环保行政案件中，行政机关负有对放射性装置的监管职责

——上诉人某生态环境局诉倪某某环境保护行政管理上诉案

【案件基本信息】

1. 裁判书字号

北京市第四中级人民法院（2019）京04行终4号

2. 案由

环保行政管理

3. 当事人

上诉人（一审被告）：某生态环境局

被上诉人（一审原告）：倪某某

【基本案情】

第三人某公司于2004年购入电子加速器、X-ray射线检测系统及X射线行传感照相机各一台。2009年，某公司向生态环境局递交环评报告并提出申请，2009年6月11日获得某生态环境局的批复。2012年，某公司再次购入X射线检测机1台。上述4台设备在未取得《辐射安全许可证》的情况下，即调试安装并投入使用。2014年，某公司就其所购入的4台设备提交办理辐射安全许可证的申请。同年6月20日，某生态环境局向某公司颁发津环辐证〔00639〕《辐射安全许可证》。

倪某某系某公司职工，自2004年起，倪某某在该公司压延车间大压延导开岗位（放射性工作岗位）工作。2014年3月，倪某某被诊断为多发性骨髓瘤。2015年2月至6月，倪某某要求某生态环境局公开对某公司无辐

射安全许可证使用PT机的行为进行查处和日常监管记录等相关信息。某生态环境局于2015年4月对某公司进行了处罚，但无2004年至2013年年底对某公司PT机的日常监查记录。故倪某某向天津铁路运输法院起诉，请求确认某生态环境局对某公司放射性同位素、射线装置的安全和防护未履行监督管理职责的行政不作为违法。

【案件焦点】

在放射性污染监管案件中，如何认定行政机关尽到监管职责。

【法院裁判要旨】

天津铁路运输法院认定某生态环境局未全面履行监管职责，判决：（1）被告某生态环境局自2009年至2013年年底未对某公司射线装置的安全和防护工作履行法定监督管理职责的行为违法；（2）驳回原告倪某某其他诉讼请求。

北京市第四中级人民法院经审理认为，某公司于2004年将3台射线装置安装并投入使用，2009年1月递交环评报告，2009年6月，某生态环境局予以批复，要求“使用上述射线装置必须依法取得《辐射安全许可证》”。根据《放射性同位素与射线装置安全和防护条例》的规定，县级以上人民政府环境保护主管部门和其他有关部门应当按照各自职责对生产、销售、使用放射性同位素和射线装置的单位进行监督检查。虽然上诉人否认其具有直接监管职责，但未提交有效证据予以证实。上诉人作为市级环保部门，属于县级以上环境保护主管部门，同时作为某公司环境影响评价文件的审批部门，故具有相应的监督检查职责。上诉人在2009年某公司申请射线装置环境影响报告的行政许可时，就应当知道该企业有安装使用射线装置的计划，对该企业应该加强监管，但上诉人未及时发现该企业射线装置未经验收使用的事实，监督管理上存在疏漏。对于2009年之前某公司使用射线装置的情况，由于上诉人无从得知，故不存在违法不作为的情况。2014年，上诉人作出环评批复并向某公司颁发《辐射安全许可证》，因此在2014年，上诉人履行了相应的检查管理责任。故自2009年至2013年年底，上诉人存在对某公司使用放射装置的情况关注不够、监管不足、未履行相应的法定监督管理职责的情形。北京市第四中级人民法院作出二审判决，判决驳回上诉，维持一审判决。

【法官后语】

本案系放射性污染中行政机关未尽监管职责引发的行政不作为案件。放射性污染会破坏生物机体，产生辐射致癌、白血病等方面的损害以及遗传效应等，对生态环境安全和人民群众生命健康危害极大。根据《放射性同位素与射线装置安全和防护条例》第四十六条的规定，县级以上人民政府环境保护主管部门和其他有关部门应当按照各自职责对生产、销售、使用放射性同位素和射线装置的单位进行监督检查。本案认定某生态环境局未就使用射线装置单位履行法定监督管理职责，构成行政不作为违法，对促进行政机关依法、及时、全面履行职责，加强对放射性物质的监管，切实保护人民群众生命健康权益具有积极意义。

本案为办理涉及放射性装置监管的案件明确了：作为各级监管部门，一是要根据相关法律、法规、规章的规定，严格履行监督管理职责；二是要明确各监管部门的具体职责，要对放射性装置的日常监管作出具体分工规定，避免由于职责不明、分工不到位导致监管缺失的情形发生；三是在实践中要对公民针对放射性污染的举报投诉及时处理，以便及时发现可能出现的污染风险，切实保护人民群众的生命财产安全。

编写人：北京市第四中级人民法院　阎　炜

行政机关行使法律法规规定的自由裁量权时，应当考虑相关因素

——易某诉北京市某区市场监督管理局行政答复和北京市市场监督管理局行政复议案

【案件基本信息】

1. 裁判书字号

北京市第四中级人民法院（2019）京04行终12号

2. 案由

举报答复及行政复议

3. 当事人

上诉人（一审原告）：易某

被上诉人（一审被告）：北京市某区市场监督管理局（以下简称某区市监局）、北京市市场监督管理局（以下简称北京市市监局）

【基本案情】

2019年2月12日，易某向原北京市工商行政管理局某区分局（以下简称原某区工商分局）举报某某外卖（甲在线科技有限公司，以下简称甲公司），称其于2019年2月11日19时51分通过“××网”预订某商户的外卖服务，其认为该笔订单配送超时且某某外卖拒绝告知其所执行的外卖配送服务相关标准，隐瞒了与消费者有重大利害关系的信息，侵害了消费者知情权、选择权和公平交易权，是对消费者的欺诈行为，要求查处。2019年2月22日，易某提交书面补充举报材料，在原有内容的基础上，举报某某外卖（甲公司）违反相关规定，即未在其服务平台与外卖配送包

装上标注和对外公示所执行的外卖服务配送标准，某某外卖（甲公司）的平台运营公司营业执照的经营范围中并不包括餐饮送餐服务，其开展的餐饮外卖送餐业务属于无照经营。

原某区工商分局经调查，于2019年3月4日作出《关于对易某举报某某外卖配送问题的回复》（以下简称被诉回复），主要内容为：一、关于某某外卖（甲公司）没有对外公开自己执行的外卖配送服务标准，没有在其服务平台与外卖配送包装上标注所执行的外卖服务配送标准问题，不属于工商部门职责，建议易某向质量技术监督部门反映此问题；二、关于对消费者的欺诈行为问题，某某外卖（甲公司）在易某下单时已向易某推送了“预计送达时间：2019-02-11 21:21:19”等信息，其实际送达时间“2019-02-11 21:05:26”也在预计送达时间之前，不存在欺诈消费者的行为；三、关于某某外卖（甲公司）营业执照的经营范围内不包括餐饮送餐服务，其开展的餐饮外卖送餐服务业务属于无照经营问题，餐饮外卖送餐服务属于“企业依法自主选择经营项目，开展经营活动”的范围，某某外卖（甲公司）不是无照经营。综上，现有证据不足以证实被举报方存在易某举报的违法经营行为，依据《工商行政管理机关行政处罚程序规定》第十七条、第十九条的规定，决定不予立案。

2019年3月15日原某区工商分局向易某邮寄被诉回复，易某于次日签收。因机构改革，经整合原某区工商分局、原北京市某区质量技术监督局、原北京市某区食品药品监督管理局等部门的职能，某区市监局于2019年3月16日挂牌成立。易某不服被诉回复，向北京市市监局申请行政复议。北京市市监局于2019年6月12日作出京市监复〔2019〕226号行政复议决定（以下简称被诉复议决定），对原某区工商分局作出的被诉回复予以维持。后易某不服，向北京互联网法院提起行政诉讼。北京互联网法院经审理，判决驳回易某的全部诉讼请求。易某不服，向北京市第四中级人民法院提起上诉。

【案件焦点】

行政机关行使法律、法规规定的自由裁量权时应当考虑相关因素，因未考虑相关因素导致行政行为明显不当的如何处理？

【法院裁判要旨】

北京市第四中级人民法院经审理认为：第一，原某区工商分局于2019年3月15日向易某寄出被诉回复时，距某区市监局2019年3月16日正式挂牌成立仅一天时间。由于组建成立某区市监局并非突发情况，相关的机构改革方案和工作安排在此之前应已确定，故原某区工商分局寄出被诉回复时理应预见到某区市监局即将挂牌成立，并应充分考虑这一因素，采取有利于实现行政管理目标的处理方式。然而，原某区工商分局未充分考虑本案中存在的具体情况，仍选择在某区市监局正式挂牌成立的前一天向易某邮寄被诉回复并告知易某向“质量技术监督部门”反映相关问题，导致易某于2019年3月16日收到被诉回复时，已不存在单独设置的“质量技术监督部门”。基于此，原某区工商分局作出的该项处理明显不当，依法应予纠正。第二，原某区工商分局在被诉回复中基于某某外卖（甲公司）在易某下单时已向易某推送了预计送达时间等信息且实际送达时间也在预计送达时间之前这一理由，认定某某外卖不存在欺诈消费者的行为。但对于易某认为某某外卖（甲公司）侵犯其知情权、选择权、公平交易权的举报事项，原某区工商分局在被诉回复中未予回应。同时，易某在举报时是基于其所认为的某某外卖（甲公司）故意隐瞒与消费者有重大利害关系的信息这一理由，主张某某外卖（甲公司）存在欺诈行为的，但原某区工商分局在认定某某外卖（甲公司）不存在欺诈行为时，并未具体针对该项理由作出阐述。基于此，原某区工商分局作出的该项处理存在遗漏举报事项以及说理不充分的情形。第三，从甲公司向原某区工商分局提供的证据来看，甲公司营业执照记载的经营范围中不含餐饮外卖送餐服务，而乙成物流有限公司（以下简称乙成公司）营业执照记载的经营范围中包含提供送餐服务。在此情况下，查明涉案订单中谁是实际提供送餐服务的经营者并非没有意义。然而，在被诉回复中，原某区工商分局对于甲公司提出的涉案订单系由乙成公司提供送餐服务的主张并未作出采纳或不采纳的明确认定，而仅以“餐饮外卖送餐服务属于企业依法自主选择经营项目，开展经营活动的范围”为由，认定“某某外卖（甲公司）不是无照经营”。原某区工商分局作出的该项认定存在事实不清、说理不充分的情形。北京市市监局在被诉复议决定中明确认定“涉案订单的外卖送餐服务经核实由乙成公司具体负责配送，该公司经营范围中包括‘提供送餐服务’，且‘餐饮外卖送餐服务’属于‘企业依法自主选择经营项目，开展经营活动’的范围”，据此认定某某外卖（甲公司）不存在易某所举报的无照经营违法行为。应当说，北京市市监局在被诉复议决定中认定某某外卖（甲公司）不存在无照经营违法行为的说理更加具体、明确，在一定程度上弥补了被诉回复认定事实不清、说理不充分的缺陷。然而，被诉复议决定认定“涉案订单中的外卖送餐服务经核实由乙成公司具体负责配送”，仍存在相应证据不够确凿、充分的问题。从某区市监局和北京市市监局在诉讼中提供的证据来看，证明涉案订单由乙成公司提供送餐服务的证据包括甲公司出具的《情况说明》、《关联关系说明》和《配送服务合同》。对于“涉案订单是由乙成公司提供送餐服务的”这一待证事实而言，上述证据尚不足以形成完整的证据链，证明力存在不足。因此，北京市市监局在被诉复议决定中作出涉案订单系由乙成公司提供送餐服务的认定，存在证据不够确凿充分的问题。综上，原某区工商分局所作被诉回复存在认定事实不清、遗漏举报事项、说理不充分及明显不当等方面的问题，依照《行政诉讼法》第七十条第一项和第六项的规定，对被诉回复应予撤销，某区市监局应当依法对易某的举报重新作出处理。同时，根据《行政诉讼法》第七十九条的规定，复议机关与作出原行政行为的行政机关为共同被告的案件，人民法院应当对复议决定和原行政行为一并作出裁判。因被诉回复不具有合法性，依法应予撤销，北京市市监局作出维持被诉回复的被诉复议决定亦不具有合法性，对被诉复议决定应予一并撤销。对易某一审期间提出的除要求撤销被诉回复和被诉复议决定外的其他诉讼请求，依法应予驳回。一审法院判决驳回易某的全部诉讼请求系适用法律错误，依法应予改判。

依照《行政诉讼法》第七十条第一项和第六项、第七十九条、第八十九条第一款第二项以及《最高人民法院关于适用〈中华人民共和国行政诉讼法〉的解释》第一百二十六条第三款之规定，判决如下：（1）撤销一审判决；（2）撤销原某区工商分局所作被诉回复；（3）撤销北京市市监局所作被诉复议决定；（4）责令某区市监局在法定期限内针对易某的举报重新作出处理；（5）驳回易某的其他诉讼请求。

【法官后语】

本案是一起典型的举报投诉类案件，对行政机关处理投诉举报事项以及行使行政裁量权等具有多重指导意义。

一是关于“未考虑应当考虑的因素”的判断。法院对行政行为明显不当的审查是《行政诉讼法》修改后新增加的内容，是对合法性审查原则的必要和有益补充。明显不当表现形式多样，本案属于未考虑应当考虑的因素情形，包括没有考虑“法定因素”或者“常理因素”。具体而言，本案属于没有考虑常理因素，即法律、法规及规章中没有明确规定，但按照情理和惯例一般都要予以考虑的情形。本案中，原某区工商分局在某区市监局即将挂牌成立前一天仍告知原告向质量技术监督部门反映情况，等到原告收到被诉回复时，某区市监局已经成立，仍是其法定职责范围内，此种答复被一般人认为处理的结果不符合常理。

二是对投诉举报内容的处理与答复要求。随着人们法治意识的提升，以及实践中行政机关对公民举报不予答复、迟延答复或者答复与举报不符等情形的出现，举报答复行为亟需规范，“有举报必有答复”，举报答复行为的意义在于规范行政主管部门对违法行为举报的受理、办理、告知等工作程序，同时也为相对人程序权利保障提供规范。本案中，对投诉举报人提出的两项以上虽存在关联性但又具有可分性和不同法律效果的内容，应当分别说明理由和依据，从而能够起到规范举报答复行为内容和说明理由程序的作用。

本案涉及标准的实施与监管、消费者权益保护、公司登记管理等多个行政管理领域和多个法律规范体系。人民法院在对被诉行政行为合法性进行全面审查的基础上，运用《行政诉讼法》确立的多项审查标准，判决撤销了原行政行为和维持原行政行为的行政复议决定。该案表明，行政机关并不享有完全自由的裁量权。行政机关在行使法律、法规规定的自由裁量权时，应当考虑应予考虑的相关因素，因未考虑相关因素导致行政行为明显不当的，人民法院应当判决撤销或部分撤销，并可以判决行政机关重新作出行政行为。该案也提示行政机关应当增强证据意识。在行政诉讼中，作为被告的行政机关应当对其作出的行政行为承担举证责任。如果行政机关提供的证据不足以证明其认定的事实，则应当由行政机关承担不利的诉讼后果。同时，该案对行政机关依法处理投诉举报事项具有借鉴意义。行政机关应当准确认定公民、法人或者其他组织的投诉举报事项并依法作出处理，在对投诉举报人提出的两项或两项以上虽存在关联性但又具有可分性和不同法律效果的投诉举报事项进行一并作出处理时，应当分别说明理由和依据。

编写人：北京市第四中级人民法院 陈良刚 周孟伟

公司在集体土地上实施强制拆除行为的性质认定及责任承担

——范某某不服北京市某区人民政府城建行政强制案

【案件基本信息】

1. 裁判书字号

北京市第四中级人民法院（2019）京04行初508号

2. 案由

城建行政强制

3. 当事人

原告：范某某

被告：北京市某区人民政府（以下简称某区政府）

【基本案情】

2015年8月4日，被告某区政府向某区某镇人民政府（以下简称某镇政府）作出批复，同意授权甲公司作为某村棚户区改造土地开发项目的实施主体，负责办理前期手续、融资贷款和经营性土地入市交易等具体工作。2016年4月28日，甲公司与乙公司、某镇政府签订《委托拆除合同》，甲公司委托乙公司对本项目拆除工程二标段范围内的建筑物、构筑物及地上附属物进行拆除。原告述称其在北京市某区某镇某村拥有承包土地，用于种植果树。被告认可原告所述土地在涉案项目用地范围内。2018年5月11日，原告土地上的果树被强制清除。

【案件焦点】

1. 公司以行政机关授权名义对集体土地上地上物实施的拆除行为的

性质；

2. 相应的法律责任由哪个主体承担。

【法院裁判要旨】

北京市第四中级人民法院经审理认为：关于认定强制清除原告土地地上物的行为主体问题。根据2004年《土地管理法》[①] 第四十三条、第四十六条的规定和2011年《土地管理法实施条例》第四十五条[②]的规定，使用国有土地或集体土地进行建设的，必须依法申请并经法定审批程序。征收原属于农民集体所有的土地的，应当依法进行征收，给予补偿安置。以上征收土地、强制清退地上物、审批使用土地的行为均系行政权力运行的范畴，属于行政法律关系。应当由法定的行政主体作为责任主体，承担行政法律责任。在具体实施过程中，相关行政主体可以独立进行或者委托其他主体实施，但不能改变上述行为的行政属性。根据《最高人民法院关于适用〈中华人民共和国行政诉讼法〉的解释》第二十条第三款的规定，接受委托的其他主体在此过程中实施的拆除或清退行为不能视为民事行为，由其独立承担民事法律责任没有法律依据。本案中，涉案土地为集体土地，本案被告授权甲公司作为涉案项目的建设主体，办理相关手续，并负责立项、征地、拆迁、工程建设及资金筹措等具体工作。因此，根据本案情况，在没有法律授权依据，双方当事人未就地上物腾退达成一致意见的情况下，甲公司委托乙公司实施的被诉清除行为应认定为行政机关行使行政职权，委托其他主体实施的行政行为。清除行为的责任应当由委托的行政机关承担，而非被委托的其他组织。本案强制清除原告土地地上物的行为主体应当认定为某区政府。关于强制清除行为是否履行法定程序的问题。《行政强制法》规定，行政强制的设定和实施，应当依照法定的权限、范围、条件和程序。本案中，现没有证据证明强制清除行为履行了作出决定、告知权利等法定程序，应认定为违反法定程序。综上，被告某区政府强制清除原告土地地上物的行为没有法律依据，程序违法。北京市第四中

① 《土地管理法》2019年8月26日第十三届全国人民代表大会常务委员会第十二次会议修正，于2020年1月1日施行。

② 现对应2021年《土地管理法实施条例》第六十二条。

级人民法院判决确认被告某区政府强制清除土地上的树木的行为违法。

【法官后语】

一、无法律、法规、规章规定情况下，公司以行政机关授权名义对集体土地上地上物实施的拆除行为应当认定为行政行为

一种观点认为，公司属于民事主体，其实施的拆除行为是民事侵权行为，不属于行政诉讼的受案范围。但实践中，行政机关亦基于专业性、效率性等角度考虑，可能委托其他组织包括公司实施一定的行政行为。故行为主体只是判断要素之一，并不是判断行为性质的唯一标准。

另一种观点认为，行政行为的产生是行政权力行使和运行的结果，故行政行为性质判断的核心是行政权力。如何甄别被诉行为是否存在行政权力，从司法审查的角度来分析，实质上是对行政职权和权力内容的查明。根据《土地管理法》（2004年版，已修订）第四十三条的规定，行政机关需要通过集体土地征收改变土地性质方可进行项目建设。该规定也表明，集体土地上房屋的拆迁、地上物的强制拆除行为是行政征收权运行。故涉案强制拆除行为属于行政行为。

二、行政机关授权其他组织拆除集体土地上地上物的行为属于行政委托，相应法律责任应当由行政机关承担

根据行政法上权责一致原则，行政法中承担责任的主体应当是法定职权主体。但也应考虑可能存在的事实上的实施行政主体。因而确定涉案强制行为的责任承担问题既要考虑《土地管理法》《土地管理法实施条例》规定的法定职权主体，也要考虑事实上实施强制拆除行为的行政主体。根据《土地管理法实施条例》第四十五条的规定，对集体土地的强制执行行为的法定职权主体应当是市、县级政府的土地行政管理部门。该案中，虽然土地行政管理部门拥有强制执行的法定职权，但其并未参与、实施涉案强制拆除行为，所以无须承担违法强制拆除行为的法律责任。如何认定某区政府作出行政批复，授权同意甲公司作为集体土地棚户区改造建设实施主体的性质？司法实践中，行政授权与行政委托适用于行政管理过程中，二者的制度逻辑往往容易混淆。

(1) 行政授权是指法律法规直接将某些行政职能及行政权授予行政机关以外的组织行使的法律制度。被授权组织实施的行政行为所产生的法律责任由被授权者承担。从《行政诉讼法》第二条第二款规定分析，行政授权行为的成立必须遵循严格的条件，必须是法律、法规、规章的授权，而非行政机关的授权。该案中，《土地管理法》《土地管理法实施条例》没有授权其他组织可以对集体土地地上物实施强制拆除行为的规定。故这里所谓的“授权”并非规范意义上的行政授权。

(2) 行政委托是指行政机关将职权委托其他组织予以行使的行为。相应的法律责任由委托的行政机关承担。一般情况下，行政委托应当通过书面的委托协议确定有资质的组织完成委托事务。但是，为了规避行政行为的违法责任承担，行政机关有时会在法律、法规、规章没有授权的情况下，通过函件、批复等方式“授权”其他组织实施行政行为。

故该案中，虽然甲公司系强制拆除行为事实的实施主体，但被告某区政府通过批复形式作出的授权应当属于行政委托，违法强制拆除行为的行政责任应当由委托人被告某区政府承担。

编写人：北京市第四中级人民法院　武　楠　李世邦

北京四中院出具首例行政调解书案

——某房地产开发公司诉北京市某区人民政府行政补偿案

【案件基本信息】

1. 裁判书字号

北京市第四中级人民法院（2019）京04行初834号

2. 案由

行政补偿

3. 当事人

原告：某房地产公司

被告：北京市某区人民政府（以下简称某区政府）

【基本案情】

为了加快项目建设进度，原告于2012年在未取得合法建设审批手续的情况下，实施了某大型会议的主场馆等建筑物建设工作。土地行政管理部门由此对原告作出罚款以及没收建筑物的行政处罚。由于原告仍承担其他大型基础设施建设任务，为了缓解继续建设的资金压力，原告向北京市第四中级人民法院起诉，请求判令某区政府补偿3亿余元人民币。

【案件焦点】

本案是否符合调解标准。

【法院裁判要旨】

本案受理后，原告与被告均向法院申请依法进行调解。根据《行政诉讼法》第六十条的规定，行政补偿案件可以调解，调解应遵循自愿、合法原则。北京市第四中级人民法院按照该条规定主持调解。调解过程中某房地产公司主动放弃原补偿申请中其他几项补偿请求，仅要求对被没收建筑物损失进行补偿，某区政府也同意在该数额基础上进行调解。经合议庭多次组织调解，双方当事人自愿达成调解协议，某区政府同意补偿某房地产公司一定数额款项。北京市第四中级人民法院经审查认为，为保证某大型会议顺利召开，某区政府要求某房地产公司按时完成场馆建设并投入经营。案涉被没收建筑物损失是相关各方为追赶工期，在相关项目手续不完备情况下未批先建所致，对此原告和被告均有过错。某区政府应当对某房地产公司的损失进行必要补偿。上述协议符合有关法律规定，法院向双方当事人出具了行政调解书予以确认。

北京市第四中级人民法院于 2019 年 12 月 24 日作出行政调解书，确认调解协议效力。

【法官后语】

该案是行政争议化解模式的一次创新尝试，北京市第四中级人民法院通过促使双方签订调解协议和法院出具行政调解书确认的形式化解矛盾纠纷，在北京市各区政府应诉案件中属于首次，为行政诉讼案件调解结案提供了“四中样本”。该案的妥善处理实质性化解了历史遗留争议，为某区营造了良好的营商环境，为大型基础设施建设提供了充分的司法保障。

北京市第四中级人民法院受理该案后，合议庭经谈话了解原告某房地产公司承担着基础设施保障服务任务，案件类型新颖、补偿金额巨大。提出“促使双方当事人达成调解协议的方式化解历史遗留争议、贯彻落实提供司法保障”的要求。一是创新争议化解模式，促使当事人达成调解协议。为依法稳妥处理该案，合议庭及时拟定了案件调解处理思路，积极与双方当事人沟通、磋商调解意见和方案，为双方当事人搭建沟通平台，使行政诉讼调解工作有序开展。二是依法通知行政机关负责人出庭应诉，推动案件争议实质化解。为严格落实《最高人民法院关于行政机关负责人出庭应诉若干问题的规定》，某区政府副区长到庭应诉并当庭积极与原告的法定代表人沟通，营造了融洽的协商氛围。在某区政府负责人的带动下，区政府、乡镇政府等多部门联动，与原告磋商，制定具体补偿方案，促使调解工作取得重大进展。三是依法审查调解协议，以行政调解书确认的方式实现案结事了。在合议庭的主持推动以及某区政府的配合支持下，原被告就补偿金额达成调解协议。合议庭依法对调解协议是否属于双方真实意思表示、是否损害国家利益、社会公共利益以及他人合法权益进行了审查。最终，北京市第四中级人民法院出具了该院第一份行政调解书予以确认，双方当事人握手言和。

编写人：北京市第四中级人民法院　武　楠　李世邦

征收侵害赔偿案件中赔偿范围、标准、方式的认定

——王某诉北京市某区人民政府行政赔偿案

【案件基本信息】

1. 裁判书字号

北京市第四中级人民法院（2021）京04行赔初6号

2. 案由

行政赔偿

3. 当事人

原告：王某

被告：北京市某区人民政府（以下简称某区政府）

【基本案情】

原告王某诉称：某区政府因地铁站建设施工需要，于2019年8月将原告所有的涉案房屋强制拆除。原告就该强拆行为提起行政诉讼，法院生效判决确认该强拆行为违法。后，原告依据《行政诉讼法》、《中华人民共和国国家赔偿法》（以下简称《国家赔偿法》）及相关司法解释的有关规定，提起本案赔偿之诉。请求法院：（1）判令某区政府赔偿原地回迁房屋共计174平方米；（2）判令某区政府赔偿各项财产损失共计318万元；（3）判令某区政府赔偿自2021年10月起至回迁房实际交房日期后的第四个月止，期间因延迟交房产生的周转费月租金的双倍；（4）判令某区政府赔偿住房面积57平方米，周转费共计29万元。

被告某区政府辩称：2018年5月30日，评估公司对涉案房屋、设备、

装修及附属物作出《估价报告》。评估结果中包含了涉案房屋价值、被搬迁房屋设备、装修及附属物评估价。被告委托的某拆迁公司对拆除前房屋内物品情况进行了清点、存放并制作了房屋物品清单。某拆迁公司也结合补偿方案就房屋补偿事宜出具了补偿清单。综上，原告的赔偿请求缺乏事实和法律依据。故请求依法予以驳回。

法院经审理查明：涉案房屋为王某之父所有，房屋性质为私有。王某之父生前订立遗嘱，明确涉案房屋的产权继承人为王某。

2015 年 7 月 30 日，受北京城市快轨建设管理有限公司、某区政府的委托，某拆迁公司负责承担地铁某区段地铁×××站以及某区部分房屋的拆迁工作。

2017 年 7 月 4 日，国土资源局某区分局在向北京市某区住房和城乡建设委员会作出《关于×××站一体化棚改项目征求国土意见的复函》中称，北京市某区×××站一体化棚户区改造项目（以下简称涉案项目）符合某区土地利用总体规划要求，已纳入北京市 2017 年棚户区改造和环境整治任务，取得了某区政府授权前期工作主体的批复和规划部门的意见。

某拆迁公司作出《×号楼搬迁项目搬迁补偿方案》、《×××一体化棚改项目（×号楼）外迁补偿方案》，载明了搬迁范围、搬迁委托单位、实施单位、评估单位、搬迁方式等，还确定了补偿方式及各种费用给付标准。

2018 年 5 月 30 日，评估公司针对涉案房屋、设备、装修及附属物作出《评估报告》，其价值时点为 2018 年 5 月 30 日。该报告评估了房屋评估价款、设备、装修及附属物评估价款，确定了被搬迁房屋总价款。

某拆迁公司于 2021 年 2 月 10 日出具的涉案房屋公证说明载明，2019 年 5 月 10 日，北京市国信公证处对涉案房屋内的物品进行了公证，并制作了物品清单，公证的房屋内具体物品明细以公证处拍摄的视频为准。

另查，王某不服涉案房屋被拆除，以某区政府为被告向法院提起行政诉讼。某区政府在庭审中认可涉案房屋于 2019 年 8 月被拆除。2020 年 11 月 18 日，法院生效判决确认某区政府强制拆除涉案房屋的行为违法。

本案诉讼过程中，某区政府提交了某拆迁公司针对原告制作的补偿方案。该方案包括完全货币补偿、房屋安置、外迁安置在内的三种补偿方式。一审庭审过程中，某区政府认可某拆迁公司制定的上述补偿方案，同时说明某拆迁公司已将货币补偿数额悉数提存公证，且承诺可向愿意选择房屋安置方式补偿的被搬迁人提供符合补偿方案规定的回迁安置房或外迁安置房。

诉讼过程中，原告、被告双方进行了多次调解，但双方差距始终较大，无法达成一致。

【案件焦点】

征收侵害赔偿案件赔偿范围、标准、方式应当如何认定。

【法院裁判要旨】

北京市第四中级人民法院经审理认为：因本案涉案项目属于国有土地上棚户区改造项目，某区政府系该棚改项目的责任主体，某拆迁公司受某区政府及城市快轨公司委托负责承担拆迁工作。涉案房屋位于前述棚户区改造项目范围内，系国有土地上具有房屋所有权证的合法房屋，在未签订补偿安置协议的情形下被某拆迁公司强制拆除，损害了房屋所有权人的合法权益。该强拆行为应视为受某区政府委托实施的违法征收房屋行为，其法律后果应由某区政府承担，一审法院参照《国有土地上房屋征收与补偿条例》（以下简称《征补条例》）确定赔偿范围，以涉案项目可签订腾退协议时王某应当获得的安置补偿权益作为确定赔偿责任的基本标准，同时考虑其他已签约被搬迁人的比较正义和行政违法成本等因素，明确某区政府所应承担的赔偿责任不能低于且应适当高于其因双方合意搬迁所应给付的补偿，并无不当。

因涉案房屋位于棚改项目范围内且被强制拆除，故不具有恢复原状的可能性，根据《国家赔偿法》第三十二条、第三十六条及《最高人民法院关于审理行政赔偿案件若干问题的规定》第二十七条第一款的规定，某区政府应以支付赔偿金的方式承担行政赔偿责任，同时负有保障王某在案外愿意选择房屋安置方式补偿情况下，获得符合补偿方案规定的回迁安置房或外迁安置房的职责。

对于具体损失的赔偿问题，一审法院依据《征补条例》第十七条、第十九条、第二十一条、第二十二条、第二十五条和第二十六条规定，以涉案房屋、设备、装修及附属物的《估价报告》作为确定被拆除房屋赔偿数额的基本参照，兼及搬迁费、临时周转费、奖励费、补助等费用，同时依据《最高人民法院关于审理行政赔偿案件若干问题的规定》第三十一条第一款并参照《最高人民法院关于审理民事、行政诉讼中司法赔偿案件适用法律若干问题的解释》第十五条规定，确定违法损害赔偿金计付利息的标准，并酌定其他损失赔偿数额，事实清楚，适用依据正确，司法裁量权运用并无明显不当。王某主张的原地回迁面积缺乏事实及法律依据，其主张的涉案房屋评估价款显著低于周边其他房屋交易价，亦缺乏充分证据证明。关于部分室内物品损失、精神损失、大病补助、误工交通费及邮费、物业和车位补助、户型设计缺陷补偿、楼层损失等赔偿请求，明显缺乏事实及法律依据，不予支持。

综上，判决某区政府赔偿王某因强制拆除房屋造成的损失及相应利息、其他损失，驳回王某的其他赔偿请求。王某不服，进行上诉，二审法院经审理判决驳回上诉，维持一审判决。

【法官后语】

本案系因征收侵害引发的行政赔偿案件，主要涉及三个具体问题：一是赔偿范围的确定问题；二是赔偿标准的确定问题；三是赔偿方式的确定问题。具体分析如下：

1. 关于征收侵害类赔偿案件的赔偿范围

在征收侵害赔偿案件中，往往涉及征收补偿与行政赔偿衔接甚至竞合的问题。因为征收补偿与行政赔偿可能涉及的是同一不动产，其中可能既有因未依据《征补条例》第十七条和所在地征收补偿政策进行征收补偿而给被征收人造成的应补偿利益的损失问题，也有因违法强拆给被征收人合法财产造成损失的赔偿问题，还可能包括搬迁、临时安置以及应当给予的补助和奖励的损失问题。可见，房屋征收领域因行政机关违法强拆所引发的赔偿，呈现出行政赔偿和行政补偿法律关系相互交融的特点。如果行政机关依据已经生效的补偿决定实施了强拆房屋行为，补偿决定已经解决房屋本身的补偿问题。因此，即使强拆行为被认定违法，通常也仅涉及对房屋内物品损失的赔偿问题，而不应涉及房屋本身的补偿或者赔偿问题。但如果行政机关在强拆被征收人房屋前，既未作出补偿决定，也未经行政相对人同意拆除房屋，且截至诉讼前双方亦未达成补偿安置协议，则赔偿损失范围应既包括赔偿请求人作为被征收人所可能享有的全部房屋征收安置补偿权益，也包括其因违法拆除行为造成的直接损失。

本案中，首先，生效法院查明被告已经实施了国有土地上房屋征收与补偿程序，且违法侵权行为亦是发生在这一过程中。其次，认定被告实施强拆行为前并未与原告达成补偿安置协议，截至诉讼前原告亦未得到任何形式的补偿。最后，对于不同性质的法律关系，按照区分原则明确补偿和赔偿的范围。一是依据《征补条例》的规定，对于已纳入补偿范围的部分，如涉案房屋、设备、装修及附属物价值，应当依法按照补偿标准和程序处理，且应适当高于同等情形下已签约的被搬迁人，以达到防止行政机关借违法行为获益、保护当事人合法权益及避免对已签约被搬迁人不公平的法律效果。对于法定补偿范围之外的损失，如搬迁费、移机费、临时周转费、补助、奖励费、利息损失等问题，由于强拆行为已被判决违法，当事人主张赔偿损失的，应当按照《国家赔偿法》的规定，确定具体的赔偿数额。

2. 关于征收侵害类赔偿案件的赔偿标准

行政赔偿诉讼中，由于合法性问题已有定论，对行政机关依法行政的监督就不是行政赔偿案件的首要功能，而解决行政争议的功能就变为主要功能。基于此，行政赔偿案件司法审查的价值追求就是努力促使行政相对人与行政机关之间的赔偿纠纷得到实质性化解。同时，行政赔偿标准体现为“公民合法权益特别损害的恢复或者公平补救”的核心价值，即公平原则。公平原则其实是矫正正义、分配正义、比较正义在行政赔偿领域的体现，比如补救合法权益损害、填平实际损失就是矫正正义的具体要求；行政相对人赔偿请求权有效保护与国家财政负担能力、赔偿义务机关公务秩序的维护之间的平衡则是分配正义的具体要求；注重参考同类情形的处理结果则是比较正义的具体要求。具体而言，就是在确定赔偿责任的范围、方式和标准时，应当考虑行政机关违法行为的性质和后果、赔偿义务机关的财政承受能力、行政相对人合法权益具体侵害情况，从而做到权力义务配置的实质公平。

本案生效裁判实质遵循了公平原则，首先确定以涉案项目可签订腾退协议时被告应支付给原告的补偿，作为确定赔偿责任的基本标准。其次在确定被告的赔偿责任时，还考虑了其他已签约被搬迁人的比较正义问题。如原告获得的赔偿明显高于已签约被搬迁人获得的补偿，则对已签约的被搬迁人不公平。最后认定原告应获得的赔偿，应适当高于同等情形下已签约的被搬迁人，以达到防止行政机关借违法行为获益、保护当事人的合法权益及避免对已签约被搬迁人不公平的法律效果。此外，考虑到原告对涉案房屋被违法拆除没有过错，但却未获任何补偿，并一直在为获得相应赔偿寻求法律救济，沉淀了一定的人力物力成本。为最大限度地保护原告的合法权益，填补其可能获得的补偿利益，体现公平公正的法治要求，敦促行政机关今后依法行政、积极行政，另酌定被告赔偿原告的其他损失共计人民币×万元。

3. 关于征收侵害类赔偿案件的赔偿方式

就行政赔偿诉讼而言，其在诉讼类型上并不属于传统的撤销诉讼，而属于给付之诉中的一般给付之诉。行政赔偿诉讼与科以义务的履责之诉相比，其更集中体现为要求赔偿义务机关履行实体赔偿义务、实现实体赔偿权利。而且在一般给付之诉中，特别是征收侵害赔偿案件中，法院需要针对当事人损害是否存在、损害与违法行政行为之间是否有因果关系、损害是否已经通过其他途径获得赔偿或补偿等赔偿要件进行审查，而非仅仅审查是否具有赔偿的法定职责并简单作出责令限期作出赔偿处理或进行赔偿的判决。反言之，如果简单的判决责令行政机关依法予以赔偿或者将本应赔偿的事项通过补偿的方式解决，则行政相对人的合法权益难以得到全面保护，也违背了行政赔偿的目的。因此，在单独提起的行政赔偿诉讼中，如果法院可以具体确定赔偿方式、数额，便应当直接作出明确的实质性裁判。

编写人：北京市第四中级人民法院　武　楠　李振凡

区县人民政府履行村务公开监督职责案件的审查规则及提级管辖标准

——王某诉北京市某区人民政府履行村务公开监督职责案

【案件基本信息】

1. 裁判书字号

北京市第四中级人民法院（2022）京04行初462号

2. 案由

履行村务公开监督职责

3. 当事人

原告：王某

被告：北京市某区人民政府（以下简称某区政府）

【基本案情】

原告诉称：2017年至2018年间，原告的家庭承包地被政府征收用于某高速公路建设，但原告作为被征收土地的承包人并未分得依法应享有的土地补偿费和安置补助费，至今也未得到任何的安置。原告依法向村民委员会提出申请，要求依法公开，但其置之不理，原告向被告提出申请，要求调查核实，责令依法公布。但被告收到原告申请后，未依法答复或作出责令行为，故请求法院判决被告依法履行职责，责令村民委员会公开以下信息：（1）某高速公路土地征收获得的征地补偿总金额，包括每亩土地补偿费金额、每亩安置补助费金额；（2）村民委员会或村民代表，村民会议讨论通过的，有关某高速公路征地产生的土地补偿费分配使用方案，以及安置补助费分配使用方案；（3）形成土地补偿费分配使用方案、安置补助费分配使用方案的村民委员会会议记录及决议，村民代表会议讨论记录及决议，村民会议讨论会议记录及决议。

被告某区政府辩称：其收到原告邮寄的《责令北京市某区某镇中屯村民委员会履行法定义务申请书》后作出《群众信访事件办理通知单》，将申请书及办理通知单一并送达某镇政府，要求其向村民委员会核实是否存在未依法公开事项，并将调查处理情况及时反馈。某镇政府收到申请书及办理通知单后，与村民委员会沟通并作出《责令整改通知书》，要求村委会核实情况、依法向村民公开征地补偿相关事项，并将相关整改情况书面反馈。直至原告起诉，某镇政府未收到村委会反馈情况。某区政府认为其已履行相应职责，请求判决驳回原告诉讼请求。

【案件焦点】

1. 本案是否符合提级管辖标准；

2. 某区政府的转交行为能否认定为已经履行村务公开监督职责。

【法院裁判要旨】

北京市第四中级人民法院认为，为准确适用法律，填补立法空白，指导行政机关在村务公开监督中依法行政，同时统一裁判尺度和审理标准，决定对该案进行提级管辖审理。

2022 年 11 月 14 日，根据双方当事人的调解意愿，在对被诉行政行为进行合法性审查的基础上，北京市第四中级人民法院组织双方当事人进行调解谈话。被告代理人详细说明了其履行村务公开监督职责的情况，原告经查阅被告提供的材料后表示其诉求已经得到满足，最终当庭提出撤诉申请。该案件从公开开庭审理到调解撤诉结案仅用时 4 天，涉案行政争议得到实质性解决，充分实现了案件办理政治效果、法律效果和社会效果的统一。

北京市第四中级人民法院于 2022 年 11 月 14 日作出行政裁定书，准予原告撤诉。

【法官后语】

本系列案件是北京市第四中级人民法院首例提级管辖的行政案件。该系列案件亦为全市首例由区长出庭应诉，并经法院调解撤诉的提级管辖行政案件。该案为确定区县人民政府履行村务公开监督职责案件的审理规则及行政案件提级管辖标准提供了思路。

一、提级管辖行政案件的标准及研判

（一）具有矛盾典型性

随着乡村的振兴和发展，村民参与农村民主决策、民主管理和民主监督的意愿增强等，村民对于所在集体经济组织村务公开的要求越来越高，同时，因认为其所在村民委员会不及时公布应当公布的事项或者公布的事项不真实而要求乡镇政府、县级政府及其有关主管部门履行村务公开监督职责的申请不断增多，由此引发了一系列的行政争议和行政案件，行政机关的涉诉和败诉风险持续加大。

（二）具有法律适用指导意义

村务公开监督相关规定较为原则、依据不足。对于行政机关履行监督义务的审查力度、政府监督权力与村民自治权利边界，以及两个以上行政机关对同一事项都具有法定职责应如何处理等问题均有较大争议。审判实务中亦存在司法审查标准不统一，审理效果有待提升等问题。

（三）属于新类型案件，且案情疑难复杂

村务公开监督行政案件属于近年来收案数量持续增加的新类型案件，该类案件在各区域分布不均，各基层法院审理此类案件经验不足。且由于该案涉及重点工程某高速集体土地征收，对当事人合法权益可能产生较大影响。

综上，为准确适用法律，填补立法空白，指导行政机关在村务公开监督中依法行政，同时统一裁判尺度和审理标准，北京市第四中级人民法院审查决定进行提级管辖审理。

二、区县人民政府履行村务公开监督职责案件审理规则

（一）职责审查

依照《村民委员会组织法》的规定，乡镇政府、县级政府均对村务公开监督具有法定职责。有观点认为，对履责机关应当遵循“就低不就高”

的认定原则，即上下级机关针对履责事项均有管辖权的，一般应由下级机关行使初始管辖权，上级机关已经交由下级机关处理的，不构成不履行法定职责。对此，北京市第四中级人民法院经审理认为，只有在地方性法规、规章作出特别规定的情形下，可以认可县级政府转办乡镇政府，由乡镇政府履行监督职责行为的合法性。如果所在地区没有相关特别规定，履职责任主体仍应为该行政机关。本案涉及的《村民委员会组织法》等并没有明确规定不同行政机关履行村务公开监督职责的顺序或者步骤，且特别规定了县级政府具有该项职责，因此，行政机关可以自行调查亦可以委托下级机关或者相关机关进行调查，但履职责任主体仍应为该行政机关，仅仅进行转办不属于履行法定职责。

（二）履责程度

区县政府将村务公开监督案件交办给乡镇政府的，应继续要求乡镇政府按照合法有效的村务公开监督办理流程，在调查核实后作出相应的答复或决定。具体审查如下内容：乡镇政府在接到村民村务公开行政监督申请转办单后是否进行了审核判断、调查核实并形成相关证据材料；所作答复或决定内容是否明确并有相关证据支持，责令公开决定是否确定了合理的期限和方式，具有可执行性；答复或决定作出时限及送达情况；在作出责令限期公开的通知或决定后，是否以适当形式对村民委员会的履行情况进行了复核。而本案区县政府在转办后，并没有进行后续有效的督促办理，应认定为未及时、全面履行职责。合议庭根据双方当事人的调解意愿，在对被诉行政行为进行合法性审查的基础上，组织进行调解，最终实现了行政争议实质性解决。

编写人：北京市第四中级人民法院　武　楠　孙嘉琳

经验交流

关于北京市各区人民政府为被告的政府信息公开行政案件情况的调研报告

北京市第四中级人民法院课题组

武　楠*　李世邦**

2014年，党的十八届四中全会通过的《中共中央关于全面推进依法治国若干重大问题的决定》明确提出：全面推进政务公开。各级政府及其工作部门依据权力清单，向社会全面公开政府职能、法律依据、实施主体、职责权限、管理流程、监督方式等事项。中共中央、国务院印发的《法治政府建设实施纲要（2015—2020年）》中也指出，完善政府信息公开制度，拓宽政府信息公开渠道，进一步明确政府信息公开范围和内容。随着中央关于政务公开制度的不断完善，法治政府建设的不断发展，基于政府信息与人民群众的生产、生活、工作等活动密切联系，政府信息公开的要求更高，依申请的政府信息需求量也在加大，政府信息公开案件成为人民法院受理的主要行政案件类型。

北京市第四中级人民法院（以下简称北京四中院）作为全国首批跨行政区划法院，自2014年年底成立以来，集中管辖了以北京市各区人民政府为被告的政府信息公开行政案件。北京四中院依托集中管辖的优势，在审理该类案件的过程中，逐渐统一了以区政府为被告的政府信息公开案件的裁判思路，逐步摸清了北京市各区政府信息公开实践，通过政府信息公开

---

* 武楠，北京市第四中级人民法院行政审判庭庭长。

** 李世邦，北京市第四中级人民法院行政审判庭法庭助理。

案件的裁判指引、组织社会各界人士旁听庭审、发布白皮书和典型案例等各种方式和措施，在规范申请人依法申请政府信息和行使诉权、政府信息公开行政行为法治化建设等方面取得了较好的成效。但是也应看到，当前仍然存在大量反复多次针对各区政府申请的政府信息公开案件，人民法院在审理规则、审判标准方面还存在不统一、不一致的地方，各区政府的政府信息公开实践仍然有不规范、不严谨之处。

基于上述原因，笔者对自身所在北京四中院自成立以来集中管辖的有关各区政府的政府信息公开案件情况、疑难问题进行了调研，目的：一是就跨区法院集中管辖的实际状况来看，有助于北京市各区政府为被告的政府信息公开案件审理裁判标准的统一，以及探索解决政府信息公开案件普遍存在的疑难复杂问题。二是通过调研报告规范政府信息公开案件，有利于规范各区政府的政府信息公开工作，同时，发挥“头雁”效应，对规范区政府工作部门、乡镇、街道等单位的政府信息公开工作，发挥良好示范作用。三是结合以往政府信息公开案件审理的调研情况，把握新条例的立法要义和趋势，通过政府信息公开案件审理，推动政务公开更好地服务人民群众。四是以政府信息公开案件为范例，进一步总结跨行政区划法院在集中统一管辖行政案件的审理机制中，存在的优势和不足之处，探索创新机制。

一、北京市各区人民政府涉诉信息公开行政案件的审理情况及基本特点

政府信息公开案件是行政案件的主要类型。北京四中院作为跨区法院自成立以来集中管辖北京市十六个区政府为被告的行政案件，该类案件自2015年至2018年的审理情况梳理如下。

（一）政府信息公开案件呈现逐年下降趋势

2015年，北京四中院审结以各区政府为被告的行政案件1048件，其中政府信息公开案件426件，占比40.6%。2016年，审结以各区政府为被告的行政案件1530件，其中政府信息公开案件309件，占比20.2%。2017年，审结以各区政府为被告的行政案件1542件，其中政府信息公开案件162件，占比10.5%。2018年，审结以各区政府为被告的行政案件1539

件，其中政府信息公开案件129件，占比8.4%（见图1）。

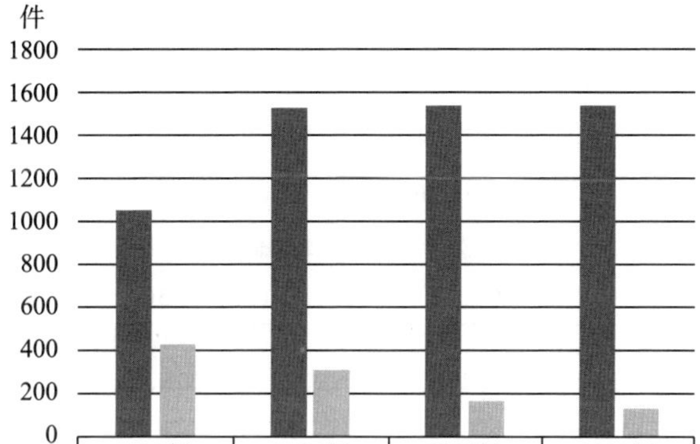

	2015年	2016年	2017年	2018年
■各区政府审结案件/件	1048	1530	1542	1539
■政府信息公开审结案件/件	426	309	162	129

图1　政府信息公开案件审结数量对比

通过上述统计可以分析得出，以北京市各区人民政府为被告的行政案件数量逐年上涨，政府信息公开案件量却逐年下降。从案件数量占比来分析，2015年政府信息公开案件的比例竟然高达40%，呈现出极为不正常的状态。2018年政府信息数量占比虽然降至8.4%，但在数量上和比例上，相较其他案件类型来说，政府信息公开案件仍然属于主要案件类型。上述数据一定程度上反映出，立案登记制实施背景下，各区政府产生的政府信息公开的行政争议在不断减少，政府信息公开诉讼纠纷由最开始的极端爆发逐渐回归理性轨道。

（二）政府信息公开案件涉诉信息类型分析

此次以各区人民政府为被告的政府信息公开案件调研，着重对涉诉申请的政府信息所属领域和类型统计分析。涉诉信息分析有利于深层次挖掘政府信息公开争议矛盾的集中领域，有利于掌握区政府涉诉政府信息公开案件中隐含的社会治理问题，有利于从源头上化解政府信息公开纠纷。经统计，各区政府涉诉政府信息所属行政管理领域的分布情况如图2所示。

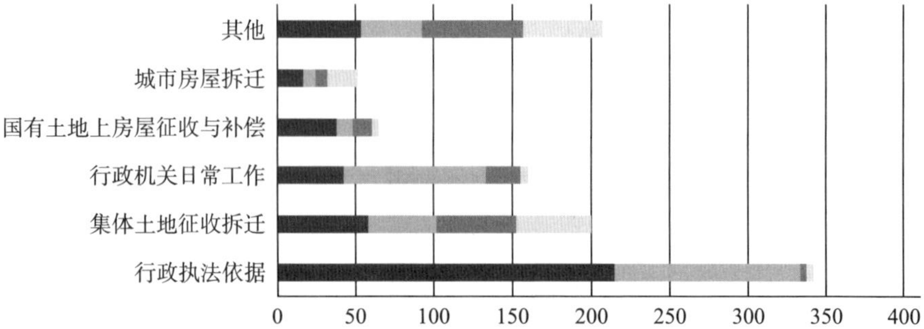

	行政执法依据类	集体土地征收拆迁类	行政机关日常工作类	国有土地上房屋征收与补偿类	城市房屋拆迁类	其他
■2015年	215	58	43	39	17	54
■2016年	120	44	90	9	8	38
■2017年	3	51	23	13	7	65
■2018年	4	47	4	4	19	51

图 2　政府信息公开案件涉诉信息类型

上述数据表明，政府信息公开案件涉诉信息类型主要为申请公开“行政执法依据类”“集体土地征收拆迁类”“行政机关日常工作类”“国有土地上房屋征收与补偿类”“城市房屋拆迁类”及其他领域的政府信息。其中，有两类领域很难以行政管理领域和行政行为种类的标准予以归纳，所以需要作出说明的是，行政执法依据是指申请人申请公开行政机关执法过程中的法律依据等信息；行政机关日常工作是指申请人要求的公开行政机关的事务性安排工作。另外，其他管理领域主要是包括公房行政管理、环境行政强制、不动产登记等。

经调研发现，申请行政执法依据类和行政机关日常工作类信息引发的政府信息公开案件系同一人或几个人反复大量申请的同一或同类型政府信息案件，且诉讼纠纷集中于 2015 年和 2016 年，该类案件虽然数量多、占比高，但属于特殊情况，并不能反映出各区政府为被告的政府信息公开案件的正常分布状态。纵观 2015—2018 年的整体数据分布，各区政府为被告的政府信息公开案件主要集中在关乎人民群众房屋财产权益的征收拆迁领域。集体土地征收拆迁类政府信息公开案件数量居高不下，国有土地上房屋征收与补偿类信息公开需求较高。虽然根据《国有土地上房屋征收与补偿条例》的规定，征收决定和征收补偿决定的职责属于各区政府。但该类型政府信息的案件数量占比并不高。虽然《城市房屋拆迁管理条例》已经废止，拆迁模式已经为征收模式所替代，但是每年仍然存在一定数量因城市房屋拆迁历史遗留问题而引起的政府信息公开案件。

（三）政府信息公开案件的裁判情况分析

政府信息公开案件的裁判情况调研分析主要集中于案件的判决结果和裁定驳回起诉。判决结果可以反映出在法院实体审理的案件中，法院判决支持原告或者被告的情况。[①] 同时，可以反映出政府信息公开案件的判决方式运用。裁定驳回起诉亦是政府信息公开案件中的结案方式，可以反映出政府信息公开因不符合起诉条件等原因而未实体审理的情况。以各区政府为被告的政府信息公开案件裁判情况统计如表 1 所示。

表 1　政府信息公开案件判决情况

单位：件

年度	案件审结	驳回诉讼请求	撤销政府信息公开答复	确认程序轻微违法	履行答复职责
2015	426	150	35	5	1
2016	307	74	11	1	1
2017	162	90	2	0	0
2018	129	96	3	0	0

表 1 数据显示，政府信息公开案件经实体判决的案件数量所占比例大幅提升，2015 年占比 44.8%，2018 年占比提升至 76.7%。判决结果包括驳回诉讼请求、撤销政府信息公开答复、确认程序轻微违法以及履行答复职责。驳回诉讼请求的比例逐年提升，撤销政府信息公开答复和确认程序轻微违法的比例不断下降。其中，各区政府败诉案件数量大幅减少，2015 年败诉案件 41 件，2018 年的败诉案件仅 3 件。且 2017 年和 2018 年不存在政府信息公开处理程序违法和不履行答复职责的情形。这表明各区政府在政府信息公开领域的依法行政水平在不断提升，人民法院通过实体裁判在实体内容和程序方面均给予有效指引，各区政府在收到政府信息公开申请

---

① 程琥：《解决行政争议的制度逻辑与理性构建——从大数据看行政诉讼解决行政争议的制度创新》，载《法律适用》2017 年第 23 期。

后能够按照《政府信息公开条例》的规定履行受理、答复等程序，规范行使权力（见表 2）。

表 2　政府信息公开案件裁定情况

单位：件

年度	案件审结	驳回起诉	撤回起诉	移送管辖
2015	426	220	13	2
2016	307	213	7	0
2017	162	55	15	0
2018	129	27	3	0

表 2 裁定驳回起诉的案件所占比例急剧下降，一定程度上表明在人民法院的裁判指引下，原告更加针对实质公开诉求提起诉讼，提起的政府信息公开诉讼逐渐趋于理性。针对驳回起诉的政府信息公开案件逐一统计分析，不符合起诉条件的情况如图 3 所示。

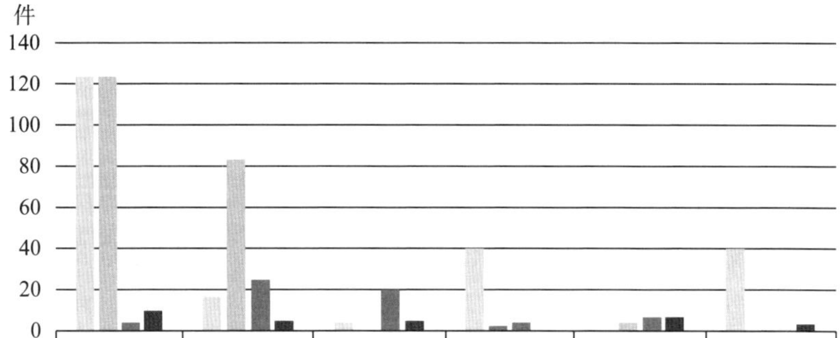

	咨询事项	受案范围	加工汇总	重复申请	非政府信息	其他
2015年	124	16	3	39	0	40
2016年	124	84	0	2	3	0
2017年	3	24	19	3	6	0
2018年	10	4	4	0	6	3

图 3　裁定驳回起诉的案件认定

上述数据表明，不符合起诉条件而裁定驳回起诉的案件主要包括：因政府信息公开申请实质为提出咨询事项，政府信息公开申请不属于《政府信息公开申请》的调整范围而不属于受案范围，政府信息公开申请系要求区政府加工汇总、重复提出同一政府信息公开申请，申请公开的信息不属于政府信息及其他不符合政府信息公开诉讼起诉条件的情形①。其中，咨询事项和受案范围占主要比例，是因为申请人对于政府信息公开申请的立法宗旨和行政诉讼受案范围的理解不当。同时，经过人民法院的裁判指引，政府信息公开纠纷逐渐回归《政府信息公开条例》的框架。

（四）政府信息公开案件答复处理类型分析

政府信息公开答复处理决定，是行政机关在收到政府信息公开申请后所作出的处理决定，是政府信息公开案件审理过程中重要的审查对象，对于申请者而言，答复处理决定关乎其申请的政府信息公开与否。答复通知书作为答复处理决定的格式书面载体，其中包括了法定告知内容、说明理由、结论以及相关法律依据等权利义务内容。为了更好地把握政府信息公开实践中各区政府的处理思路和结果，有必要针对行政判决裁判文书载明的答复处理决定逐一统计②（见表3）。

表3 答复处理类型

单位：件

年度	答复类型								
	不属于本机关公开	非政府信息	不予公开	可以公开	政府信息不存在	已主动公开	未制作、保存或获取	其他	总计
2015	20	2	16	14	49	44	29	17	191
2016	4	8	1	3	27	20	7	16	86
2017	25	8	1	0	35	3	5	15	92
2018	18	0	2	1	40	10	0	28	99

表3数据直接反映出，各区政府所作出的政府信息公开处理决定呈现出类型化特征，与《政府信息公开条例》规定的答复方式相对应。但有的答复处理结论并未明确，如“未制作、保存或获取”。各区政府为被告的政府信息公开案件中，各答复处理类型相较而言，答复“政府信息不存

① 主要包括申请公开行政复议卷宗材料、信访信息、履行行政监督职责、重复诉讼、被告不适格等情形。

② 因不服起诉条件而裁定驳回起诉的政府信息公开案件行政裁定书，一般并未载明答复处理决定的内容，故只能就实体审理后作出的行政判决书进行统计分析。

在”和“不属于本机关公开”占较大比例。同时，上述数据可以表明，区政府作出的答复处理决定中，拒绝型答复占比 96. 2%。

（五）政府信息公开案件涉及北京各区政府分析

北京市各区政府涉诉政府信息公开案件的数量地域分布情况如表 4 所示。

表 4　北京市各区政府涉诉政府信息公开案件分布

单位：件

年度	各区政府														
	东城区人民政府	西城区人民政府	朝阳区人民政府	海淀区人民政府	丰台区人民政府	房山区人民政府	大兴区人民政府	通州区人民政府	顺义区人民政府	昌平区人民政府	怀柔区人民政府	延庆区人民政府	门头沟区人民政府	石景山区人民政府	密云区人民政府
2015	19	22	80	256	8	2	13	8	2	8	1	0	5	1	1
2016	2	26	87	133	11	12	5	3	20	0	0	3	4	0	0
2017	24	29	20	40	10	6	8	4	1	3	0	2	8	0	2
2018	38	13	16	16	13	4	18	2	2	4	0	0	0	3	0

表 4 数据显示，总体来看北京各区政府信息公开案件数量分布不均，中心城区：东城区、西城区、朝阳区、海淀区以及丰台区政府涉诉政府信息公开案件在数量上明显多于其他区域。其中，海淀区政府和朝阳区政府涉诉政府信息公开案件数量呈逐年大幅下降趋势，其他各区政府涉诉的政府信息公开案件数量分布则逐年趋向均衡。

二、北京市各区人民政府涉诉信息公开行政案件的审理中存在的问题

北京市各区人民政府为被告的政府信息公开案件情况的数据统计分析表明，区政府涉诉的政府信息公开案件统一集中管辖之后，在解决争议、监督政府依法行政、维护人民群众的信息需求方面逐渐统一了标准，取得了积极成效。但是纷繁复杂的数据背后存在诸多疑难复杂问题，既有政府信息公开的机制问题，也有人民法院行政审判的理念等问题。

（一）政府信息公开案件审理难题

司法实践中，一般认为政府信息公开案件争议事实不复杂，权利义务比较清晰。但实际上，经过对所有政府信息公开案件统计分析之后发现，虽然该类案件审理难度不高，但是在审理过程中仍然存在诸多既有的“顽疾”，集中体现为审理规则和裁判标准不统一。究其原因，是因为《政府信息公开条例》规定存在许多模糊地带，以及行政审判机制的固有问题。这些都在一定程度上直接影响了实质解决政府信息公开争议立法目的的落实，影响了政府信息公开制度的正常运转和法治保障。

1. 政府信息公开案件的起诉条件问题

根据前文的数据统计分析，仍然存在一定数量的案件因不符合起诉条件而被裁定驳回起诉，这种情况在2015年和2016年尤为突出。起诉条件的实质是人民法院行政审判的监督权限和范围问题，对法定起诉条件的审查是行政诉讼实体审理程序启动的前提条件。不符合起诉条件，人民法院应当裁定驳回原告的起诉。政府信息公开诉讼中也不例外，起诉条件的审查关乎政府信息公开诉讼的正本清源，即该类诉讼就是审查政府信息公开行为的合法性问题。政府信息公开诉讼的起诉条件审查，最直接的目的就是厘清人民法院在政府信息公开诉讼中的监督权限和范围，将脱离《政府信息公开条例》和行政诉讼法的规定提起的诉讼予以排除。调研中发现，诸多案件是以申请政府信息公开名义或形式，要求人民法院审查不属于政府信息公开的行为合法性，且在对政府信息公开诉讼的起诉条件认定标准、条件以及理由方面存在诸多问题。最主要的难题表现为对《政府信息公开条例》的规定理解和行政诉讼法有关起诉和受理条文的结合方面。

（1）有关政府信息公开行为的理解问题。

①咨询事项的认定问题。根据上述统计数据显示，各区政府涉诉政府信息公开诉讼实践中，存在大量申请人以信息公开的名义向行政机关进行咨询的政府信息公开申请，对于北京市各区政府的答复处理决定不满而提起行政诉讼。虽然《最高人民法院关于审理政府信息公开行政案件若干问题的规定》（以下简称《审理政府信息公开行政案件若干规定》）对于咨询是否属于受案范围明确作出了规定，但是根据对《政府信息公开条例》

的规定和《政府信息公开行政案件若干规定》中受案范围规定的理解，政府信息公开申请应当是申请政府信息的行为，具有客观性。以政府信息公开的名义向行政机关咨询问题、对其他行为的合法性提出质疑等而提起行政诉讼显然不属于政府信息公开行为，继而不符合政府信息公开诉讼的起诉条件。但是，司法实践中可能存在多种多样的咨询性政府信息公开申请，如何提炼一定的标准并加以甄别和认定，是当前诉讼中的一个难题。

②信息创制的认定问题。根据《审理政府信息公开行政案件若干规定》第二条第三项的规定①，以政府信息公开申请的名义要求各区政府制作、搜集政府信息，加工、汇总政府信息的，明确排除在行政诉讼的受案范围之外。要求信息创制与上述咨询事项本质上是一样的，并非客观上申请公开业已存在的政府信息行为，而是脱离《政府信息公开条例》规定的其他请求行为。在北京市各区政府涉诉政府信息公开案件中，2017 年度、2018 年度一定比例的政府信息公开案件，因要求区政府加工、汇总相关信息而被驳回起诉。司法实践中，信息创制的申请与政府信息公开申请并不容易区分，目前，均是就个案作出判断认定，故如何抽象出一定的标准来认定信息创制是当前诉讼中的一个难题。

③申请非政府信息的认定问题。《政府信息公开条例》对政府信息的概念作出了明确规定，但由于政府信息性质认定存在一定的争议和模糊地带，有关是否属于政府信息的诉讼案件中，该类争议一般需要审判人员进行实体审查方可作出认定。根据前文数据统计可以看出，司法实践中，一部分政府信息公开案件因为不属于政府信息而被驳回起诉。经过调研发现，部分案件因为申请的信息属于信访信息、党务信息等明显不属于政府信息的情形而不符合起诉条件，最终也被驳回起诉。遵循审判实践逻辑，如何对明显不属于政府信息予以认定，继而避免原告的诉讼实体权利无法得到保障，亦是当前诉讼中的一个难题。

---

① 《审理政府信息公开行政案件若干规定》第二条第三项规定，“公民、法人或者其他组织对下列行为不服提起行政诉讼的，人民法院不予受理：……（三）要求行政机关为其制作、搜集政府信息，或者对若干政府信息进行汇总、分析、加工，行政机关予以拒绝的。”

（2）有关不符合行政诉讼程序起诉条件的问题。

①被告适格问题。调研中发现，一些案件中申请人向区政府的内设机构，如法制办、信访办提出政府信息公开申请，在该机构盖章作出政府信息公开答复告知书后，原告又以区政府作为被告向人民法院提起行政诉讼。根据《行政诉讼法》的规定，内设机构在没有法律、法规授权而作出行为情况下，不能成为行政诉讼中的被告。但在政府信息公开领域中，由于诸多政府信息形成所涉及的行政管理职权相较于行政行为作出的法定职权范围要广，因而如何解释法律法规的授权和行政管理职权并以此来判断内设机构的适格被告问题，也是当前值得研究的难题。

②诉的利益问题。通过调研四年间所审理的各区政府为被告的政府信息公开案件，如前文统计的咨询事项类①、行政机关日常工作类②多达几百件。这些案件中很多一人或多人大量反复申请同一或同类政府信息公开，继而提起政府信息公开行政诉讼的情形。虽然最高人民法院公布了相关政府信息公开案例来规制滥用政府信息公开申请权和诉讼权利的公报案例，但是司法实践中，上述政府信息公开案件的裁判并未以不符合诉的利益为由驳回起诉。故行政诉讼法和行政诉讼法司法解释有关诉的利益的规定如何理解，不符合诉的利益的情形如何认定，以及如何发挥其引导理性诉讼的作用和价值都是实践中的难题。

（3）不符合起诉条件的裁定问题。

经过调研统计分析，对于不符合起诉条件的政府信息公开案件，在裁判理由和裁判条款的适用方面存在不一致之处。例如，司法实践中对于认定为咨询事项、明显不属于政府信息的案件，属于受案范围的排除还是对当事人不设定权利义务或者不产生实际影响的行为，存在不统一的情形。部分案件裁判认为不属于《政府信息公开条例》的调整范围，故以不属于行政诉讼的受案范围而裁定驳回起诉；部分案件则认为不属于《政府信息公开条例》调整范围，以对原告的权利义务不产生实际影响为由，裁定驳

① 2015年审结的由宋某某提起的200多件政府信息公开案件，均是对行政机关执法依据等提出的咨询和质疑。

② 2016年杨某某等人单独或共同提起的要求公开“朝阳区领导接待日、接待领导排班表、姓名、职务”的政府信息公开案件，多达90件。

回了起诉。上述分歧关乎裁定驳回起诉政府信息公开案件的裁判理由和条款的统一问题。该问题的关键在于《行政诉讼法》第四十九条第四项关于受案范围的规定与《最高人民法院关于适用〈中华人民共和国行政诉讼法〉的解释》第六十九条第一款第八项“行政行为对其合法权益明显不产生实际影响的”的规定应如何区分。

2. 政府信息公开案件的证明责任问题

根据前文关于北京市各区政府答复处理决定的类型化统计分析可以看出，答复“政府信息不存在”和“不属于本机关公开”的案件在实体审理政府信息公开案件中的比例较大。这两类案件的特点均是消极否定性的答复处理方式，对行政审判的影响在于区政府的举证责任审查。这也是政府信息公开理论和实践中一个争议已久的难题。主要原因有以下两点：(1) 行政诉讼中行政机关对于被诉行政行为负有举证责任；(2) 政府信息公开案件相较于其他行政案件有特殊性。一是客观性。政府信息公开申请和公开具有客观面向，主要集中于“有没有”“给不给”。二是否定性。政府信息不存在、不属于本机关公开范围实际上属于一种否定性客观事实。在被告负有举证责任的前提下，如何证明否定性客观事实，确属难题。这也在一定程度上影响政府信息公开案件裁判的公信力。

司法实践中，有关政府信息不存在的案件，原告一般都认为区政府作为辖区的人民政府应当保存有相关的政府信息，因而对于区政府关于政府信息不存在的答辩意见和提交的证据并不认可。那么，最终就涉及政府信息不存在的证明效力和责任认定问题。在调研统计的案件中，有的区政府提交了经盖章的内部政府信息查询说明，有的区政府提交了检索政府信息的页面截图等，这些均凸显出以何种证明方式提交证据以及法院如何审查其证明力和证明效力的理论和实践难题。

对于不属于本机关公开范围的案件，区政府如何证明其不属于本机关职责范围的事项也是有争议的问题。探寻存在的难题主要体现为以下两个方面：(1) 法定职责问题；(2) 行为主体问题。对于 (1) 的情形，人民法院根据法律法规规章的明确规定可以认定法定职责的归属。对于 (2) 的情形，在司法实践中法律法规规章未明确法定职权的情况下，如何认定其是否属于区政府公开范围？区政府的答辩意见认为，区政府不具有制作涉诉政府信息的法定职权，故不属于区政府的公开范围。但是，在法定职权未明确的情况下，区政府作出行政行为过程中仍然可能制作、获取或者保存了相关政府信息。需要注意的是，在政府信息公开案件中，人民法院并不审查政府信息形成过程涉及的行政行为合法性。故虽然该行为的合法性未在其他诉讼中予以审查，但如果涉及政府信息则属于区政府的公开范围。遵循上述逻辑，如何确定明确的审查思路，通过“抽丝剥茧”对非本机关公开范围进行审查，有时更为复杂。

3. 政府信息公开案件的审理规则问题

通过对以各区政府为被告的政府信息公开案件的审理过程和裁判文书分析，政府信息公开案件的审理方式仍然遵循传统的撤销行政行为审理思路。按照法定职权、事实根据、法律依据、法定程序的审查思路，最终落脚于对被诉的政府信息公开答复合法性认定。经过调研发现，以审理撤销之诉的思路审理政府信息公开案件容易导致以下情况：（1）无法实质回应原告的诉求。政府信息公开案件中，原告关注的是被告区政府能否公开其所申请的政府信息。以撤销之诉的审查规则可能忽视或者未实质回应原告的诉讼请求。例如，部分案件因答复告知书记载的法律依据写错而被人民法院撤销并责令重新作出，区政府重新作出答复后，仍然拒绝公开原告申请的政府信息，造成诉讼程序空转。（2）可能加大各区政府的政府信息公开工作负担。区政府作出的政府信息公开答复，在性质上并非负担性行为，未给申请人设定义务。如果过分严格地以负担性行为的合法性审查方式来审查政府信息公开答复，各区政府的政府信息公开工作负担可能将加大，从而会降低政府信息公开工作的效率。（3）无法实现诉讼法的目的。《行政诉讼法》的首要目的是解决争议，尤其是实质解决争议。简单地以撤销之诉的方式审理政府信息公开案件，可能无法将政府信息公开诉讼争议实质化解。

4. 政府信息公开案件的判决方式问题

司法实践中，遵循撤销之诉的审查规则直接影响了政府信息公开案件判决方式的选择和适用，形成了以下惯性判决方式。对于政府信息公开答复处理决定合法的，驳回原告的诉讼请求；对于不合法的，则判决撤销答复并责令重新作出答复。这其中最突出的问题为：一是答复理由成立情况下，未区分处理程序的类型分类。例如，被告区政府作出的答复理由成立，但是程序瑕疵、程序轻微违法或程序违法时，应选取何种判决方式？二是答复理由不成立的情况下，未考虑有无裁量空间。

5. 政府信息公开案件的审理程序问题

《行政诉讼法》明确规定了政府信息公开案件可以适用简易程序。但调研发现，2015—2018 年所审结的政府信息公开案件中，只有 8 件适用了简易诉讼程序。由于行政诉讼简易程序很少被启动，行政审判庭的法官依赖于通过普通程序审理行政案件，对简易程序比较陌生，对《行政诉讼法》及适用司法解释的规定并未有深入了解，不愿意主动去适用该项程序制度。主要原因在于：过分纠结于简易程序的适用范围，依职权适用行政诉讼简易程序的主动性不强；过分依赖于普通审判程序，忽视了程序分化的立法宗旨和要义；未遵循行政审判规律去找寻适用简易程序的路径。基于审判领域的专业性和行政审判的特点，行政诉讼简易程序并不能机械地去照搬民事诉讼有关简易诉讼程序的规定和实践经验。除此之外，行政诉讼各主体亦对行政诉讼简易程序持有保守态度。由于当事人的诉讼能力有限，原告对于行政诉讼简易程序的认识不足，当事人就选择简易程序达成合意很难实现，继而直接导致了有关当事人极少选择简易程序审理政府信息公开案件。因此，未能有效发挥简易程序对提高审判效率的优势。

（二）政府信息公开案件的治理问题

全面推进国家治理体系和治理能力现代化是新时代中国特色社会主义的重大战略，必然要求人民法院提升对纠纷的治理能力。行政审判直接面向的就是各种社会治理问题，这就要求审理案件过程中要破除机械办案的思维。通过审理政府信息公开案件，洞悉社会治理漏洞和隐患，在促进区政府依法行政的基础上将纠纷化解在初始状态。通过对各区政府为被告的政府信息公开行政案件调研发现，政府信息公开案件的纠纷大部分不只是政府信息申请能否满足或者获取的问题，更隐含了社会治理的深层次问题，主要是涉诉政府信息所属行政管理领域的治理问题。

1. 涉诉政府信息所涉管理领域治理问题

前文根据政府信息公开案件中涉诉信息类型的数据统计分析，发现如下社会治理问题：(1) 各区行政机关的政务公开在深度和广度上还不够充分，尤其是关乎人民群众切身财产利益方面仍有待加强。例如，国有土地上房屋征收、集体土地征地拆迁领域中关乎申请人房屋等财产的安置补偿权益的案件。涉诉信息本应在行政执法程序中充分公开，但是大部分申请人仍然申请政府信息公开甚至向人民法院提起大量诉讼，凸显区政府在有关行政管理领域的政务公开不够全面、不够透明。(2) 区政府所属工作部门、街道办、乡镇人民政府的政府信息公开工作有待于进一步完善。经调研发现，北京市各区政府涉诉政府信息公开案件中所申请的政府信息，其制作职责归属于上述行政主体，区政府并非具有相应的制作职责，申请人应当向上述行政机关申请公开。但是，实践中申请人仍然向区政府大量申请政府信息，政府信息矛盾纠纷提交到区政府的现象严重。(3) 区政府以及所属工作部门、街道办、乡镇人民政府的依法行政水平有待进一步提高。通过各区政府涉诉政府信息公开案件调研分析，政府信息公开纠纷并不是单独发生，而是行政执法过程中的矛盾争议"衍生品"。例如，近年来，随着城市化的快速发展，集体土地上实施的征收拆迁项目大幅度增加。但是，目前关于集体土地上征收拆迁行为的规定并不明确，行政执法的方式、手段也并不完善，导致群体性、社会性矛盾纠纷频发。从源头上规范行政管理行为，有助于化解政府信息公开纠纷。(4) 行政执法历史遗留问题仍然未化解彻底。例如，一些案件中所申请的信息涉及城市房屋拆迁管理，系《城市拆迁房屋管理条例》(已废止) 实施时期，城市房屋拆迁的行政管理遗留的行政争议。这些争议延续至今，很大程度上是被拆迁人通过政府信息公开的渠道寻求救济的结果。

2. 政府信息公开的处理思路问题

调研中也发现，区政府在作出答复处理决定时的思路亦存在偏差，表现为：(1) 处理思路不清。例如，收到政府信息公开申请后，未对是否属于政府信息、是否属于区政府公开的范围予以甄别，只要申请一概直接检索后作出答复了事。(2) 非本机关公开范围、政府信息不存在的认定混淆，未明确区分。实践中，认为政府信息涉及的行政管理职责不属于区政府的，政府信息就不存在。或者在未检索到政府信息的情况下，认定不属于区政府公开的范围。(3) 没有明确的答复处理结论。最主要的体现：正如前文对答复处理类型的统计，存在一部分案件最终仅答复申请人“区政府未制作、保存或获取”。而该政府信息到底是否在区政府存在，是否不属于区政府的公开范围，没有明确指明。这些问题都容易导致申请人在收到区政府的答复告知书之后因不服向人民法院提起诉讼。

3. 政府信息公开的行政复议问题

调研中发现，以各区政府为被告的政府信息公开申请案件，很少向北京市政府提起行政复议。绝大多数申请人选择直接向人民法院提起行政诉讼。行政复议作为行政争议解决的主渠道之一，并未发挥其解决政府信息公开纠纷的功能。政府信息公开纠纷并不复杂，完全可以通过行政复议渠道在诉讼前端予以直接解决。大量政府信息公开纠纷涌入人民法院，使得纠纷错过了初始阶段的最佳解决时机，申请人不服一审，继续提起上诉，然后提起再审，导致争议不断上移，化解难度加大。最不利的后果便是作为最后一道防线的诉讼救济反而成为纠纷解决的前线①。

4. 政府信息公开申请的目的、滥用以及滥诉问题

分析认为有必要调研政府信息公开申请人申请政府信息的目的所在。通过政府信息公开案件的调研发现，申请人并非为了生产、生活和科学研究的目的而其他目的申请公开政府信息。大致分为以下四类：(1) 咨询和质疑。要求区政府对相关文件、法律问题进行解释，或对相关行政行为的合法性表示质疑。(2) 获取证据。有的当事人申请政府信息公开是为了获取相关信息从而在其他诉讼中作为证据使用。(3) 矛盾上移。当事人将相关行政执法争议通过政府信息公开申请的形式，继而提起政府信息公开诉讼，变相将矛盾上移至区政府。(4) 扰乱行政管理秩序。当事人反复、大量申请政府信息公开并向人民法院提起行政诉讼。其中不乏大量滥用政府信息公开申请权利，致使各区政府疲于应对，政府信息公开制度的功能和

① 程琥：《解决行政争议的制度逻辑与理性构建——从大数据看行政诉讼解决行政争议的制度创新》，载《法律适用》2017 年第 23 期。

价值并未完全显现。同时，上述申请人收到答复处理决定后直接向人民法院提起政府信息公开之诉，使行政诉讼资源极大浪费，同时也令社会治理的成本和难度不断加大。

三、新《政府信息公开条例》实施背景下关于北京市各区政府信息公开案件审理建议

（一）结合新条例，形成政府信息公开案件统一裁判规则

新修订的《政府信息公开条例》于2019年5月15日开始施行。新条例在诸多方面进行了修改完善，有关政府信息公开的内容变化较大，这给政府信息公开案件的审理带来挑战。根据上述调研发现的审理难题，有必要结合新修订的《政府信息公开条例》，形成统一的裁判思路。

1. 规范审理规则，促进同案同判

（1）起诉条件的审查明确统一标准。

虽然以北京市各区政府为被告的政府信息公开案件因不符合起诉条件而裁定驳回的数量逐年下降，但是对起诉条件的审查仍须进一步规范和完善。就前文所提出的突出问题：对于咨询事项的认定，可以通过询问程序对原告的政府信息申请内容进行分析。当前司法实践形成的共识标准主要是从申请内容的表述来判断是否属于客观上请求获取相关信息，而非请求区政府作出解释或者提供法律依据。对于加工汇总等以政府信息公开名义要求区政府创制信息的认定，以政府信息是否现有客观存在为标准，同时应当区分正常的信息搜索与收集。对于明显不属于政府信息的，可以以不符合起诉条件为由驳回起诉。最主要的情形为申请公开党务信息、信访信息等。

针对区政府的内设机构如政府办公室、信访办等作出的政府信息公开答复告知书，提起的行政诉讼中适格被告的确定，宜统一裁判标准，理论依据为“2016年3月18日最高人民法院《关于政府办公厅（室）能否作为政府信息公开行政争议的行政复议被申请人和行政诉讼被告问题的请示的答复》中明确规定……应当以本级人民政府作为被告”①。

① 程琥：《新条例实施后政府信息公开行政诉讼若干问题探讨》，载《行政法学研究》2019年第4期。

(2) 构建履行之诉的政府信息公开案件审查思路。

政府信息公开之诉兼有主观诉讼与客观诉讼的特点。具体而言，原告申请公开政府信息是基于自身知情权而拥有的请求获取信息的主观权利，同时政府信息公开处理程序明确由《政府信息公开条例》规定，故政府信息公开案件的审理必须对程序事项进行合法性审查。故实体审理思路应当为：区政府是否负有对政府信息公开申请作出答复处理的义务或法定职责；收到政府信息公开申请之后的履行义务条件是否已经具备；答复处理的理由是否成立；答复处理程序是否合法。

(3) 规范政府信息公开案件的审查规则。

结合新条例规定和政府信息公开司法实践，政府信息公开案件可以遵循"'是不是—有没有—给不给—怎么给'的'四步审查法'进行审查"。首先，应当审查申请信息是否属于政府信息，如果申请信息不属于政府信息，即使被告作出的答复是以其他理由予以拒绝的，亦无公开之必要；如果申请的信息属于政府信息，接下来应当判断的是该信息是否属于被申请机关公开的范围。其次，根据新修订的《政府信息公开条例》第三十六条第五项的规定，对于不属于被申请机关公开范围的政府信息，区政府可以作出拒绝答复并说明理由。属于政府信息且属于本机关公开范围的情况下，区政府应当在收到政府信息公开申请之后进行检索查询，如果未检索查找到申请信息，则该政府信息在区政府并不存在。对于政府信息存在的，则应当继续审查该政府信息是否属于不予公开的范围。再次，根据新修订的《政府信息公开条例》规定，对于属于国家秘密、商业秘密以及个人隐私，即"三安全一稳定"的政府信息，则应当按照条例的规定，考虑是否可以作出区分处理、是否需要征求信息涉及利害关系人的同意以及公共利益的衡量问题。最后，对于可以公开的政府信息，还应当考虑公开政府信息的方式问题，既要考虑申请人的要求方式，又要兼顾公开的效率、成本问题。

2. 适用简易程序，推动繁简分流

针对政府信息公开行政案件，人民法院原则上应当适用简易程序。而如何细化设置简易程序的流程，是该项制度能够有效运行的关键，亦关系到能否有效积累简易程序的适用经验，继而推广适用于其他类型的行政案件，激活行政诉讼简易程序，最终探索构建符合行政审判规律和机制改革方向的简易程序制度。根据程序分化、要素化的理论并吸取以往行政诉讼普通程序的审判实践症结，结合政府信息公开行政案件的案件类型特点，笔者将简易程序的设置分为四个阶段来构建审理模式。

（1）立案阶段：政府信息公开案件适用简易程序的启动基于行政案件繁简分流的要求，当原告向人民法院提起诉讼时，政府信息公开行政案件从立案录入系统时即归入行政诉讼简易程序中，一并向原告出具《行政诉讼简易诉讼程序告知书》。

（2）庭前阶段：政府信息公开案件的梳理和程序性事项的无缝衔接。当前以庭审为中心的庭审改革背景下，庭前程序是关键，亦是前提。但是适用简易程序案件的庭前准备不需要过于繁琐复杂，力求突出简洁的特点。结合当前司法改革中分类管理的要求，庭前准备应当由法官助理全权完成。

（3）结合政府信息公开行政案件并以要素化审判为支撑，审判人员直接告知当事人争议焦点，并就无争议的事实及涉及的证据来确认是否认可；之后针对争议事实证据进行质证，并就争议事实及涉及法律适用问题进行口头辩论。具体而言，针对实体性答复的案件，主要由被告方就履行法定告知义务作出举证，对实体答复理由作出说明。相较之下，原告方应当着重予以否认或者提供有利于自己的证据作出抗辩。针对程序性答复，着重审查申请是否符合政府信息公开申请的基本条件。针对无答复情形，则主要审查的是政府信息公开申请的事实是否已经发生并为被申请主体收到。

（4）庭审后：及时裁判并制作简易程序文书。简易程序庭审后主要涉及作出裁判并制作文书事宜。基于简易程序的紧凑性且为了防止庭审中形成的内心确认和庭审记忆消逝，审判人员作为独任制人员在无须像普通程序进行合议的情况下，在庭后应当及时梳理裁判思路并作出裁判，从而减少当事人的等待时间。

3. 完善判决方式，实现定分止争

如前文所述，政府信息公开诉讼兼具主客观诉讼的特点，既要按照履行之诉的审理思路，同时，人民法院也需要审查程序的合法性问题，因而在对政府信息公开案件采取何种裁判方式尤其是判决方式，需要考虑政府信息公开的诉讼特征。另外，需要兼顾行政诉讼法有关解决争议和监督政府信息公开执法行为的立法目的。故而在裁判方式上，应当结合具体实际选取相应的判决方式。

（1）对于区政府作出的答复理由成立、作出答复程序合法的，应当驳回原告的诉讼请求。

（2）对于答复理由成立，但是程序存在问题的，应当分类考虑处理。程序属于何种类型的程序，对于非法定程序的，应当驳回原告诉讼请求。违反法定程序规定的，则应考虑是否对原告的实体权利产生了影响。未产生实际影响的，确认轻微违法；对权利产生实际影响的，应当撤销答复责令被告重新作出答复。如答复超期，一般对原告的权利不产生实际影响，则判决驳回原告诉讼请求，确认答复轻微违法。如果应当明确补正的申请内容，但被告直接拒绝答复，属于影响原告权利，应当撤销答复责令其重新作出。对于不属于法律明确规定的程序，如内部程序，则和原告并无实际利害关系，不在人民法院的审查范围。

（3）对于答复理由不成立的，根据《行政诉讼法》第七十二条的规定，应当采取履行之诉的裁判方式，同时根据被告是否需要进一步采取裁量措施而决定是否责令其公开相应的政府信息。需要注意的是，撤销答复的判决应当定位为辅助性判决。

（二）加强行政争议的治理，以政府信息公开行政案件为范例

党的十九届四中全会《关于坚持和完善中国特色社会主义制度推进国家治理体系和治理能力现代化若干重大问题的决定》，强调“社会治理是国家治理的重要方面。必须加强和创新社会治理，完善党委领导、政府负责、民主协商、社会协同、公众参与、法治保障、科技支撑的社会治理体系。”人民法院的行政审判职能、各区政府的行政管理活动都属于社会治理体系的重要环节。政府信息公开案件中所隐含的社会治理问题不可忽视，政府信息公开案件有必要加强治理，将社会矛盾纠纷化解在前端甚至萌芽状态，而无须均通过成本更高的行政诉讼来解决。

1. 发挥行政复议机制解决政府信息公开纠纷的制度优势

关键措施在于加强多元纠纷解决机制。在民事纠纷领域，存有调解、仲裁、诉讼等多种救济途径。在行政争议领域，行政复议和行政诉讼是行政争议的主要救济途径。发挥好行政复议救济主渠道的职能和作用，将有利于将政府信息公开矛盾化解在诉讼前端。为了提高政府信息公开争议的行政复议率，建议区政府的政府信息公开执法者在作出答复后，向当事人提供更多救济渠道。避免当事人缠诉滥诉，最终引发政府信息公开案件的信访化。

2. 重点领域的行政执法公开透明，加强释法析理

从上述调研的结果分析，当前政府信息公开依申请的诉讼集中于国有土地上房屋征收、集体土地拆迁等城建领域。反映出当前辖区执法的公开工作仍然存在不足之处，存在社会治理方面的隐患。无论是城市房屋还是宅基地上房屋均关系人民群众的合法财产利益，执法不公开、不透明，容易引发矛盾纠纷，进而上移至区政府。建议辖区行政机关在拆迁等执法工作中，关切人民群众的财产利益的事项，尤其是条例规定的重点公开事项，应当及时主动公开，例如，《政府信息公开条例》第二十一条规定，市县级政府应当主动公开土地征收、房屋征收等方面的政府信息；乡(镇）人民政府主动公开宅基地使用情况审核、土地征收、房屋征收等方面的政府信息。在重点领域的执法，应当做好释法析理工作，提升治理能力现代化。避免将执法过程中的矛盾争议扩大化，从而衍生出行政相对人以政府信息公开申请和行政诉讼的手段向区政府及行政机关施加压力。

3. 遵循条例公开常态的价值趋向，消除公众疑虑

新修订的《政府信息公开条例》第五条规定，“行政机关公开政府信息，应当坚持以公开为常态、不公开为例外，遵循公正、公平、合法、便民的原则”。政府信息公开诉讼纠纷的大量出现，部分原因是政府信息公开的价值导向和基础原则不明确。条例修订之前的政府信息公开实践中，行政机关畏惧政府信息公开，不敢公开，甚至逐渐发展为不公开是原则，列举是例外的认识趋势。政府信息公开实践的价值导向出现问题，很容易引发相对人与行政机关的矛盾争议。因而，为了从根源上消除政府信息公

开争议，行政机关尤其是辖区的区政府应率先遵循条例的精神，以公开为常态，不公开为例外。辖区其他行政机关、乡镇政府亦应以区政府的政府信息公开工作为样本，重塑政府信息公开的面貌，赢得公众对政府信息公开工作的认可和信任，消除对以往政府信息公开制度的疑虑。

（三）合理行使诉权，规范政府信息公开申请秩序

基于政府信息公开申请和处理流程较其他行政行为更为便捷的特点，一些申请人利用政府信息公开申请权和诉讼权利提起大量政府信息公开诉讼。根据前文的数据统计，2015 年和 2016 年存在一人或多人就同一或同类政府信息，以个别区政府为被告提起成百件政府信息公开诉讼案件，其实质都是咨询和对相关行政行为合法性的质疑。这一现象极大地扰乱了政府信息公开秩序，浪费了司法资源。人民法院通过裁判指引等措施，使该类情况在 2017 年和 2018 年得到有效遏制，有效地维护了各区政府的政府信息公开工作和人民法院的诉讼秩序。总结实践经验，规范政府信息公开秩序，应当从立法和司法程序等方面依法引导公众合理行使诉权。

新修订的《政府信息公开条例》第三十五条规定，申请人申请公开政府信息的数量、频次明显超过合理范围，行政机关可以要求申请人说明理由。行政机关认为申请理由不合理的，告知申请人不予处理。且最高人民法院《关于进一步保护和规范当事人依法行使行政诉权的若干意见》（法发〔2017〕25 号）第十六条规定，要充分尊重和保护公民、法人或者其他组织的知情权，依法及时审理当事人提起的涉及申请政府信息公开的案件。但对于当事人明显违反《政府信息公开条例》立法目的，反复、大量提出政府信息公开申请进而提起行政诉讼，或者当事人提起的诉讼明显没有值得保护的、与其自身合法权益相关的实际利益，人民法院依法不予立案。因而，对于大量反复申请的政府信息诉讼，在坚持立案登记制的基础上，应加强对诉讼利益的审查。在裁判文书中，应当加强释法析理，通过依法裁判来引导当事人合理行使诉讼权利和政府信息公开申请权。

国有土地上房屋征收与补偿行政案件司法审查报告

北京市第四中级人民法院行政庭课题组

陈良刚* 周孟伟**

《国有土地上房屋征收与补偿条例》自2011年1月21日颁布实施以来，有效地规范了国有土地上房屋征收与补偿工作，既切实维护了公共利益，又切实保障了被征收人的合法权益。因本市国有土地上房屋征收决定和补偿决定通常由区政府作出，由此引发的行政诉讼案件基本均以区政府为被告。而北京市第四中级人民法院（以下简称北京四中院）作为全国首批跨行政区划法院，集中管辖以北京市16个区政府为被告，以及经过市政府复议维持区政府行政行为后以两级政府为共同被告的一审行政案件，故涉及国有土地上房屋征收与补偿的行政诉讼案件一直是北京四中院审理的重要案件类型之一。自2014年12月30日挂牌履职以来，北京四中院深入学习贯彻习近平新时代中国特色社会主义思想和党的十九大精神，紧紧围绕"努力让人民群众在每一个司法案件中感受到公平正义"工作目标，忠实履行宪法和法律赋予的职责，充分发挥行政审判职能作用，不断提高国有土地上房屋征收与补偿案件等各类案件审判质效，为推动行政争议实质性解决、保护行政相对人合法权益、助推首都法治政府建设，发挥了重要作用。

---

* 陈良刚，原北京市第四中级人民法院行政审判庭庭长，现任北京金融法院审判第三庭庭长，法学博士。

** 周孟伟，北京市第四中级人民法院综合审判庭（环境资源审判庭）法官助理。

一、北京四中院审理国有土地上房屋征收与补偿案件的基本情况

（一）案件总量不断增多，增速逐渐回落

自2014年12月30日至2019年6月30日，北京四中院共审结921件涉及国有土地上房屋征收与补偿的一审行政案件，占同期审结的全部一审行政案件的14.8%。从该类案件年度分布来看，2017年案件增速达到峰值，同比增长1.5倍以上，占该年度审结一审行政案件的21.8%。2018年该类案件的数量和占比出现回落，案件数量同比下降23.9%，案件占比下降5.4个百分点。2019年上半年，该类案件数量和占比进一步回落（见图1）。

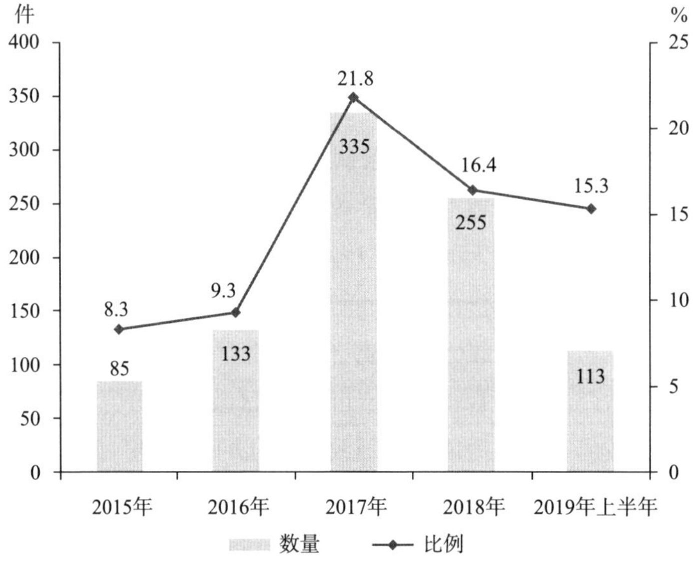

图1　2015—2019年上半年北京四中院审结国有土地上房屋征收与补偿案件的数量及比例

（二）案件区域分布不均衡，相对集中于中心城区

北京四中院审结的921件国有土地上房屋征收与补偿案件涉及本市13个区，其中，中心城区涉诉案件数量较多，东城、朝阳、西城3区涉诉案件数量居前三位，3区涉诉案件共有625件，占全部该类案件的67.9%。平谷、石景山、海淀3区涉诉案件数量列第四至第六位。其余各区涉诉案

件数量均在30件以下。此外，受国有土地上房屋征收项目开启和进度的影响，各区涉诉案件数量的年度变化通常较大。

（三）案件类型较为集中，各类案件变化趋势不尽相同

北京四中院审结的921件国有土地上房屋征收与补偿案件主要包括诉征收决定、补偿决定、补偿协议、强拆房屋以及要求给予安置补偿、要求行政赔偿等类型。此外，也存在一定数量的针对其他行为提起诉讼的案件，通常是当事人起诉征收决定或补偿决定后，又针对整体房屋征收工作中某一阶段性、过程性或者环节性行为提起诉讼。例如，对会议纪要、暂停公告、房屋调查登记行为、交房验收单等提起诉讼。基于北京四中院行政案件管辖特点，诉征收决定和补偿决定是主要案件类型，分别审结427件和317件，共占全部国有土地上房屋征收与补偿案件的80%以上。从年度分布来看，诉征收决定与诉补偿决定的案件数量处于此消彼长的动态变化中。2015年至2017年，北京四中院每年审结的诉征收决定的案件数量始终多于诉补偿决定的案件数量。2018年，北京四中院审结的诉征收决定的案件数量大幅下降，审结的诉补偿决定的案件数量持续增长，呈现出诉补偿决定的案件数量多于诉征收决定的案件数量的新格局。此外，2019年上半年，诉其他行为的案件数量同比急剧增多，超过诉征收决定和诉补偿决定的各自案件数量（见图2、图3）。

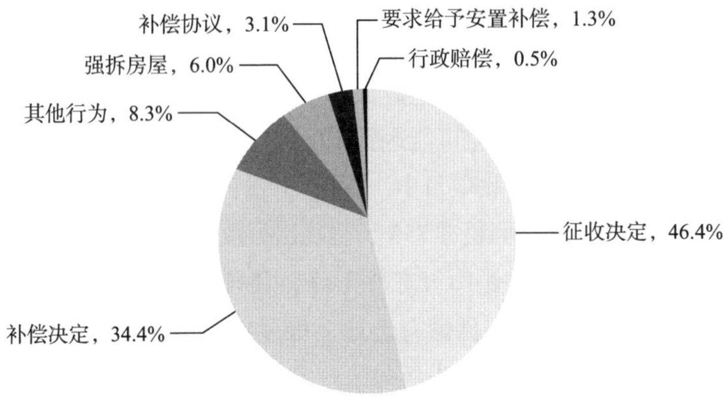

图2　2015—2019年上半年北京四中院国有土地上房屋征收与补偿案件类型分布

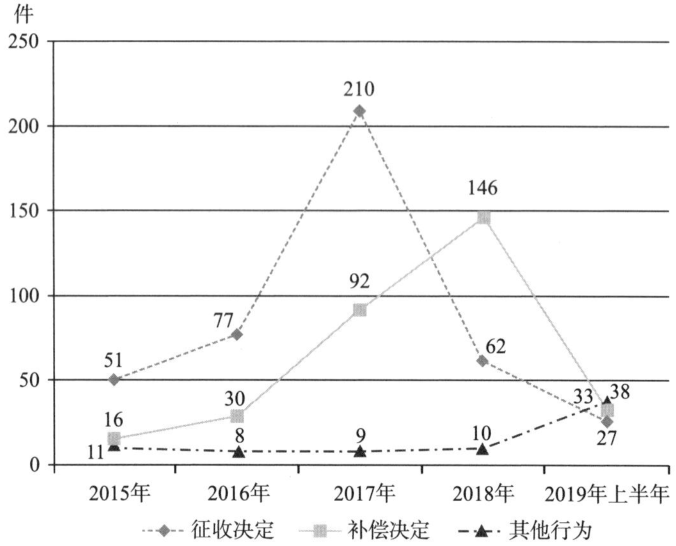

图 3　国有土地上房屋征收与补偿主要案件类型结案数量的年度变化趋势

（四）涉及众多征收项目，起诉率总体不高

北京四中院审结的 921 件国有土地上房屋征收与补偿案件涉及本市 48 个国有土地上房屋征收项目，涵盖棚户区改造、古建筑恢复保护、旧城改建、公交场站建设、地铁站建设、环境整治、市政道路工程建设、危旧房改造、校区建设等，呈现出新项目与旧项目交织、核心争议与延伸争议共存的局面。总体来看，国有土地上房屋征收项目通常有 95%以上的被征收人签约搬迁，相较于全部被征收人的数量，行政诉讼案件数量占比并不高。不过，因某一项目涉及的被征收人可能多达数百乃至数千人，即便起诉率不高，该项目引发的行政诉讼案件数量也可能达到几十件甚至上百件。在该类案件涉及的 48 个国有土地上房屋征收项目中，有 10 个项目涉诉案件达到 30 件以上，共占全部涉诉案件数的比例超过 75%，呈现出行政争议相对集中的特点。

（五）复议双被告案件比例有所下降，律师代理比例总体较高

北京四中院审结的 921 件国有土地上房屋征收与补偿案件中，北京市政府因复议维持区政府行政行为而与区政府作为共同被告的案件有 255 件，占 27.7%。从年度变化来看，“复议双被告”案件在经历了前两年快速增长后，无论是比例还是数量，都在 2017 年达到顶峰，2018 年和 2019 年上半年则呈现下降趋势（见图 4）。此外，在北京四中院审结的 921 件国有土

地上房屋征收与补偿案件中，原告委托律师的总体比例为 66.9%，被告委托律师的总体比例为 83.4%，双双高于其他类型行政案件。其中被告委托律师的比例在 2017 年大幅增长后稳定在 95%左右这一较高的比例上；而原告委托律师的比例虽在前两年高于被告委托律师的比例，但呈现逐年下降的趋势，2019 年上半年该类案件中原告委托律师的比例不足被告委托律师比例的一半（见图 5）。

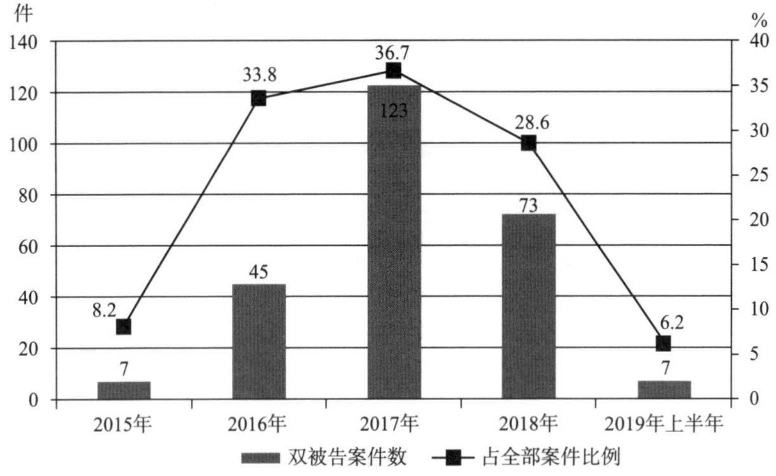

图 4　2015—2019 年上半年国有土地上房屋征收与补偿案件中“复议双被告”案件数量和比例

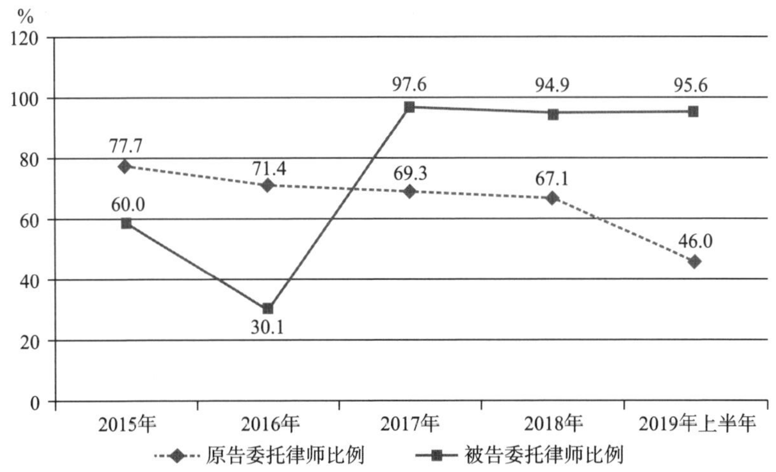

图 5　2015—2019 年上半年国有土地上房屋征收与补偿案件中原被告委托律师的比例

（六）依法行政水平总体较高，行政机关败诉率较低

北京四中院审结的 921 件国有土地上房屋征收与补偿案件中，人民法院依法审理后判决驳回原告诉讼请求和裁定驳回原告起诉的案件共计 828 件，占 89.9%。判决行政机关败诉的案件有 27 件，行政机关败诉率低于北京四中院审结的全部一审行政案件中行政机关败诉率，表明国有土地上房屋征收与补偿工作的合法性、规范性在不断增强。此外，原告主动申请撤诉的案件数量总体上呈增多趋势，表明行政争议实质化解取得更好效果。

二、北京四中院审理国有土地上房屋征收与补偿案件的总体思路

对于国有土地上房屋征收与补偿案件，北京四中院在依法审理的同时，始终注重发挥行政审判职能作用，既切实维护人民群众合法权益，又切实服务保障首都发展大局。

（一）注重治理，着力促进源头预防争议

国有土地上房屋征收与补偿工作涉及众多被征收人的切身利益，容易引发行政争议。自成立以来，北京四中院严格落实行政诉讼法各项规定，通过依法审理行政案件，促进行政机关不断增强房屋征收工作的合法性和规范性，努力避免或减少行政争议的产生。同时，北京四中院积极借助区长、副区长、各街道乡镇、各相关委办局主要负责同志参加区政府常务会议的有利契机，选派资深法官参与常务会议的会前讲法工作，通报涉诉情况、分析典型案例、解读法律法规、提出依法行政建议，充分发挥行政机关领导干部这一“关键少数”以上率下作用，带动区域整体法治水平提升。

（二）注重提升质效，着力保障首都发展大局

国有土地上房屋征收与补偿工作事关首都城市建设和发展大局，产生行政争议后应及时解决。对于国有土地上房屋征收与补偿案件，北京四中院在依法依程序推进审判程序并确保审判质量的前提下，不断提高审判效率，努力实现对行政相对人合法权益更及时的司法保护，同时避免征收项目因诉讼而受到不当阻滞。自北京四中院建院以来，北京四中院审理一审

行政案件的平均期限维持在3个月左右，远低于一审行政案件法定审限，且总体上不断缩短，使行政争议得以及时解决，既切实维护了人民群众的合法权益，又有力保障了首都城市建设和发展大局。

（三）注重实质化解，着力维护群众合法权益

国有土地上房屋征收与补偿工作涉及的利益关系纷繁复杂，历史与现实的因素往往交织叠加，解决争议需要综合施策。北京四中院在审理国有土地上房屋征收与补偿案件中，既严格依照行政诉讼法的各项规定审查被诉行政行为合法性，通过依法纠正违法行政行为、及时发送司法建议、在裁判文书中作出司法指引等方式，着力规范国有土地上房屋征收与补偿工作；又不断深化行政争议实质解决机制，特别是对于依法可以适用调解的补偿、赔偿类案件，不断加大矛盾纠纷协调解决工作力度，努力实现案结事了人和。

（四）注重延伸职能，着力助推法治政府建设

北京四中院积极延伸行政审判职能，不断提升行政机关在国有土地上房屋征收与补偿工作中依法行政的意识和能力。一是不断加强行政机关负责人出庭应诉工作，通过“一发送、二核实、三审查、四引导、五通报”工作机制，不断提升行政机关负责人出庭应诉工作的实际效果。二是有效发挥行政审判白皮书功能作用，在整体发布行政案件年度审查报告及典型案例的基础上，创新发布针对每个区年度执法和应诉工作的行政案件司法审查分报告，通报“涉诉案件基本情况”“败诉案件情况”并提出“进一步推进法治政府建设的建议”，为各区依法行政提供个性化法治“体检报告”。目前，该项工作已成为惯例并坚持进行了四个年度，受到社会各界广泛好评。三是利用行政机关负责人出庭应诉、行政机关举办依法行政培训班等时机，组织执法人员和应诉人员旁听庭审，通过鲜活的实际案例进行生动的法治教育，切实提高行政机关在房屋征收等工作中依法行政的能力和水平。

三、从行政审判看本市国有土地上房屋征收与补偿工作的主要成效与不足

从北京四中院审理国有土地上房屋征收与补偿案件的情况来看，当

前，行政机关在严格规范征收行为、妥善化解行政争议、规范化建设行政应诉等方面均取得了明显成效，同时，也存在一些问题和不足。

（一）积极成效

一是源头预防行政争议的意识不断增强。房屋征收工作往往持续时间长、涉及范围广、利益冲突大，容易引发行政争议。近年来，行政机关更加重视源头预防矛盾纠纷，通过健全征收决策机制、提升公众参与程度、做好专家论证和风险评估等措施，不断降低涉诉和败诉风险，多数房屋征收项目涉诉比例维持在较低水平或未产生涉诉案件。

二是房屋征收与补偿工作的合法性、规范性不断增强。行政机关更加重视严格依法实施房屋征收与补偿，征收补偿方案更加公平合理，程序更加完善，被征收人参与权和对补偿方式的选择权得到更加充分的保障。从北京四中院审理国有土地上房屋征收与补偿案件的情况看，该类案件中行政机关败诉率低于其他案件行政机关败诉率，表明依法行政的水平总体较高。

三是行政应诉工作的主动性、规范性和实效性不断增强。在国有土地上房屋征收与补偿案件中，行政机关重视行政应诉工作，提交答辩状和证据材料较为及时全面，在确保工作人员出庭应诉的前提下，委托律师代理案件数量越来越多、比例逐年攀升，亦较为重视行政机关负责人出庭应诉工作。同时，行政机关积极配合法院开展相关案件的协调调解工作，以更加主动的姿态和更加灵活的方式促进行政争议实质性解决。

四是借助司法审查完善制度机制和工作程序的意识不断增强。行政机关注重对国有土地上房屋征收与补偿类典型案例的梳理分析，重视法院通过行政案件年度审查报告和司法建议指出的问题，及时完善房屋征收与补偿制度机制和工作程序，努力避免类似问题再次发生。

（二）问题和不足

一是运用法治思维和法治方式实施房屋征收与补偿的意识有待进一步增强。个别征收项目中，行政机关为加快工作进度，在未作出补偿决定或在补偿决定仍在复议诉讼期限内即实施行政强制行为，侵害了被征收人的合法权益。这种工作方式既容易激化矛盾，影响被征收人对征收工作的理解、配合和认同；又可能引发更多的行政复议和行政诉讼案件，对房屋征收工作顺利推进产生阻滞。

二是行政程序中收集固定证据和行政诉讼中及时全面提交证据的意识有待进一步增强。行政机关应当在认定事实清楚、主要证据确凿充分的情况下作出行政行为。在2015—2019年北京四中院审结的921件国有土地上房屋征收与补偿案件中，因事实不清、证据不足导致行政机关败诉的案件有18件，占全部行政机关败诉案件的66.7%，具体情形主要包括：在作出补偿决定前未依法送达评估报告，或者没有证据证明评估报告已向被征收人合法送达；未充分调查核实被征收房屋面积，或者没有证据证明对被征收房屋进行了调查、认定；行政机关作出的补偿决定遗漏了应当予以明确的事项，或者未写明产权调换对应的安置房源的地点和面积，实质损害被征收人选择产权调换的权利等。

三是严格依照法定程序实施房屋征收的意识有待进一步增强。国有土地上房屋征收与补偿工作不仅要做到实体公正，也要做到程序公正。在北京四中院审结的国有土地上房屋征收与补偿案件中，行政机关因未遵循法定程序而被判决败诉的案件有9件，占全部败诉案件的33.3%，主要表现为评估报告送达程序违法，补偿决定送达程序违法，强制拆除被征收房屋违反法定程序等。

四是及时全面实质履行房屋征收各项法定职责的意识有待进一步增强。国有土地上房屋征收与补偿工作往往情况多样、关系复杂，有时还交织着历史遗留问题、家庭内部矛盾、特殊现实情况，需要行政机关依法及时全面准确履行职责并尽到合理审慎的注意义务。北京四中院审结的国有土地上房屋征收与补偿案件中，导致行政机关败诉的原因虽表现为认定事实不清、主要证据不足或违反法定程序等具体情形，但本质上是由于行政机关在征收与补偿工作中履行法定职责不及时、不全面、不到位。例如，未充分履行调查核实职责，对被征收人、被征收房屋面积和性质、被征收房屋户籍情况等基础事实认定错误；未对作为补偿决定作出依据的评估报告是否送达、受送达人是否提出异议等情况进行调查核实即作出补偿决定；未履行对被征收人居住的未登记房屋进行调查、认定、处理及公示的法定职责等。

四、进一步规范国有土地上房屋征收与补偿工作的建议

（一）进一步强化行政争议源头预防

从北京四中院受理国有土地上房屋征收与补偿案件的情况来看，2015年至2017年案件数量不断攀升，2018年后年均收案量虽有所回落，但仍保持在200件以上。为此，建议行政机关切实增强源头预防行政争议的意识，尤其要更加充分听取被征收人意见建议，更加充分保障被征收人对评估报告提出异议、选择补偿方式等各项权利，更加充分释明、沟通协商，从而实现更大比例的被征收人自愿搬迁，坚决避免因采取非法方式而导致矛盾激化。同时，建议行政机关进一步增强证据意识和程序意识，主动防范法律风险。

（二）进一步强化信息公开和程序保障

房屋征收工作是否透明，信息公开是否到位，事关被征收人知情权、参与权和监督权的实现，并在一定程度上影响着被征收人对房屋征收工作的理解、支持和配合。从司法实践来看，被征收人除了围绕征收决定、补偿决定、征补协议合法性等核心争议提起行政诉讼外，也有因要求公开房屋征收相关信息等延伸争议而提起行政诉讼的。为此，建议进一步落实好“阳光征收”的各项要求，严格依照《国有土地上房屋征收与补偿条例》和《政府信息公开条例》的规定做好相关工作。

（三）进一步强化补偿政策统筹协调

《国有土地上房屋征收与补偿条例》的颁布实施，为国有土地上房屋征收与补偿工作提供了基本的法律规范依据。同时，相关行政机关依据该条例制定了一系列规范性文件，作出了更加具体、可操作性更强的规定。不过，房屋征收与补偿工作中仍有一些具体事项缺乏明确法律规范，不同区域、不同项目的具体补偿标准存在差异，容易引发攀比和争议，不利于征收与补偿工作顺利推进。为此，建议进一步完善房屋征收法律规范体系，为房屋征收与补偿工作提供更加明确细致的规范指引。同时，建议进一步加强不同区域、不同项目具体补偿标准的统筹协调，实现更加公平合

理的补偿，让被征收人更有获得感。

（四）进一步强化行政应诉工作

国有土地上房屋征收与补偿案件涉及被征收人的重大财产权益，且往往蕴含着群体性纠纷。建议行政机关高度重视该类案件应诉工作，着力提高应诉工作的质量，避免因应诉不力导致败诉。同时，建议行政机关不断提高该类案件中行政机关负责人出庭应诉的频次、比例，切实发挥行政机关负责人出庭应诉制度化解行政争议、密切官民关系、促进依法行政的积极作用。

村务公开监督行政案件司法审查的主要问题及对策建议

北京市第四中级人民法院课题组

周孟伟* 张 伟**

根据《村民委员会组织法》的规定，我国村民委员会实行村务公开制度，同时乡镇政府、县级政府以及县级政府的有关主管部门都负有监督村务公开的法定职责。村务公开作为强化基层民主监督、深化村民自治实践的重要手段，直接影响乡村治理体系和治理能力现代化水平，也是实现乡村振兴战略的重要一环。近年来，随着乡村的振兴和发展，村民参与农村民主决策、民主管理和民主监督的意愿增强等，村民对于所在集体经济组织村务公开的要求越来越高，同时，因认为其所在村民委员会不及时公布应当公布的事项或者公布的事项不真实，而要求乡镇政府、县级政府及其有关主管部门履行村务公开监督职责的申请不断增多，由此引发了一系列的行政争议和行政案件，行政机关的涉诉和败诉风险持续加大，司法审查也面临诸多问题。有必要对该类案件进行系统梳理分析。

一、实践观察：村务公开监督行政案件的审理现状

课题组以“村务公开”为关键词在北京法院内网“智能检索”，以“2019 年 1 月 1 日—2020 年 12 月 31 日”为时间段，甄别剔除不属于监督

---

* 周孟伟，北京市第四中级人民法院综合审判庭（环境资源审判庭）法官助理。

** 张伟，北京市第四中级人民法院立案庭法官助理。

村务公开等情形的文书，检索到村务公开监督一审行政案件共 121 件。通过统计分析，发现 2019 年至 2020 年北京法院村务公开监督行政案件存在以下特点。

（一）案件集中特点突出，逐步信访化趋势明显

村务公开监督行政案件作为新类型案件，近年来逐渐增多（2019 年北京法院审结该类案件 58 件，2020 年审结 63 件），且集中的特点较为鲜明。

第一，涉诉机关集中。2019 年至 2020 年，北京法院审结的以区政府为被告的村务公开监督一审行政案件 103 件，占比达 85.1%，特别是其中以北京市丰台区人民政府为被告的一审行政案件有 76 件，占全部村务公开监督一审行政案件的六成以上，涉诉机关集中在区级政府，仅有少数案件涉及乡镇政府，没有以区政府有关主管部门为被告的该类案件（见图 1）。

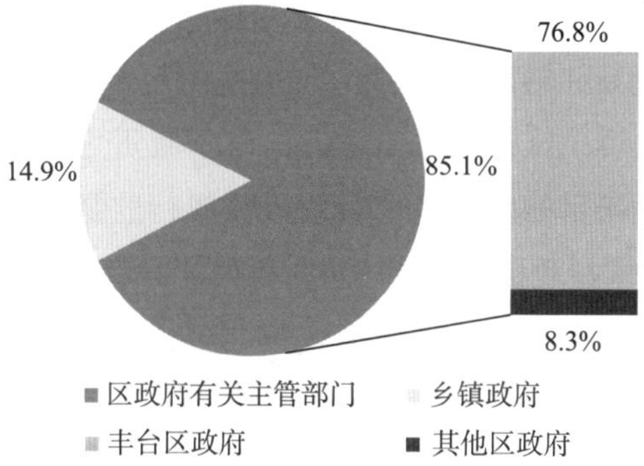

图 1　2019 年至 2020 年北京法院村务公开监督一审行政案件中各机关涉诉案件数量占比

第二，涉诉地域集中。该类案件涉及北京市 11 个区，其中 8 个为远郊区，但是案件却主要集中在丰台、朝阳、海淀等相对中心的城区，共占全部案件的 81.8%。丰台区以涉诉 79 件居首位，占比达 65.3%，远远高于其他区。朝阳区以涉诉 14 件居第二位。

第三，矛盾纠纷集中。2019 年至 2020 年，原告孙某提起该类行政诉讼案件 24 件，占比达 16.7%，另有原告顾某、方某、秦某等均提起较多件该类诉讼。案件共涉及 30 余个村民委员会，其中佃起村以 32 件居首位，

占比在 1/4 以上，槐房村以 15 件居第二位，占比达 12.4%，基础矛盾纠纷较为集中。

第四，公开内容集中。提起村务公开申请的村民要求公开的村务多涉及征收拆迁、补偿安置、人事选举、集体组织财务等关系全体村民民生问题，矛盾较为突出，群体性申请情形较为普遍。

从整体集中的趋势来看，部分村民因与所在村民委员会的矛盾纠纷，以所在村民委员会未及时公布或者公布的村务事项不真实为由，选择向较高级别的行政机关（区政府）多次提起村务公开监督申请，并由此提起大量的相关行政诉讼，凸显该类案件逐步信访化的趋势，行政机关和司法机关面临较大的工作难度和压力，成为个别地区较为突出的社会治理难题。

（二）均为实质履责之诉，监督形式复杂多样

由于村务公开监督职责属于乡、民族乡、镇人民政府或者县级人民政府及其有关主管部门根据村民的申请应当履行的法定职责，从本质上看，村务公开监督行政案件均为履责之诉，包括消极不作为类的履责之诉和积极作为类的履责之诉。区别于撤销之诉，对于履责之诉，不管是否作出答复，原告的实质诉讼目的在于要求行政机关履行监督村务公开的职责，诉讼标的则是原告请求行政机关履行法定村务公开监督职责的请求能否成立。

行政机关监督村务公开的表现形式复杂多样。多数情况下，区政府接到村民的村务公开监督申请后，直接转办或者通过信访部门转办属地乡镇政府或者有关主管部门（农业农村局、民政局等），由受转办部门直接答复或者代区政府拟稿；另有区政府组织相关部门，如司法局、民政局、属地乡镇政府等组成联合督查组或者调查组进行调查核实；还有个别情况下，区政府通过向村民委员会发函、通知书、责令书等方式直接向村委会要求调查核实、责令公布等。

（三）多作出实体判决，行政机关败诉率高

以北京法院 2019 年至 2020 年该类案件的审理结果为例，进入实体审理的 106 件，实体审理率达 87.6%，远高于行政案件的整体实体审理率。因原告提出的村务公开申请不属于村务公开范围或者提起诉讼没有事实根据而裁定驳回原告起诉的案件仅有 11 件，占比不足 10%。行政机关因为

没有及时、全面、准确履行村务公开监督职责而被判决撤销重作、履行法定职责或者确认违法的案件达 46 件，行政机关整体败诉率为 38.0%，实体败诉率高达 43.4%。

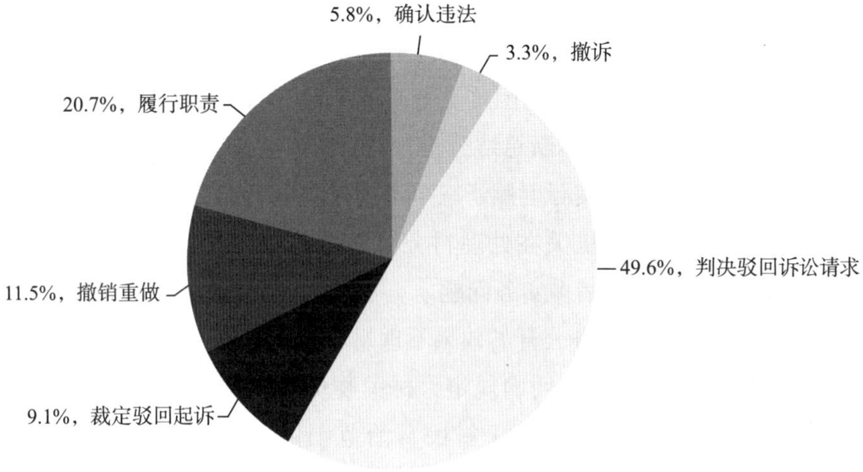

图 2　2019—2020 年北京法院村务公开监督一审行政案件裁判方式占比

之所以出现这种情况，是由于《村民委员会组织法》对行政机关村务公开监督职责履行的规定较为原则，导致该类案件中，行政机关对于《村民委员会组织法》等法律法规的规定理解不透彻，对监督义务的履行程度把握不准确，败诉案件的数量和比例相对较高，成为行政机关依法行政的薄弱地带。例如，区政府接到村民的村务公开监督申请后，将信件转交乡镇政府处理，乡镇政府要求村委会作出说明，而区政府直接以村委会的说明答复村民，这种方式实质上并未真正履行监督义务。不过，在全部的败诉判决中，均未出现直接判令被告责令村民委员会公开相关村务信息的履责判决。

二、问题挖掘：村务公开监督行政案件审理中发现的问题

（一）村务公开监督的依据不足，效果不理想

1. 行政机关监督村务公开的依据不足

目前村务公开的现行法律依据为《村民委员会组织法》，该法第三十一条赋予了乡镇政府、县级政府及其有关主管部门调查核实村务公开是否

及时、是否真实的职责。但是，其在村务公开监督方面的规定明显较为原则和抽象，导致在“村务事项”“调查核实”“责令公布”等方面存在诸多模糊地带。同时，法律规范并未对行政机关调查核实工作主体、内容、手段、程序、期限、效果等一系列问题进行具体规定，这直接导致在当前的实际工作中，行政机关无法可依，滞后的法律规定与日益增长的群众诉求造成了行政机关依法履职的困难。行政机关处理该类事项只能不断在司法实践中“试错”，通过不断总结经验教训而摸索前行。比如，《村民委员会组织法》第三十一条实际上赋予三个不同层级的行政主体监督村务公开的义务。这就导致行政机关在处理村务公开监督申请时，处理方式多样，处理主体不明确，存在诸多实务问题。

2. 行政机关监督村务公开的效果不理想

《村民委员会组织法》明确规定，村民委员会属于基层群众性自治组织，乡镇政府不得干预依法属于村民自治范围内的事项。从法律层面上看，与上下级行政机关的领导关系不同，村民委员会在其自治范围内可不接受行政机关的领导和管理。特别是在《行政强制法》施行后，行政机关的强制权被约束，虽然《村民委员会组织法》赋予了行政机关“调查核实”“责令公布”的权力，但《村民委员会组织法》等法律规范并未赋予行政机关强制村民委员会村务公开的权力或者规定明确的程序。在行政机关对村民委员会基本没有强制力的前提下，对于行政机关开展的调查核实工作，仍存在不配合的情形，导致监督效果并不理想。目前，行政机关只能通过书面往来函、现场调查、召开协调会的方式调查核实村务公开情况，并妥善保管好调查核实相关书面材料、视听图像资料（调查函、回函、调查笔录）等，作为行政机关勤勉履行调查核实义务的证据。对于已经穷尽调查核实手段，且责令村民委员会公开村民申请的村务信息，但村民委员会明示拒绝或者拖延公布村务信息的，实践中通常的做法是协调解决或者多次作出责令公布决定，但均非有效解决争议的手段。相对人在未获得所申请村务信息的情况下，会再次申请行政机关履行监督职责，行政机关只能再次作出责令公布村务决定，如此循环往复，不符合实质解决行政争议的要求。

（二）司法审查标准不统一，审理效果有待提升

1. 司法审查标准不统一

司法审查标准问题源于我国行政诉讼构造。从全国行政审判实务情况可知，村务公开监督相关规定的模糊性还导致人民法院在相关案件的司法审查中审理规则不明确，裁判标准不统一，对是否属于应当公开的村务事项、行政机关履行监督义务的审查力度、政府监督权力与村民自治权利边界等问题产生较大争议。例如，就是否已履行“监督”职责，全国范围的裁判文书出现了司法审查标准不统一的现象。在同样认定原告申请的信息属于应当公布的村务事项情形下，针对行政机关以函、通知单、决定书等形式作出的责令公布行为，法院对上述责令行为是否符合履行法定职责要求有不同的认定：有的认为行政机关已经履行了法律规定形式或者程序上的职责；有的认为判断行政机关是否存在不作为不能以其形式上是否实施了某个行为为标准，而应当以其实质上是否对法定职责作出响应为依据。另外，不同法院对履责结果（行政机关作出责令公布行为后村委会是否依法公开相关村务信息）的审查标准不同，有的认为履责结果属于司法审查标准的范围，即使积极履行了“监督”职责，如果村民委员会没有依法公开相关村务信息，依然属于未履行法定职责；有的未将履责结果纳入审查范围，只对行政行为合法性进行审查，认为行政机关“已经出具了督办通知单，被上诉人已履行法定职责”。

2. 履行判决明确度低

在司法实务中，村务公开监督类行政案件中，行政机关败诉比率相对较高，但是循环诉讼的现象较为明显。法院认定行政机关未履行法定职责后，在作出履行判决时，绝大部分判决是“撤销答复”“责令处理”的履行判决。在此次课题样本中没有行政判决书作出“判令被告责令村委会公开相关村务信息”的履行判决，主要的判决理由是法院认为案件事实仍“需行政机关进行调查、裁量”。判决内容明确程度低等问题使履行判决仅起到撤销判决的作用，没有进一步明确行政机关的义务，原告的权利义务回到“原点”，行政机关重新作出行政行为的空间过大，容易导致循环诉讼和诉权保障不足等问题。履行判决明确程度低，后续执行亦成为难题。

虽然根据禁止不利变更原则，行政机关不能作出更加不利于相对人的行政行为，但如果相对人对行政机关再次作出的履行行为依然不服，又要进入行政复议或行政诉讼程序，形成循环诉讼。此外，村务公开事项往往涉及全体村民，容易发生群体诉讼。

之所以出现这种现象，一方面是由于行政机关通过信访答复、职责转移、形式履责等方式怠于履行“调查、核实”职责，案件事实未达到“裁判时机成熟”的程度，故法院以“尚需被告调查裁量”为由作出答复判决；另一方面是实体性履行判决要求较高，需要明确行政机关具体的履责义务，从“省时省力”又不会出错的衡量出发，司法审查一定程度上存在依赖行政调查的问题。

（三）行政机关履职规范性不足，面临客观履职困境

目前村务公开监督案件体量不大，但是部分接到监督申请较多的行政机关已经面临诸多困难。一方面，行政机关在客观上面临法律规定的模糊地带多、规范依据不足、监督手段匮乏、责令公开效力弱等履职困境，在村民委员会不配合的情况下监督效果不理想。例如，近两年的涉诉案件中，在一部分案件中行政机关已经向村民委员会作出责令公开村务信息的决定，却因为村民委员会执行不到位而涉诉。另一方面，村民动辄要求村民委员会公开几项乃至几十项村务事项，进而向行政机关提出村务公开监督申请，引发行政机关大量调查核实、应诉工作，大量时间因此被占用，严重影响政府履行其他更为重要的职责。

虽然行政机关在村务公开监督中客观上面临监督依据不足、监督手段缺失等困境，对于模糊地带，司法审查的标准也并不统一。但不可否认的是，从近年北京法院审理村务公开监督案件的情况来看，行政机关败诉率总体上高于全部行政案件的平均值，在现有规定下，行政机关在村务公开监督过程中仍然存在未及时、全面、准确履行职责的情况。行政机关败诉的重要原因之一在于认定事实不清、主要证据不足，包括行政机关未依法尽到调查核实职责，行政机关在调查过程中未收集并固定证据，行政机关涉诉后未在法定期限内全面提交证据等。

（四）乡村治理体系和治理能力亟待强化

近年来，北京相对中心城区（城乡结合地区）率先凸显村务公开监督

问题，这反映出随着乡村的振兴和发展，村民参与农村民主决策、民主管理和民主监督的意愿增强，但现实村务公开现状无法满足村民需求，“供需”矛盾逐渐尖锐，这是基层治理民主化、法治化发展的过渡阶段中产生的问题，也是今后北京远郊区乃至全国农村地区将会面临的问题。农村基层自治组织在村务公开和民主管理中还存在重形式、轻实效、制度不健全、决策不民主等问题，无法满足农村改革发展稳定的新形势、新情况和新任务，乡村治理体系和治理能力亟待强化。例如，个别村民（如孙某、顾某、方某、秦某）多次大量提出监督申请并进行诉讼的情况普遍，凸显个别集体经济组织（如丰台佃起村和槐房村）内部干群矛盾尖锐，影响农村社会稳定。

由于该类案件中行政机关的败诉情况多发，败诉率远高于其他行政案件，越来越多的村民开始在形式上借助村务公开监督机制和相应的行政诉讼，反映诸如征地拆迁补偿不公正、村集体组织内部财务腐败、村民委员会人事选举舞弊等深层次的问题，同时借机向政府施加压力，获取其他案件的证据线索。比如，虽根据《村民委员会组织法》的规定，乡镇政府、县级政府及其有关主管部门都负有依村民申请进行村务公开监督的法定职责，但村民普遍选择向更高级别的县级政府提出履责申请并进而提起行政诉讼。村务公开监督制度逐步呈现工具化、信访化的趋势，仅靠完善村务公开这一表层机制无法彻底解决基层社会治理面临的深层次问题，有待于全面推动乡村治理体系和治理能力现代化。

三、规范梳理：村务公开监督的相关地方性规定对比

课题组在北大法宝以“村务公开”为关键词进行检索，除了中央规范性文件，还检索到关于村务公开的地方性法规 9 个，地方政府规章 7 个，地方规范性文件 38 个。从这些规定可以看出，各地关于村务公开的规定不仅效力级别不同，同时规定的内容也存在较大差异。

（一）关于村务事项的规定

《村民委员会组织法》第三十条规定：“村民委员会实行村务公开制度。村民委员会应当及时公布下列事项，接受村民的监督：（一）本法第

二十三条、第二十四条规定[①]的由村民会议、村民代表会议讨论决定的事项及其实施情况；（二）国家计划生育政策的落实方案；（三）政府拨付和接受社会捐赠的救灾救助、补贴补助等资金、物资的管理使用情况；（四）村民委员会协助人民政府开展工作的情况；（五）涉及本村村民利益，村民普遍关心的其他事项。前款规定事项中，一般事项至少每季度公布一次；集体财务往来较多的，财务收支情况应当每月公布一次；涉及村民利益的重大事项应当随时公布。村民委员会应当保证所公布事项的真实性，并接受村民的查询。”

各地对村务事项都是采取列举的方式进行规定，但是规定的具体方式和内容存在较大差别，主要存在以下几种方式：

第一，较为常见的方式是直接对《村民委员会组织法》第三十条进行补充且具体细化规定。例如，《广东省村务公开条例》第七条规定了八类村务公开事项，且对其中部分类别进行更为细化的规定。《河北省村务公开条例》规定了十二类村务公开事项，《汕头经济特区村务公开条例》规定了十九种需要公开的村务事项。

第二，以公布时间为标准对村务事项进行分别规定。例如，《大同市村务公开条例》在第七条至第十条中分别规定了“至少一年公布一次”“至少半年公布一次”“至少每季度公布一次”“应当及时公布”的村务信息，对《村民委员会组织法》第三十条第二款进行了一定的变更和细化。

第三，以信息的类别为标准对村务事项进行分别规定。例如，《昆明市村务公开条例》在第七条至第十条区分“政务事项”“财务事项”“事

① 《村民委员会组织法》第二十三条规定，村民会议审议村民委员会的年度工作报告，评议村民委员会成员的工作；有权撤销或者变更村民委员会不适当的决定；有权撤销或者变更村民代表会议不适当的决定。村民会议可以授权村民代表会议审议村民委员会的年度工作报告，评议村民委员会成员的工作，撤销或者变更村民委员会不适当的决定。第二十四条规定，涉及村民利益的下列事项，经村民会议讨论决定方可办理：（一）本村享受误工补贴的人员及补贴标准；（二）从村集体经济所得收益的使用；（三）本村公益事业的兴办和筹资筹劳方案及建设承包方案；（四）土地承包经营方案；（五）村集体经济项目的立项、承包方案；（六）宅基地的使用方案；（七）征地补偿费的使用、分配方案；（八）以借贷、租赁或者其他方式处分村集体财产；（九）村民会议认为应当由村民会议讨论决定的涉及村民利益的其他事项。村民会议可以授权村民代表会议讨论决定前款规定的事项。法律对讨论决定村集体经济组织财产和成员权益的事项另有规定的，依照其规定。

务事项”“其他村务事项”对村务事项进行了分别规定。《北京市村务公开和民主管理工作规程（试行）》区分了“政务公开”“财物公开”“事务公开”，明确了村务公开的目录。

第四，部分地方单独设置兜底条款，例如，《昆明市村务公开条例》第十条规定，经1/10以上有选举权的村民或者1/5以上村民代表联名要求公开的其他村务事项，应当公开。《汕头经济特区村务公开条例》第十条规定，经1/10以上有选举权的村民或者1/5以上村民代表联名要求公开的其他村务事项，除涉及国家秘密、商业秘密和个人隐私外，应当公开。

第五，另有部分地区通过政府编制村务公开事项目录或者技术规范，指导辖区内的村务公开。例如，《西藏自治区村务公开办法》第七条规定，县级人民政府民政部门根据自治区人民政府民政部门编制的村务公开事项指导目录，编制行政区域内村务公开事项具体目录。无锡市质量技术监督局发布无锡市指导性技术文件《村务公开规范》，对各类村务信息从“公开内容”“相关记录”“公开范围”“公开时间”予以明确，同时附录公开相关表格，对村务公开范围进行具体的规范和指引。

（二）关于监督主体的规定

根据《村民委员会组织法》第三十一条规定，乡镇政府、县级政府及其有关主管部门具有依村民申请履行村务公开监督的法定职责，实际上赋予三个不同层级的行政主体监督村务公开的义务。虽表述稍有差异，但是多数地方性规定基本与《村民委员会组织法》的规定一致。例如，《广东省村务公开条例》第十三条第三款规定，对村务监督委员会或者村民对村民委员会的答复和纠正结果不满意的，可以书面形式向乡、民族乡、镇人民政府、县级或者不设区的地级市人民政府及其有关主管部门投诉并申请调查处理。不过，课题组在梳理中发现，部分关于村务公开的地方性规定，实际上在一定程度上改变了《村民委员会组织法》中的村务公开监督主体。主要存在以下三种情况：

第一，未规定县级政府监督村务公开的职责。例如，对于村民委员会不及时公布应当公布的事项或者公布的事项不真实等，《海南省村务公开办法》和《湖北省村务公开实施办法》均规定村民可以向县级以上人民政府民政部门或者乡（镇）人民政府举报，明确了县级政府负责村务公开监督的有关主管部门为民政部门，同时，未规定县级政府监督村务公开的职责。

第二，仅规定乡镇政府具有村务公开监督职责。例如，《西藏自治区村务公开办法》规定，县级以上人民政府统一领导本行政区域内的村务公开工作。乡镇政府负责村务公开的日常检查指导工作，包括接受村民对村务公开有关事项的申诉、调查和协调村民委员会处理村民对有关村务公开的争议。县级以上人民政府民政部门负责村务公开的组织协调和指导工作。同时，规定村务监督委员会和村民对村民委员会针对村务公开方案中的内容、程序、时间或者形式异议作出的答复不满意的，可以向乡镇政府反映情况，由乡镇政府进行调查处理并作出书面答复。这一规定从本质上看缩小了监督义务主体范围，仅规定了乡镇政府的村务公开监督职责。

第三，规定不同监督主体的监督权限。例如，《陕西省村务公开民主管理办法》规定，乡（镇）人民政府负责村务公开民主管理的日常检查指导工作，包括接受村民对村务公开有关事项的申诉，调查和协调处理村民委员会和村民有关村务公开的争议。县级以上人民政府民政部门，负责村务公开工作的组织协调和监督；县级以上人民政府财政、农业部门，负责村务公开工作中财务公开的指导、监督。

（三）关于监督程序的规定

关于监督程序，《村民委员会组织法》并没有明确的规定，部分地方性规定对此进行一定的细化。比较典型的有以下两种情况。

第一，对不同层级的行政主体履行村务公开监督义务设定先后顺序。例如，《大同市村务公开条例》第十八条规定，村民对村民委员会成员违反本条例的行为不予改正的，有权向乡（镇）人民政府反映。乡（镇）人民政府应当自接到村民反映问题之日起 15 日内负责调查处理。村民对乡（镇）人民政府在规定的时间内就其反映的问题未作处理，或者对村民委员会的改正结果不满意的，可以向市、县（区）人民政府反映；市、县（区）人民政府应当责成乡（镇）人民政府限期办理，必要时可以直接组织调查处理。

第二，明确规定村务公开监督申请应当先转交乡镇政府处理。例如，《甘肃省村务公开条例》第十六条规定，村民对村民委员会及其成员违反条例的行为，有权向乡（镇）人民政府和县级有关部门反映。县级有关部门应当将反映的问题及时转交乡（镇）人民政府调查处理。乡（镇）人民政府应当自接到县级有关部门转交或者村民直接反映的问题之日起 15 个工作日内负责调查核实，对情况属实的，应当督促村民委员会予以改正。村民委员会应当将改正结果及时反馈给乡（镇）人民政府和村民。村民对乡（镇）人民政府在规定的时间里就其反映的问题，未作处理或者对村民委员会的改正结果不满意的，可以向县级人民政府反映，县级人民政府应当责成乡（镇）人民政府限期办理；必要时，可以直接组织调查处理。①

上述两种情况虽有一定差别，但是从本质上看是基本一致的，都是确定属地的乡镇政府作为村务公开监督申请的首要和核心调查处理主体。

（四）关于履责期限的规定

关于村务公开监督职责的履责期限问题，《村民委员会组织法》并没有明确规定，各地方性规定对于履责期限的规定差别较大。主要包括以下几种典型情况：

第一，自收到申请之日起 60 日内。例如，《广东省村务公开条例》第十三条第三款规定，村务监督委员会或者村民对村民委员会的答复和纠正结果不满意的，可以书面形式向乡、民族乡、镇人民政府、县级或者不设区的地级市人民政府及其有关主管部门投诉并申请调查处理，有关部门应当自收到申请之日起 60 日内调查处理并给予书面答复。

第二，自收到申请之日起 30 日内。例如，《汕头经济特区村务公开条

---

① 另有《德州市人民政府办公室关于进一步加强规范村务公开和民主管理工作的意见》规定，村民对村委会及其成员违反意见的行为，有权向所在乡镇政府（街道办事处）和县（市、区）有关部门反映；县（市、区）有关部门应当将村民反映的问题及时转交乡镇政府（街道办事处）调查处理。乡镇政府（街道办事处）应当自接到县（市、区）有关部门转交或者村民直接反映的问题之日起 5 日内调查核实，对情况属实的，应当督促村委会在 5 日内改正。村委会将改正结果及时反馈给乡镇政府（街道办事处）和村民。乡镇政府（街道办事处）在规定的时间内就村民反映的问题未做处理或者村民对村委会的改正结果不满意的，可以向县（市、区）政府或有关部门反映，县（市、区）政府或有关部门应当责成乡镇政府（街道办事处）限期办理；必要时，可以直接组织调查处理。《甘肃省村务公开条例》已于 2022 年废止失效，《德州市人民政府办公室关于进一步加强规范村务公开和民主管理工作的意见》已于 2015 年 9 月 29 日失效。

例》第二十条第三款规定，村民、村务监督委员会对村民委员会的答复或者纠正结果不满意的，可以向镇人民政府、街道办事处或者区（县）人民政府相关主管部门投诉并申请调查处理，有关机关或者部门应当自收到申请之日起30日内调查处理完毕并给予书面答复。

第三，自收到申请之日起20日内。例如，《四川省村务公开条例》第十七条规定，村民或者村务公开监督小组对村民委员会的答复有异议的，由村民会议或者村民代表会议讨论决定；也可以向乡（镇）人民政府或者县级人民政府及其有关部门提出异议。乡（镇）人民政府或者县级人民政府及其有关部门应当在收到申请之日起20日内调查处理并予以答复。

第四，自收到申请之日起15日内。例如，《陕西省村务公开民主管理办法》第十五条第三款规定，村民监督委员会和村民对村民委员会的答复或者纠正结果不满意的，可以向乡（镇）人民政府反映情况，乡（镇）人民政府应当自接到情况反映之日起15日内调查处理并给予书面答复。《西藏自治区村务公开办法》第十五条第三款村务监督委员会和村民对村民委员会的答复或者纠正结果不满意的，可以向乡（镇）人民政府反映情况，乡（镇）人民政府应当自接到情况反映之日起15日内调查处理并给予书面答复。

第五，自收到申请之日起10日内。例如，《宁夏回族自治区村务公开办法》第十六条第三款规定，村务公开监督小组或者村民对村民委员会的答复或者纠正结果不满意的，可以向乡（镇）人民政府或者县（市、区）民政部门提出，乡（镇）人民政府或者县（市、区）民政部门应当在10日内调查处理并给予书面答复；确有问题的，应当监督村民委员会及时纠正。

第六，自收到申请之日起15个工作日内。例如，《新疆维吾尔自治区村务公开办法》第十九条规定，乡级人民政府或县级人民政府有关部门应当自接到申请之日起15个工作日内负责调查核实并书面答复，对情况属实的责令限期纠正，仍不纠正的，由县级纪检监察机关和乡级人民政府依照有关规定给予相关责任人相应处分；经查证确有违法行为的，有关人员应当依法承担责任。

（五）关于监督手段的规定

监督手段充分体现了行政机关与村民委员会作为基层自治组织之间的关系。根据《村民委员会组织法》第三十一条的规定，对于村民委员会不及时公布应当公布的事项或者公布的事项不真实的，有关人民政府或者主管部门应当负责调查核实，责令依法公布，经查证确有违法行为的，有关人员应当依法承担责任。主要的监督手段仅有“调查核实”和“责令依法公布”，除此之外，并无更多关于行政机关监督手段的规定。就各地方性规定来说，会在“责令依法公布”的基础上适度增加一些监督手段，但是并不突破行政机关与村民委员会这一自治组织的基础关系。

第一，多数地方性规定新增批评教育、建议村民会议对村民委员会有关责任人员依法予以罢免。例如，《广东省村务公开条例》第十五条第一款规定，乡、民族乡、镇人民政府，县级人民政府民政主管部门对村务不公开或者公开不及时的村民委员会，应当责令其限期公开；对弄虚作假、欺瞒村民的，应当对有关责任人员批评教育，责令其限期改正；对拒不改正或者有打击报复行为的，可以建议村民会议对村民委员会有关责任人员依法予以罢免。①

第二，个别地方性规定在批评教育、建议罢免的基础上增加党纪政纪处分、依法起诉的监督手段。例如，《新疆维吾尔自治区村务公开办法》第十九条规定，乡级人民政府或县级人民政府有关部门应当自接到申请之日起15个工作日内负责调查核实并书面答复，对情况属实的责令限期纠正，仍不纠正的，由县级纪检监察机关和乡级人民政府依照有关规定给予相关责任人相应处分；经查证确有违法行为的，有关人员应当依法承担责任。《临夏州村务公开实施细则》第二十二条规定，对村务公开不及时，公开内容不真实或拒不实行村务公开的有关责任人的处理办法有4种：（1）批评教育。各县（市）党委、政府，以及纪检监察部门、民政部门负责对村党支部和村民委员会的有关责任人进行批评教育。（2）党纪政纪处

① 类似的地方性规定还有《大同市村务公开条例》《甘肃省村务公开条例》《河北省村务公开条例》《山东省村务公开条例》《汕头经济特区村务公开条例》《四川省村务公开条例》《海南省村务公开办法》《陕西省村务公开民主管理办法》等。

分。在村务公开工作中弄虚作假、违反纪律的，经查证核实，视情节轻重给予相应的党纪政纪处分。（3）依法罢免。对在村务公开中严重不负责任，故意隐瞒真实情况的，村民可以依据《村民委员会组织法》的规定，启动罢免程序，对村民委员会责任人依法进行罢免。（4）依法起诉。对在村务公开工作中严重违法违规的人员，可以直接向司法机关起诉，追究其法律责任。

四、对策建议：村务公开监督行政案件审理规则和裁判标准

为有效填补立法的空白，指导行政机关在村务公开监督中依法行政，同时统一裁判尺度和审理标准，有必要通过规范分析和理论分析，从司法审查的角度系统地构建起一套标准清晰、说服力强、具有可操作性的司法审查标准。

（一）起诉条件问题

从本质上说，村务公开监督行政案件均属于履责之诉，故关于起诉条件的审查，适用于履责之诉的一般性规定。

1. 要求行政机关履行村务公开监督职责属于行政诉讼受案范围

监督村务公开形式上类似“行政机关内部上下级之间的督促履行事项”，容易导致行政机关将两行为混淆。虽然都是法律明确规定的行政机关应履行职责，但是实质上两者并不相同，村务公开监督的对象是村民委员会这一基层群众性自治组织，并非监督主体的下级机关，因此，区别于行政机关内部上下级之间的监督关系，要求行政机关履行村务公开监督职责属于行政诉讼受案范围。

2. 针对行政机关不履行村务公开监督职责提起诉讼需要有事实根据

第一，村务公开监督的履责申请应当通过恰当的方式提出，并提供其向被告提出村务公开监督申请的证据。例如，申请人不能通过政府信息公开的途径要求公开村务信息或者提出村务公开监督申请。同时由于村务公开是村民委员会根据《村民委员会组织法》应当主动履行的义务，因此，申请人提起村务公开监督申请的前提不是已经向所在村民委员会提起村务公开申请，也不是所在村民委员会收到申请后进行答复的期限已经届满 2

个月。[1]

第二，诉请行政机关履行村务公开监督职责要有基本的原因事实依据。例如，村务公开监督的对象是申请人所在的村民委员会，申请人申请行政机关监督居民委员会或者已经不存在的村民委员会，则该起诉没有基本的原因事实依据。

第三，村务公开监督涉及两个以上行政机关对某一事项都具有法定职责应当如何处理的问题。有观点认为应当遵循“就低不就高”原则，两个以上的行政机关系平级关系的，申请人在先申请的行政机关具有法定职责；该两个以上行政机关系上下级关系，申请人申请上级行政机关履行职责并提起履责之诉的，应当认定缺乏事实根据。不过，另有观点认为，《村民委员会组织法》并非规定乡镇以上人民政府负有村务公开监督职责，而是在乡镇政府、县级政府主管部门之外明确点明县级政府也具有村务公开监督职责，因此，应当视为三个主体均具有平行的职责，如果遵循“就低不就高”原则，将会架空相关规定，导致村务公开在区县级层面的监督流于形式。

第四，履责期限是否届满。根据前文所述，《村民委员会组织法》并未规定行政机关的履责期限，司法实务中一般参照适用《行政诉讼法》第四十七条的规定[2]，确定履责期限为“两个月”。不过，通过梳理各地关于村务公开的地方性规定发现，不少地方明确了少于或者等于60日的履责期限，属于行政机关给自己设限，在司法审查中，如果存在此类的地方性规定，应当适用。

3. 当事人确定问题

第一，原告资格。考察原告资格的标准是请求权基础，即原告是否具有请求被告作出“给付”的法定权利。因此，并非所有的履责答复相对人

---

① 参见“孙某诉北京市丰台区人民政府不履行村务公开监督职责案”，北京市第四中级人民法院（2019）京04行初826号行政判决书。

② 《行政诉讼法》第四十七条第一款规定，公民、法人或者其他组织申请行政机关履行保护其人身权、财产权等合法权益的法定职责，行政机关在接到申请之日起2个月内不履行的，公民、法人或者其他组织可以向人民法院提起诉讼。法律、法规对行政机关履行职责的期限另有规定的，从其规定。

都具有原告资格，只有具有请求权基础的履责申请人才具备原告资格。村务公开制度是为了保障村民对涉及本村村民利益、村民普遍关心事项的知情权，只有村民才有权请求相关人民政府或主管部门履行村务公开监督法定职责。对此，村务公开监督行政案件中，适格的原告不仅应当是履责申请人或者答复的相对人，还应当具有要求行政机关履行村务公开监督职责的请求权基础，即属于被监督的村集体经济组织的成员，否则，其不具有针对该村民委员会村务公开工作提起村务公开监督申请的权利。另外，虽然实践中并没有村民委员会针对责令公开决定提起行政诉讼的情况发生，但是，由于责令公开的决定影响了村民委员会的权利义务，因此从理论上讲，村民委员会是有权利针对责令公开决定提起行政诉讼的。

第二，被告适格。由于村务公开监督职责属于行政机关依申请履行的法定职责，对此，在确定适格被告时，如果行政机关对原告的履责申请不予答复，则应当以所提履责申请书上载明的履责机关为被告；如果行政机关对原告的履责申请作出答复，则应当以作出答复的行政机关为被告。需要注意的是，申请人向县级政府提出村务公开监督申请，县级政府将申请转办主管部门或者乡镇政府等同样具有村务公开监督职责的行政机关，最后由乡镇政府或者县级政府主管部门向申请人作出答复。我们认为，如果县级政府只要批转乡镇政府或者有关主管部门即属于履行职责，那么，村务公开在区县层级的监督就会流于形式。接到村民监督申请的县级政府或乡镇政府、有关主管部门的调查处理及答复行为以及相应的不作为均属于行政诉讼受案范围，三个职责主体均可成为行政诉讼的适格被告。即如果对该答复不服，应当遵循上述原则，以作出答复的行政机关为被告；如果以县级政府对履责申请未作答复为由提起诉讼，则以履责申请中载明的履责机关为被告。

例如，在“王某安诉北京市大兴区人民政府、北京市大兴区采育镇人民政府村务公开监督答复案”① 中，法院经审理认为，被诉《答复书》系由采育镇政府作出，采育镇政府作为一级政府，属于能以自己名义行使行

① 参见“王某安诉北京市大兴区人民政府、北京市大兴区采育镇人民政府村务公开监督答复案”，北京市第四中级人民法院（2020）京04行初326号行政裁定书。

政职权并能独立承担相应法律责任的行政主体。根据《村民委员会组织法》第三十一条的规定，乡镇政府和县级政府均具有村务公开监督职责，采育镇政府作出的被诉《答复书》和大兴区政府作出的《回复》应分别由作出的行政机关承担责任。原告因大兴区政府将原告提交的责令村务公开申请转采育镇政府办理，认为采育镇政府的答复系基于大兴区政府的委托，缺乏法律依据，且大兴区政府随后以自己的名义作出了《回复》。原告以大兴区政府为被告提起本案诉讼，诉请撤销采育镇政府作出的被诉《答复书》，并判令大兴区政府重新作出书面答复，明显缺乏事实根据。

第三，是否追加村委会为第三人。有观点认为，鉴于村务公开工作与农村生产生活工作息息相关，各地对于村务公开工作的相关规范较为滞后，且县级政府部门并未持有相关村务信息，导致诸多历史事实需要经由村民委员会相关人员进行解释说明，故建议在审查此类案件中，将村民委员会追加为第三人。就北京法院来说，绝大多数案件并未追加村民委员会为第三人参加诉讼，仅有个别案件在诉讼程序上追加了村民委员会。

是否需要追加第三人取决于原告提出的履责申请及诉讼请求的内容。原告申请被告履责的村务公开监督职责其实包含了对第三人（村民委员会）权利义务的处分，因此，需要考虑追加第三人的问题。此时，是否需要追加村民委员会作为第三人需要结合当事人的申请事项来确定。如果行政机关怠于答复原告提出的履责申请，且原告的诉讼请求仅仅是要求被告作出程序性答复或处理决定，则无须追加第三人。理由在于，此时的案件审理焦点是被告是否依法履行了法定的答复或作出处理决定的义务，即便被告败诉，法院也仅仅是判决被告针对原告提出的履责申请进行答复或处理，而不会涉及答复或处理决定的具体内容，不会对第三人的权利义务产生影响。如果被告之后作出的答复或处理决定涉及了第三人的利益，各方当事人还可以针对该答复或处理决定起诉。反之，如果原告明确要求法院判决被告对第三人的权利义务进行处分，则案件的审理焦点必然会集中在被告是否应当对第三人的权利义务进行处分这一问题上，第三人当然与案件具有法律上的利害关系，应当通知其参加诉讼。

4. 起诉期限

村民申请行政机关履行村务公开监督职责，如果行政机关在接到申请后履责期限内不予答复的，起诉期限从履责期限届满之日起起算，期限为6个月。如果行政机关在法定期限内作出答复，相对人不服提起诉讼的，应当按照撤销之诉计算起诉期限，即从知道或应当知道该答复内容之日起计算，期限为6个月。未告知诉权和诉期的，适用1年的起诉期限。

5. 村务公开的范围

《村民委员会组织法》对于村务公开范围采取的是“列举式”+“涉及本村村民利益，村民普遍关心的其他事项”兜底条款。根据《民政部关于进一步建立健全村务公开制度深化农村村民自治工作的通知》（民基发〔1997〕23号）、《中共中央办公厅、国务院办公厅关于在农村普遍实行村务公开和民主管理制度的通知》（中办发〔1998〕9号）、《中共中央办公厅、国务院办公厅关于健全和完善村务公开和民主管理制度的意见》（中办发〔2004〕17号）等规定，财务公开是村务公开的重点工作，凡属群众关心的热点问题，以及村里的重大问题都应向村民公开，同时要根据本地实际情况，制定具有自身特点的村务公开内容，并随着形势的发展变化和村民的要求，及时调整、充实村务公开的内容，真正做到凡涉及群众切身利益的大事，都以一定形式向村民公开，接受群众的监督。

由此可见，村务公开的目的在于让村民委员会接受村民的监督，落实和深化村民自治，因此，村务公开的范围相对较为广泛，且范围并非一成不变，具有动态性和地域特殊性。判断是否属于村务公开的范围的标准在于是否涉及其作为村民的利益、是否对村民利益产生重大影响。例如，村民会议和村民代表会议记录作出的决议影响原告权益，作为载体的会议记录属于公开范围，但是“村民代表会议签字的人员名单”属于会议形式而非实质决定、属于程序事项而非最终结论，对原告的权利义务并不产生实质性影响，不符合上述法律规定的村务公开的范围。①

反过来推断，如果申请人申请公开的信息不属于村务公开范围，则该

① 参见“孙某诉北京市丰台区人民政府村务公开行政监督案”，北京市第四中级人民法院（2018）京04行初1013号行政判决书。

信息并不涉及其作为村民的利益，行政机关对于其村务公开监督申请是否进行答复均对其权利不产生影响，行政机关没有必须对其申请进行回复的职责。即便申请人提起行政诉讼，也应当以不符合起诉条件为由裁定驳回起诉。

不过，对比政府信息公开制度，上述村务事项的判断标准仍相对较为原则和抽象，有观点认为可以参照《政府信息公开条例》第二条的定义，将村务信息理解为村集体在履行其法定职责中制作、获取、保存的信息。从这个角度出发，对于村务信息范围在实践中的界定问题，就可以有着较好的判断依据，即（1）先界定清楚村集体的法定职责，或者直接判断拟申请信息是否涉及村集体资产的处分、是否涉及集体性事务；（2）如果涉及集体事项，则判断申请的信息是否存在（模仿政府信息公开制度，看是否制作、获取、保存）；（3）如果存在，则需要判断是否存在豁免情形。值得注意的是，村务公开立法虽然未规定豁免情形，但信息的特性自形成之日起即客观存在，故豁免情形亦应客观存在，对此，村集体不能一味地强调公开，还须保护第三方合法权益。例如，拟公开信息可能涉及商业秘密、个人隐私，也可能是处于研究、讨论中的不成熟、过程性信息等。

（二）实体审理问题

村务公开监督行政案件的核心就是对行政机关“监督”行为的审查。行政机关监督村务公开语境下“监督”与行政内部上下级机关之间的督促履责相区别，特指对村务公开事项进行“调查核实、责令公布”的职责。“调查核实”的内容包括被申请信息是否属于村务公开事项、是否存在或者应当存在、村委会是否及时公开、公布的事项是否真实等；“责令公布”的内容是以具有约束力和执行力的方式课以明确具体的村务公布义务，并明确合理或具体期限。“监督”的司法审查标准至少应该包括主体要素、程序要素、内容要素、目的要素四个方面的内容。

1. 主体要素

“监督”的主体构成分为申请主体和监督主体，申请主体就是具有所申请村务公开请求权的村民，而监督主体则指有权进行监督的行政机关。适当的诉讼类型选择始于对原告请求权的准确把握。原告请求权审查的重要性在于，如果司法审查拘泥于行政行为而忽视原告请求权，即使原告胜诉，依然只获得“撤销答复”“责令处理”的程序性判决，而原告的实质利益诉请需要行政机关再次处理，有可能依然无法得到实现。履行判决的意义不应仅是对行政行为合法性与合理性的审查，从而得到行政行为被撤销之法律效果，而应是司法机关通过对行政行为和原告请求权的审查，认定行政机关未履行法定职责，在原告的请求权成立、被告亦没有裁量空间的情况下，直接作出课以行政机关明确具体义务的实体性履行判决，更加充分救济原告的合法权益。村务公开监督行政案件属于典型的履责之诉，原告提起诉讼的实质目的是要求行政机关履行监督村民委员会公开相关村务的职责。此类案件在实践中可能以撤销之诉的形式表现，比如，原告请求撤销区县政府对其作出答复，但其诉讼标的仍然是原告请求行政机关履行法定职责的请求能否成立。行政机关作出的答复当然属于案件审查范围，但又不能等同于案件审查范围的全部。法院在审理此类案件中，审查对象不能仅局限于被诉行政行为的合法性。

2. 程序要素

第一，“监督”职责属于行政机关的法定职责，行政机关不能以信访、行政指导行为、政府信息公开等程序进行处理。即便行政机关通过信访方式进行处理，作出的信访答复仍属于可诉的行政行为。

第二，对于该类案件中经常出现的转办问题，有观点认为，在履责类案件中，对履责机关应当遵循“就低不就高”的认定原则，上下级机关针对履责事项均有管辖权的，一般应由下级机关行使初始管辖权，上级机关已经交由下级机关处理的，不构成不履行法定职责。就村务公开监督案件来说，村民向县级政府反映村务公开问题，县级政府转批乡镇政府或者有关主管部门办理，当事人仍然起诉县级政府的，可以认定县级政府已经履行了法定职责，判决驳回原告诉讼请求或者裁定驳回原告起诉。根据这一观点，有地方直接通过地方性规定的方式对不同层级的行政主体履行村务公开监督义务设定先后顺序，确定属地的乡镇政府作为村务公开监督申请的首要和核心调查处理主体，在其进行调查处理的基础上，才由县级政府责令乡镇政府处理或者直接进行调查核实。

对此，课题组认为，如果有相关的地方性法规、规章，则司法审查中应当认可县级政府转办乡镇政府，由乡镇政府履行监督职责行为的合法性。但是，如果所在地区没有相关规定，由于《村民委员会组织法》等并没有明确规定不同行政机关履行村务公开监督职责的顺序或者步骤，且特别规定了县级政府具有该项职责，因此，行政机关可以自行调查亦可以委托下级机关或者相关机关进行调查，但履职责任主体仍应为该行政机关，仅仅进行转办不属于履行法定职责，否则，将会架空《村民委员会组织法》对县级政府村务公开监督职责的专门规定。①

第三，履行“监督”行为均需以书面要式形式进行，如函、通知、决定书等，有条件的可以数据电文形式，但不能通过口头、电话形式进行。行政机关在履行调查核实、责令公布职责后，应当以书面形式答复申请人。行政机关责令公布的，村民委员会应当按照《村民委员会组织法》及各地方法律规范文件规定的形式予以公布。对此，在审查行政机关在调查核实后是否作出了相应的答复或决定时，应主要审查：一是答复或决定内容是否有相关证据支持；二是答复或决定内容是否明确，责令公开的决定是否确定了合理的期限和方式，具有可执行性；三是行政机关在作出责令限期公开决定后，是否以适当形式对村民委员会的履行情况进行复核。

第四，关于村务公开监督职责的履责期限，如果地方性规定进行了明确，则应当适用；在没有地方性规定对履责期限进行具体规定的情况下，只能参照《行政诉讼法》第四十七条的规定，确定村务公开监督职责的履行期限为“两个月”②。问题在于，实践中会存在相对人提出的申请内容庞杂繁复、含混不清，或者由于不可抗力，客观上无法开展调查核实工作等情况。特别是考虑到村民的申请大多时间跨度较长、历史沿革复杂、年代久远，加之村级自治组织对于村务公开工作规范程度不高、人员素质及现状参差不齐等，都给行政机关开展村务公开监督工作造成了极大困扰。因此，应当准许行政机关根据具体情况适度延长履责期限，或者扣除因不可

① 参见“汪某荣诉北京市顺义区人民政府未履行法定职责案”，北京市第四中级人民法院（2020）京04行初226号行政判决书。

② 参见“孙某诉北京市丰台区人民政府村务公开答复案”，北京市第四中级人民法院（2019）京04行初27号行政判决书。

抗力导致的履责不能的期限。如果行政机关延长履责期限后仍没有作出答复，或者不当延长履责期限、履责期限过长，或者扣除因不可抗力导致的履责不能的期限，仍没有在法定期限内作出答复，应当承担败诉责任。[①]

3. 内容要素

《村民委员会组织法》第三十一条规定行政机关的职责包括“调查核实”“责令公布”，其核心是“责令公布”，但前提是进行调查核实，仅仅作出“责令公布”的决定或者通知，而没有进行调查核实，也应当认定为未履行法定职责。即申请人所申请村务信息应当存在、明确、未公布，这就需要行政机关进行调查核实，在符合“责令公布”条件时责令村委会公布相关村务。“监督”的司法审查标准首要内涵是“调查核实、责令公布”行为的合法性。

行政行为合法性的重要性无须赘言，同时，行政行为的合理性审查也不应被忽视，合理性审查包含在合法性审查之中。如果没有合理性审查，履行不完全行为司法审查标准就会陷入“形式合法性标准”和“裁判任意性标准”的泥淖。行政机关在作出履责行为时应当尽到合理注意义务，合理性标准要求行政机关的履行行为应当达到实质履责的程度、符合法律规范的目的。实质审查标准系履责行为的合法性与合理性的统一，两者相辅相成，缺一不可。

合理性审查在监督村务公开类案件中的表现为：《村民委员会组织法》第三十一条只是规定了行政机关具有“调查核实、责令公布”的职责，但是具体履责程序、履责程度、履责期限及履责效果等均未明确规定，这就产生了前文所述法院对这些问题的不同判断，尤其是在形式履责情形中更需要合理性审查。行政机关进行调查核实、作出责令公布决定时，应当将履责内容、程度、效果、期限等，均经合理考量作出具有约束力和执行力的实质“监督”行为，例如，作出责令公开村务信息决定的情况下，限定村民委员会进行村务公开的范围、方式和时限等，达到法律规定的“责

---

① 参见“冯某珍、张某英、韩某芬诉北京市丰台区人民政府要求履行村务公开监督职责案”，北京市第四中级人民法院（2020）京04行初292号行政判决书。

令”程度。[①] 因此，合法性与合理性相统一的实质履责行为属于司法审查标准的内涵。

不过，行政机关应当依据《村民委员会组织法》等相关规定，在法律授权范围内履行调查核实监督职责，既不能不作为，也不能超越法律授权范围作为。行政机关作出的村务公开监督行为不仅影响作为申请人的村民的利益，同时，也影响村民委员会的权利义务，在法律规定及农村集体经济组织村务公开、财务公开领域的规范性文件均未对村务公开的形式作出具体明确的要求的情况下，如果申请人要求必须以合同文本、书面回复、加盖印章等形式公开相关村务信息，司法审查中也应当考虑申请人请求的合理性和合法性。一般情况下，只要村民委员会已经依法及时全面公开了村务信息，实现了村民监督所在集体经济组织的制度目的，则行政机关不应对村民委员会公开村务信息的方式进行过度限制，人民法院也不应对行政机关在该方面的履责程度进行过度要求。[②]

4. 目的要素

目的要素内涵具有特殊性。获得所申请村务是申请人的最终目的，但是在“监督”程序与行政诉讼程序中，原告的目的是希望行政机关责令村委会公布村务，上述两个目的分别对应的是村务公开和责令公布两个行为，从某种意义上讲，村务公开亦是责令公布的履责结果。一般情况下，履责结果属于司法审查标准，具有一定的公正合理性且回应了原告的诉请。但是，监督村务公开案件具有一定特殊性，责令公布行为并不必然产生村务公开的法律效果，这属于两个阶段的行为，行政机关监督行为需要村委会合作或者补充，两个行为是独立存在的。村民委员会基层群众性自治组织的特殊地位决定其与行政机关不属于上下级行政领导关系。在行政机关已经履行了具有约束力和执行力的实质调查核实、责令公布行为的情形下，村委会仍然拒绝履行、拖延履行或者不完全履行的，区政府并无法

① 参见“王某诉北京市丰台区人民政府、北京市人民政府村务公开答复、行政复议案”，北京市第四中级人民法院（2018）京04行初1067号行政判决书。

② 参见“顾某清诉北京市丰台区人民政府村务公开答复案”，北京市第四中级人民法院（2019）京04行初1033号行政判决书。

律层面的强制力，也没有法律上的义务和能力。行政机关切实履行责令公布职责后，原告利益诉求未得以实现的责任主体不是行政机关，而是村民委员会或者有关人员。

在监督村务公开案件中，履责结果不应属于司法审查标准，只能作为履责行为合理性的重要参考因素。最高人民法院公布案例“王某升诉寿光市人民政府行政不作为案”的裁判文书说明，被告“未限定公开的合理期限，亦未……进行核实”的不完全履行行为导致原告诉求未实现，最高人民法院在典型意义中亦说明被告未全面履行行为造成原告的知情权和监督权未得到落实，故应理解为村务未公开的履行结果系未完全履责行为的后果，属于履行行为合理性审查的重要参考因素，而不能理解为村委会未公开村务的行为导致行政机关未完全履责或者属于未完全履责的一部分。[①] 如此才符合法律规范的内在逻辑，避免责任主体不清，有效规制村委会行为；避免循环诉讼，有助于实质解决行政争议。

不过，人民法院还是要审查行政机关在作出责令公开决定或通知后是否有跟进。这种后续的跟进可以灵活多样，表现为多种形式，如向反映的村民了解情况等。在司法审查中灵活把握审查的内容，结合个案进行分析。

申请人提起履责申请的目的应当是希望能够获得其所申请的村务信息，其出于多种因素和目的，明知或者错误地借村务公开之名，实质上试图实现要求行政机关监督征收拆迁等事项中存在的违法乱纪、追究有关人员贪赃枉法等问题，则不属于监督村务公布事项。行政机关应当对包含上述内容的申请予以区分，排除不属于村务公开事项的内容，但是在答复中应予以告知并阐述理由。[②]

（三）裁判方式问题

村务公开监督行政案件均为履责之诉，包括消极不作为类的履责之诉

① 参见“王某升诉寿光市人民政府行政不作为案”，2015 年最高人民法院公布的关于行政不作为十大案例。

② 参见“顾某清诉北京市丰台区人民政府村务公开答复案”，北京市第四中级人民法院（2019）京 04 行初 1033 号行政判决书。

和积极作为类的履责之诉。区别于撤销之诉，不管是否作出答复，原告的实质诉讼目的均在于要求行政机关履行监督村务公开的职责，诉讼标的则是原告请求行政机关履行法定职责的请求能否成立。由此，第一，人民法院有权直接判决行政机关履行特定内容的法定职责；第二，人民法院有权超出原告诉讼理由以及拒绝性答复的范围，审查原告请求能否成立；第三，如果行政机关仍有进一步调查裁量空间，人民法院可以将原告的请求交还给行政机关重新处理，而在本次诉讼程序中不做最终裁判；第四，人民法院应当从有利于行政争议实质解决和一次性解决的角度审理案件。[①] 例如，拒绝性答复理由不当，但原告的履责请求经过审查确实不能成立的，也可以判决驳回原告的诉讼请求，并在判决理由中指明拒绝性答复理由的不当之处，既有利于行政争议的实质解决，同时，通过指明答复不当之处的方式明确事实和法律关系。

被告对原告申请事项作出处理，是否具有裁量空间，关系判令被告对原告申请事项直接作出具体处理之可能性。所谓裁量空间，是指行政机关对履行职责的内容、方式等尚有调查、判断余地。比如，案件事实尚未明确，须待被告以专业权限认定，或专业能力调查，或须专业技术机关参与，或经特别程序扩展方能确定；依据法律规定，针对同一案件事实有多种处理可能，应首先由被告根据事实、法律及政策予以初次判断。村务公开的“监督”行为具有裁量性和羁束性的双重属性：“调查核实、责令公布”的方式、程序属于行政机关裁量内容；法律规范并无具体明确规定，但被申请信息是否属于村务公开事项、经调查核实认定为未公布的村务后必须责令公布、履责程度必须达到具有执行力和约束力的合理性要求等属于羁束性行为，不具有自由裁量空间。

监督村务公开案件中行政机关调查的事实，即“责令公布”的条件，包括被申请信息是否存在或者应当存在、是否属于村务公开事项、村委会是否未公布，如果上述事实在审理过程中业已查明，法院可以直接作出实体性履行判决。如果该事实尚未达到明确的程度，法院可以根据自身权限通过调取证据、举证责任分配、追加村民委员会为第三人等方式主动查明

① 参见北京市高级人民法院《履行法定职责类行政案件审理规范》（内部文件）。

未尽事实，以促使裁判时机的成熟。司法机关审查行政机关责令村民委员会村务公开行为，无论是从利害关系角度还是调查案件事实角度，均可将村民委员会追加为行政诉讼第三人。行政机关的“责令公布”决定使村民委员会负担了义务，而村民委员会并不是下级机关，行政机关的决定无法直接产生村务公开的法律效果；法律法规亦未赋予行政机关强制村民委员会公布的权力和程序。村民委员会作为第三人参加诉讼，则被申请信息是否存在或者应当存在、村民委员会是否未公布等案件事实，可以在司法审查阶段予以明确。在行政机关“责令公布”的条件全部具备的情形下，法院不宜再以“尚需行政机关调查、裁定”为由作出“责令处理”的程序性履行判决，应当作出课以具体明确公布义务的实体性履行判决。因此，有必要在尊重行政机关调查裁量及当事人诉讼请求的基础上，深入具体案件情境，对法律规定、公众期待、客观条件等相关因素综合考量，最终对判决适用实体性履行判决还是程序性履行判决作出合乎案情的准确判断。

五、结语

目前村务公开监督类行政案件虽体量不大，但是从个别地区向北京全境扩散，显现“点—线—面”的蔓延趋势，成为基层群众自治体制下反映基层治理矛盾、农村党风廉政建设和党群干群关系的一面镜子。这一表层问题的解决需要行政机关和司法机关看到乡村振兴过程中，农民脱贫致富后主体意识、法治意识、参与意识、监督意识的提升，合力从维护农村发展改革稳定大局出发，强化乡村治理体系和治理能力，着力解决影响广大农民民生福祉的关键问题。

深化与行政区划适当分离的司法管辖制度改革背景下我国环境司法保护的转型与重构

——以天津环境保护一、二审行政案件为样本

北京市第四中级人民法院课题组

李晓飞*

引　言

《行政诉讼法》原则上遵循“原告就被告”的管辖制度，一审案件由所在地的基层人民法院审理。这种固定的管辖制度中，管辖法院易受地方党政机关及其工作部门的牵制和影响，难以独立行使行政审判权，不利于原告诉讼权利的保障。为摆脱地方干扰，营造良好司法环境，实现司法公正，充分保护原告的合法权利，我国各级人民法院长期探索跨行政区划集中管辖制度改革。① 2014 年，经中央批准，北京市第四中级人民法院、上海市第三中级人民法院依托铁路中级法院相继成立，成为首批跨行政区划的试点法院。北京、上海两地跨行政区划法院成立后，初步构建起了“普通案件在行政区划法院审理、特殊案件在跨行政区划法院审理”的诉讼格局。这个格局形成后，各地法院接力探索，将适宜的特殊案件纳入跨行政区划法院审理。其中，环境资源审判是国家环境治理体系的重要环节，在

---

* 李晓飞，北京市第四中级人民法院审判管理办公室（研究室）法官助理。

① 杨登峰：《行政案件跨区划集中管辖改革试点中的选择管辖》，载《法学论坛》2020 年第 3 期。

生态文明建设与绿色发展中发挥着重要作用，因此，多省提出与自身实际情况相结合的、与行政区划适当分离的跨行政区划生态环境案件司法管辖制度，环保行政案件作为一类特殊案件被纳入跨行政区划法院审理。[①] 北京市第四中级人民法院自 2017 年 10 月 26 日起受理跨区划管辖天津环境保护行政上诉案件，在深入践行习近平总书记“两山”理念，推动京津冀生态环境治理体系和治理能力现代化上迈出重要一步。人民法院通过依法纠正、确认行政违法行为，保障环境监管依法履职，充分发挥了行政司法监督和支持作用。2020 年 3 月 3 日，中共中央办公厅、国务院办公厅共同印发《关于构建现代环境治理体系的指导意见》，为全方位保护生态环境，推进环境治理体系的制度化指明了方向，充分肯定了行政执法与环境司法在环境保障中的不同定位。在此基础上，如何进一步发挥跨行政区划管辖人民法院在区域环境治理中的作用，不断强化平等保护当事人的合法权益、保障法院独立审判、监督政府依法行政，维护法律公正实施的审判效能，提升对环保行政行为的司法规制能力水平，是值得进一步研究的问题。

一、深化与行政区划适当分离的司法管辖制度改革背景下环境司法保护及治理概述

（一）跨行政区划法院监督规范环保行政行为的职能优势

1. 环境司法专门化的提出

我国环境管理体制形成于环境行政体系，经历了由重视资源开发利用职能向侧重生态保护职能的转变，行政执法行为在此期间发挥着基础和中心作用。依据 1979 年《环境保护法（试行）》建立的环境监管体制，环境行政执法承担着环境监督管理的主要职责。直至 2007 年，随着环境司法专门化的推进，借由司法的专业化深入发展，环境执法体制进一步改革，整合司法与执法资源综合执法。[②] 至此，环境司法在对环保行政执法的监

① 赵珂、王雅琪：《长江流域内司法管辖的现状与革新》，载《环境保护》2019 年第 21 期。

② 吕忠梅、吴一冉：《中国环境法治七十年：从历史走向未来》，载《中国法律评论》2019 年第 5 期。

督治理中发挥越来越重要的作用。

2. 跨行政区划集中管辖环境资源案件制度的推行

2020年3月3日，中共中央办公厅、国务院办公厅共同印发的《关于构建现代环境治理体系的指导意见》提出，整合相关部门污染防治和生态环境保护执法职责、队伍，统一实行生态环境保护执法。全面完成省以下生态环境机构监测监察执法垂直管理制度改革。实施“双随机、一公开”环境监管模式。推动跨区域跨流域污染防治联防联控。与之对应的是，为了贯彻落实统一执法、联防联控措施，加强司法保障，法院系统开始设立跨行政区划环境资源专门审判机构，保障环境资源法律的统一实施，加强对生态环境的系统保护、整体保护和协同保护，促进生态环境治理水平有效提升。在环境司法专门化过程中，最重要的举措莫过于创建突破地域管辖的司法管辖模式。2014年7月，最高人民法院设立环境资源审判庭，推进环境资源审判专门化和专业化建设。到2019年，各级人民法院加大对污染环境、破坏生态犯罪行为的惩治力度，发挥行政审判职能，监督行政机关依法履行行政监管职责，受理各类环境资源行政一审案件191,074件，审结179,747件。依法维护人民群众在健康、舒适、优美生态环境中生存发展的权利。①

3. 跨行政区划法院管辖对监督规范环保行政执法的重大意义

中央全面深化改革领导小组第七次会议审议通过的《设立跨行政区划人民法院、人民检察院试点方案》提出探索设立跨行政区划法院，是为了使其在排除地方行政对审判工作干扰方面发挥重要作用。对环境司法而言，构建普通案件在一般法院审理、特殊案件在跨行政区划法院审理的诉讼格局，还可以提高司法审查的专业化和统一性，这与环境司法专门化的全面推进不谋而合。此外，环境资源案件的范围广泛，凡属污染防治、自然资源的合理开发、利用、保护以及生态环境的改善，均能够纳入环境审判范围，且因环境问题本身往往带有一定的跨地域性，典型的如涉流域的环境污染纠纷。因此，跨行政区划审理行政案件的模式能够比普通行政案

① 乔文心：《最高法发布五年来环境资源审判工作有关情况》，载《人民法院报》2019年7月31日。

件的管辖模式在促进环境保护法治建设上发挥更多的监督和引领作用。

（二）跨行政区划法院对环保行政行为进行司法规制的基本原则

1. 尊重行政机关首次判断权

跨行政区划法院在对环保行政行为进行司法规制过程中，应当注意充分尊重行政机关在个案的自由裁判权和首次判断权。从环境司法和环保行政执法的定位看，在宏观层面，环境司法除了作为健全环境治理监管体系的重要组成部分，在健全环境治理企业责任体系、健全环境治理全民行动体系、健全环境治理法律法规政策体系等领域，均能够发挥重要的作用；在微观层面，环境司法对环保行政行为主要体现在监督规范层面。换言之，应当在环境行政执法与行政审判的衔接中监督个案执法。世界各国在强调对行政机关依法行政进行监督的同时，亦特别强调对行政机关行使自由裁量权的尊重，不能以司法权代替行政权。[①] 因此，在个案中，环境司法应当充分理解并尊重司法监督的根本目的，积极地促进符合国家整体利益的行政管理目标的实现。

从环境治理功能发挥的角度看，无论是《环境保护法》这种基础性法律，还是《矿产资源法》《森林法》《草原法》等专门法律，都以大篇幅规定行政机关对生态环境的各类管理保护职责。因此，行政机关在环保治理中负有广泛的行政责任和义务，这些行政责任和义务既是司法机关审查所依据的规则，从促成行政管理目标的实现、实现社会利益最大化的目的来看，也是环境司法所要实现的最终目标。在具体案件中，让监督回归本位，主要指在个案中法院的“谦抑”与维护依法行政相结合。毕竟，行政执法人员作为“行政执法专家”，其对于具体案件的性质判断与认定标准，由于部门职能分工的不同，与司法人员的审查裁判标准并不完全一致。而且，在环资案件领域，个案的解决只能够为同类案件的解决提供处理思路方面的借鉴，并不能形成具有普遍性的规则并推广到全国，其影响也只局限在双方当事人之间，没有行政权处理环境事务的“批量化”优势。[②] 因

① 黄永维、郭修江：《司法谦抑原则在行政诉讼中的适用》，载《法律适用》2021 年第 2 期。

② 王明远：《论我国环境公益诉讼的发展方向：基于行政权与司法权关系理论的分析》，载《中国法学》2016 年第 1 期。

此，相较司法审判，行政管理具有高效性，更能及时阻遏环境污染行为，阻却环境损害的进一步加剧。司法机关如果过多介入行政执法，易造成多头管理，削弱行政执法权威，挑战行政机关在环境执法中的核心地位，进而与实现社会利益最大化的目的相悖。

2. 充分发挥环境司法的监督效用

在我国生态文明战略不断推进和深化过程中，环境司法已成为中国环境治理的重要组成部分。要充分发挥环境司法的监督效用，应当立足于强化跨行政区划法院在法治作用发挥中构建规则体系、发挥司法作用、传播价值理念的综合治理能力。

首先，环境司法围绕环境法治所确立的规则体系来适用法律，进行相应的司法活动。这包括两个层面的内容：一是通过立法实现法律规则的确立，为环境司法提供了法律规则体系，构成了环境司法运转的法律前提。二是基本完成环境执法系统规范化、体系化、科学化建设，改善了环境司法和环境行政执法的关系，提升了环境司法的效能。[①] 跨行政区划法院往往能够集中该地区优质司法力量，通过建立审判资源专家库、优势开展联席会议等方式，改善提升跨区划管辖地区的环境规则适用及其体系。

其次，跨行政区划法院通过遵循司法的运行方式，能够充分发挥审判、监督等职能优势，达到平衡环境利益冲突、惩治环境犯罪、监督行政行为的基本目标。人民法院主要通过专业审判力量，借助专业知识系统的运用来实现对环境纠纷的有效解决、正当权利的维护和环境秩序的塑造，主动在已有案例中寻找具有典型和示范意义的样本，通过“阳光审判”等方式开展审判工作，扩大环境司法的社会影响力。[②]

最后，环境司法通过传播抽象化的法律价值判断和法律理念发挥司法作用。其主要体现为，以实现环境法治保护环境公益的价值目标来指导司法活动的展开。[③] 例如，习近平总书记在不同场合多次、反复强调要用最

① 王启梁、张丽：《理解环境司法的三重逻辑》，载《吉林大学社会科学学报》2020 年第 6 期。

② 陈幸欢：《司法改革背景下法官竞争格局与求稳心理分析——以 A 市首例环境污染罪案件为例》，载《江西社会科学》2018 年第 3 期。

③ 张璐：《环境法学的法学消减与增进》，载《法学评论》2019 年第 1 期。

严格制度、最严密法治保护生态环境。跨行政区划法院通过审判贯彻落实最严法治观，践行“严防”“严保”“严标”等十个方面的最严格标准，实现建立严格的生态环境保护和污染防治法律规范体系，将法律规范的行为模式和法律后果紧密对应。[①]

（三）跨行政区划法院对环保行政行为进行司法规制的实施路径

1. 发挥环境资源专门审判职能作用

由于环境行政案件有别于传统行政案件，环境司法就具有了不同于传统司法的特殊性，这就需要拓展环境权益司法保护手段，完善生态环境司法机制。通过加强环境资源审判制度建设，着力推进环境资源司法专门化，加强环境资源审判组织机构和队伍建设，积极探索设立跨行政区划的审判机构和管辖制度，不断提升环境资源案件的司法裁判水平，只有通过建立专门化环境资源审判机构，充分发挥专门审判机构职能作用，才能针对环境损害的长期性、潜伏性、不易逆转性和难以弥补性等特点，与行政监督干预联动发挥作用，防患环境损害于未然。具体而言，环境资源专门审判部门需要加强在人员建制、受案范围、审判方式、设立专家库方面的建设，有别于常规领域的司法，根据环境资源的特点开展环境司法工作。

2. 创新环境资源司法理念和裁判方式

现代环境司法理念要义有二：其一，法院不得拒绝环境案件的受理。其二，保护社会环境公共利益。[②] 我国环境污染、生态破坏案件时有发生，随着绿色生态理念的普及，行政机关持续加大相关问题治理力度，但由于环境执法专业性较强，或出于行政干预固有弊端，在司法监督行政行为本就势弱的情形下，环境司法需要充分发挥司法在环境保护中不可替代的作用，既向环境污染受害者提供积极的司法救济，又以强烈的社会责任感促进依法行政。在裁判方式上，环境司法需要努力适应追求环境公平、实现环境正义的现实需要。在相关民事诉讼中，司法实践已经进行许多有益尝试，例如，判决污染企业以植树造林、养护保育等具体方式履行环境保护职责，而在行政诉讼中，应当突破行政审查过多着眼于程序正义的现状，

① 江必新：《用最严格制度、最严密法治保护生态环境》，载《环境保护》2020 年 Z1 期。

② 王树义：《论生态文明建设与环境司法改革》，载《中国法学》2014 年第 3 期。

努力发挥司法作用，作出更多有实际履行内容的判决，有效提升环境行政的预防性，实现对环境公共利益的切实维护。

3. 努力形成环境资源保护工作合力

我国环境保护格局中，环境行政主管部门在环境执法领域发挥主导作用，环境司法机关对行政机关违法作为与不作为发挥监督职能。在监督管理、发现惩治污染企业方面，环保行政机关处在第一线，具有职能优势、技术优势和处置优势，其监管职能的发挥往往对污染企业和个人发挥巨大的震慑作用，而且，在相关法律法规的执行实施中其对具体情形更为了解，能够及时对突发情况进行处置。但是，在执行相关法律法规方面，依然需要司法机关对行政权力进行制约，对执法不作为的情况进行监督。只有同时发挥行政机关主动执法的优势以及司法机关被动监督的特点，构建行政机关履行日常监管职责，预防为主，及时发现并惩处，司法机关监督并调动司法力量作为强有力保障的格局，① 才能发挥立体多维的环境保护功能。

二、京津地区跨区划管辖环保行政案件的探索实践

为深入践行习近平总书记“两山”理念，推动生态环境治理体系和治理能力现代化，按照最高人民法院的部署要求，北京四中院自 2017 年 10 月 26 日起跨区划管辖天津环境保护行政上诉案件。北京四中院统筹考虑生态环境保护和推动产业转型升级，审判机制不断创新，审判质效不断提升，裁判规则不断完善，有效保障京津冀协同发展战略实施，跨区划管辖天津环保行政上诉案件取得阶段性成效。

（一）2018—2021 年天津环境保护行政案件的基本情况及主要特点

1. 案件审理基本情况

2018 年至 2021 年，北京四中院审结天津环保行政上诉案件 39 件。其中 2018 年 1 件，2019 年 11 件，2020 年 20 件，2021 年 7 件。

在二审作出实体判决的案件中，按案由的类型区分，要求行政机关对

① 蔡守秋：《当代环境司法的新进展》，载《人民法治》2018 年第 4 期。

企业履行监督管理职责或投诉举报案件3件，环境保护行政处罚13件，信息公开2件。

审理中发现，环境行政行为存在的主要问题如下：(1) 行政处罚程序的规范性有待提高；(2) 正确适用法律能力有待加强；(3) 环境违法行为的调查取证能力有待提升；(4) 监督管理职责履职不到位。

2. 案件主要特点

通过对2018—2021年来北京四中院受理的该类案件的分析，天津生态环境保护行政案件集中呈现出以下四个方面的特点：

(1) 涉及的生态环境领域呈现多样化。随着案件数量增多，案件领域也不断扩大，但是总体趋于稳定。案件涉及的环境领域从大气污染、水污染、噪音污染等与人民群众日常生活密切相关的环境领域，向放射物、粉尘污染等环境保护的新领域不断拓展。这反映出影响生态环境的新因素、新业态、新问题越来越受到社会关注，其影响因素及领域日益扩大，人民群众对于生态环境的新需求不断提升，对环境安全的诉求日益多元，对环境安全的关注度越来越高。

(2) 个案背后牵涉执法标准有待明确。虽然从数量上看，涉及执法标准争议的案件总数不多，但个案背后的执法标准问题，表明潜在的利益诉求主体可能众多，个案的处理结果往往具有较强的示范和辐射效应。例如，在一起北京某公司诉天津市宝坻区生态环境局行政处罚案中，环保部门将即时取样结果作为处罚依据。但是，根据《水污染防治法》第十四条第三款规定，向已有地方水污染物排放标准的水体排放污染物的，应当执行地方水污染物排放标准。而本案中地方水污染排放标准明确采样手段为非即时采样。因此，行政机关以即时采样结果作为行政处罚依据，违反了《水污染防治法》，这表明相关执法标准存在进一步明确的空间。

(3) 案件类型体现了绿色发展、减量发展的新发展理念。随着新发展理念的深化落实，减存量、控增量的各项举措相继推出，能耗、水耗和二氧化碳排放标准日趋严格，PM2.5、二氧化硫浓度控制要求越来越高，“留白增绿”工作大力推进，由此引发的生态环境管理纠纷不断增加。近年来，北京四中院陆续审理了多件涉及大气污染物排放浓度超标、加工制作产生的含挥发性有机物废气排放超标等引起的行政处罚案件，反映出行政执法领域日趋拓展，处罚力度不断加大的现状。

（4）案件诉求反映出人民群众对生态环境保护的新需求。随着绿色发展理念深入人心，人民群众对生态环境保护的需求也日益多元。从案件审理情况来看，既涉及大气、水、放射性污染防治、对超标排放废气的处罚，也涉及环保设施、“小散乱污”整治行动、对各类污染行为的惩处等。清新的空气、洁净的水流、健康的土壤以及美丽的海洋，这些诉求既体现出人民群众对生态环境的新需求，也反映了人民群众对建设美丽中国的新期待。

（二）加强生态环境保护行政审判的主要做法及成效

北京四中院统筹考虑生态环境保护和推动产业转型升级，审判机制不断创新，审判质效不断提升，裁判规则不断完善，有效保障京津冀协同发展战略实施，跨区划管辖天津环保行政上诉案件取得阶段性成效。

一是统一司法裁判尺度，推动中央政策落地生根。为确保法律适用的统一，北京四中院注重生态环境案件案例检索以及各类数据库的运用，通过法官会议、数据分析、案例研讨、类案检索、专家论证等方式确立类案裁判标准，确保法律适用的统一。

二是司法环境不断优化，司法公信力显著增强。北京四中院积极探索以线上审理为主，在线审理与就地审理相结合的审理模式，既有效减轻了当事人往返京津两地的诉累，又保障了疫情防控期间审判执行工作的正常进行。

三是案件上诉对接和沟通机制不断完善，二审法院审判监督力度和质效明显提升。自 2017 年 10 月 26 日北京四中院跨区划管辖天津环境保护行政上诉案件以来，截至 2021 年 12 月 31 日，北京四中院共受理天津环境保护行政上诉案件 39 件，审结 39 件。其中，上诉人申请撤回上诉 12 件，撤回上诉率为 30.77%；发回重审 1 件，二审案件改判发回重审率为 3%，当事人主动撤诉率和服判息诉率大幅提升，行政诉讼化解争议和监督行政机关依法行政的作用得到较好发挥。此外，北京四中院积极克服体制机制难题，实现与天津法院办案系统信息对接互通，通过技术升级，使上诉案件立案信息实现了两地审判系统互通。

四是行政机关依法行政和应诉意识不断强化，行政机关负责人应诉机制不断深化。在北京四中院审理的天津环保行政上诉案件中，9 起案件行政机关负责人主动出庭应诉，行政机关负责人出庭应诉率达 23%，远高于普通行政案件。

五是深化完善府院联动机制建设，协力推进生态环境治理体系现代化。北京四中院着力加强府院联动，通过司法建议、立法论证、研讨交流、培训授课等多种形式，将案件审理过程中发现的行政管理问题及时反馈给行政机关，促进了生态环境领域行政处罚程序标准等相关制度机制的完善。

（三）跨区划集中管辖环境保护行政案件存在的主要问题

从目前的实践探索来看，跨行政区划法院改革是一项可以提高行政审判质量，树立司法权威，构建科学合理司法管辖制度的重要举措和有效方式。[①] 从 2018—2021 年北京四中院受理天津环保行政案件实际情况看，这一论证是完全正确的，但由于环保行政诉讼的固有特点，仍有一些因素制约着跨区划法院在审理相关案件上功能的发挥。

1. 跨行政区划法院试点存在局限性，案件管辖范围有待进一步扩大

在传统的司法实践中，环境民事案件由民事审判庭受理，环境行政案件由行政审判庭受理，环境刑事案件则由刑事审判庭受理，这些审判庭受理环境案件之后，往往将环境案件作为一般民事案件、行政案件、刑事案件审理，并未充分考虑环境案件本身的特殊性和环境法律的专门规定，以致案件审理质量不高，甚至有失公平、公正，引起当事人的不满。[②] 因此，针对环境审理的司法改革恰逢其时，十分必要，力求改变司法在环境保护领域不能很好作为的状况。针对这一改革需求，有学者提出了环境司法专门化的论题。所谓环境司法专门化，其基本含义是指国家或地方设立专门的审判机关（环境法院），或者现有法院在其内部设立专门的审判机构或

---

① 江必新：《从跨区划管辖到跨区划法院——兼论新型诉讼格局之构建》，载《人民司法（应用）》2017 年第 31 期。

② 王叔义：《论生态文明建设与环境司法改革》，载《中国法学》2014 年第 3 期。

组织（环境法庭）对环境案件进行专门审理。就此意义而言，环境司法专门化可称作环境案件审理专门化。[①] 但是，通过近几年北京四中院受理的案件情况来看，虽然案件数量每年均有所增长，但依然面临案件类型单一、环保行政案件数量少的问题，在一定程度上制约了环境审判专门化的发展。

2. 跨区划审理环保行政案件面临争议解决能力不足的困境，尚不能有效回应人民群众的期待

跨区划审理环境行政案件，与过去属地纠纷解决的模式产生了冲突。在属地管辖当中，当地政府对矛盾解决具有决定性作用，往往能够集中当地力量化解矛盾。但在集中管辖的情况下，新的争议化解格局并未随案件集中管辖而建立，跨区划法院在协调环境争议的过程中，缺乏话语权和协调办法，矛盾难以真正化解。在推动多元主体参与矛盾纠纷化解的大背景下，传统人民调解组织、司法调解组织、行政调解组织以及社会组织协同参与矛盾纠纷化解，但其纠纷化解模式一般均为属地化解，导致跨域的诉讼与非诉讼纠纷解决方式之间缺乏有效的衔接配合，难以适用于跨行政区划法院审理的案件。

3. 环境行政行为和环境司法的沟通协作机制需进一步畅通

单一的行政执法或环境司法不足以应对纷繁复杂的社会现实变革与环境问题，建立行政与司法联动协作机制，由司法督促行政，由行政保障司法，是提升生态治理能力现代化的必由之路。环境司法政策往往强调法院与有关公权机关的协作联动，通过协调联动，法院能够更深地嵌入环保决策过程和被监督者的行为细节，督促其更好履职。[②] 2014 年以来，最高人民法院先后出台了多份与环境司法有关的指导性意见，其中多次强调要与公、检、环保行政机关建立起协调联动机制。例如，《最高人民法院关于全面加强环境资源审判工作 为推进生态文明建设提供有力司法保障的意见》中提出“充分运用司法建议促进环境执法。积极推动建立审判机关、检察机关、公安机关和环境资源保护行政执法机关之间的环境资源执法协

① 薛克鹏：《经济法的定义——社会公共利益论》，中国法制出版社 2003 年版，第 349 页。

② 吴良志：《论我国环境治理中法院的定位》，载《环境保护》2020 年 Z2 期。

调机制”。但目前来看，跨区划法院还缺乏与环境资源保护行政执法机关之间的沟通协作，传统的信息交流共享、定期召开联席会议、常态化联络、重大疑难复杂案件会商、联合挂牌督办或查办案件、联合执法专项行动等做法，往往局限于同一辖区内的行政机关和司法机关，跨行政区划的行政机关和司法机关间进行全面沟通协作，尚缺乏相应的制度、政策支撑。有资料表明，从 2001 年到 2010 年的十年中，大陆地区法院生效的环境污染刑事判决平均每年只有 3.7 个，基本上处于“零判决”状态。在一些地方，当环保局作为行政诉讼的被告时，法院的判决率也相当低，这其中存在环境行政执法与环境司法的衔接问题，政府应以对人对己高度负责的态度，确立严格的环境政策，把环境政策与行政管理、环境司法紧密联系起来，使其具有较好的执行力。[①]

三、跨行政区划集中管辖背景下强化环境司法保护的对策建议

（一）突出行政诉讼的纠纷解决功能，充分发挥跨区划法院解纷作用

一是统一法律适用以减少争议。由于审级、地区情况差异，行政案件裁判尺度不统一的现象客观存在，影响了纠纷化解效果，各地环境保护政策不统一，环境保护手段的复杂性又加剧了这种现象。环境行政诉讼大量案件中的裁判对象为行政机关是否具有保护环境、保护人身权益的法定职责，以及行政许可、行政处罚等行为的程序问题、事实认定问题、法律适用问题等，这其中又掺杂了大量专业性的技术问题、程序监督问题，以及行政机关是否存在不作为的问题。对这些问题的解决，都需要跨行政区划法院正确适用法律，加大通过个案解释法律的力度，同时强化行政机关正确认识诉讼以及起诉人正当提起诉讼的意识，从而有效减少行政争议。

二是提升审判科学性以化解争议。依托集中管辖的案件优势、人才优势和实践优势，增强跨区划法院对各类环境行政案件的归类总结能力，有利于塑造典型案件，促进争议化解。环境行政涉及诸多自然科学或其他学科方面的问题，例如，行政机关的执法标准是否符合技术规范；环境损害

---

① 王曦、卢锟：《规范和制约有关环境的政府行为：理论思考和制度设计》，载《上海交通大学学报（哲学社会科学版）》2014 年第 2 期。

行为与损害结果的因果关系是否成立，从而决定行政机关是否具有应当履行保护相对人合法权益的法定职责；环境要素或自然资源生态功能的评价等。因此，一方面要求审理环境案件的法官应具备必要的专业性，另一方面需要加强对相关典型案例的总结，这些都是跨区划法院需要重点强化的领域。

三是充分运用各类审判方式以发挥司法职能优势。从强化环境行政审判职能的角度来看，跨区划法院在诉讼中应当充分运用对诉讼请求范围之外保护环境公共利益的释法说理、依职权主动调查证据、聘请专家证人、进行鉴定、现场勘查、当事人自认的证据规则、对撤诉及调解等手段进行审查，强化环境案件审理效能，不断提升法院在维护环境公共利益方面的能力。

四是激活行政附带民事诉讼制度以及环境行政公益诉讼制度的活力，充分发挥其有效化解环境行政纠纷的功能。对于符合民事争议一并审理条件的案件，应当及时释明并告知当事人，尽可能由跨区划法院一并审理。关于环境行政公益诉讼，2015 年《环境保护法》增加了关于环境公益诉讼的规定，2017 年《行政诉讼法》正式赋予检察机关环境行政公益诉讼原告资格，为我国环境行政公益诉讼奠定了制度基础。对此，跨区划法院应当积极作为，对环保社会组织提供支持，增强环保社会组织提起环境公益行政诉讼能力。通过大力宣传相关法律制度，提升环保社会组织的诉讼意愿与信念。加强环境法律专业知识和技能培训，全面推进环境司法的专门化、专业化，提前应对环境行政公益诉讼。①

（二）以环境行政案件类型化为基础，构建更加精细化、科学化审判格局

2020 年，最高人民法院印发新的《关于行政案件案由的暂行规定》，调整了行政诉讼案由的划分思路，将过去按照行政管理范围和行政行为种类划分案由，改为仅按照行政行为种类区分案由，分为一级案由和二级案由。其中一级案由是行政行为，二级案由为行政处罚以及行政不作为、行

① 王灿发、程多威：《新〈环境保护法〉下环境公益诉讼面临的困境及其破解》，载《法律适用》2014 年第 8 期。

政赔偿、不履行职责等。就环境行政案件而言，这种案由划分方法导致环境行政案件与一般行政案件难以显著区分。虽然可以简单由被告来判断是否属于环境行政案件，但事实上，既存在环境管理部门实施的非环境行政行为，也存在政府其他组成机构实施的环境管理行为。因此，仅凭被告判断是否为环境行政案件，尚不能充分涵盖环境行政行为。从环境司法专门化的角度来看，有效区分环境行政案件类型，是建立环境行政裁判的基础，有利于促进环境审判的专业化、精细化发展。

因环境问题的特殊性，环境保护的行政管理具有显著的风险管理、技术管理特征，是典型的风险行政。[①] 因此，关注环境行政的风险行政和环境保护专业技术性特征，是将环境行政案件从一般行政案件区分出来的关键。实践中，可充分总结审判实践规律，从已有环境行政案件中发现不同的审判关注点、案件特征和裁判规律，作为环境行政案件类型化的基础。环境保护是一个宽泛的概念，通常包括污染防治、资源保护和节约利用、生态保护等多个方面。[②] 依据环境保护法律作出的、直接以环境污染防治和资源保护为目标的行政行为，应属于环境行政行为，所引起的行政争议属于环境行政争议。而依据生态环境之外的法律法规行使的行政行为是否属于环境行政，则需要具体根据行为指向的对象和作出行为时考量的因素，以及行为目的进行判断。一般而言，任何典型的行政行为，如行政处罚、行政许可等，均可以和环境行政产生重合，纳入环境行政对待，在审判实践中应当注意甄别。因此，环境行政案件的类型化，应当建立在实质性判断基础之上，并非简单以环境行政行为的实施主体作为判断标准，来构建环境行政的类型化体系。

实践中，环境行政一般包括以下几种类型：一是直接以污染治理和环境保护为目标的行政行为。一些行政行为只是间接与污染治理或环境保护有关，例如，环境保护领域内的经营资格审查、产品质量鉴定等，仍属于普通行政行为范畴。二是以污染治理和环境保护法律为依据作出的行政行

① 赵鹏：《风险社会的行政法回应：以健康、环境风险规制为中心》，中国政法大学出版社2018年版，第72页。

② 宋豫秦、陈昱昊：《近20年国际环境保护研究热点变化与趋势分析》，载《科技管理研究》2017年第19期。

为。一般而言，涉及环境资源管理和利用的一般性行为，如土地权属登记、土地征收补偿、土地开发利用等倾向于管理的行为，不属于环境行政行为。而针对污染环境行为采取的监管、强制措施，则属于环境行政行为。三是从职权划分的角度来看，行政权是行政行为成立的基本要件甚至唯一一般要件①，因此，具有环境资源相应职权的行政机关，依据有关职权作出的行政行为，属于环境行政。

从北京四中院受理的二审案件来看，可以初步总结出环境行政案件的常见类型。一是环境行政处罚和行政强制。该类行为是环境行政的典型行为，相关立法已经趋于成熟，是环境行政审判重点监督的行为，实践中绝大多数案件都属于该类型案件。二是行政许可案件。主要包括涉及环评审批和排污许可类案件，一般为相对人不服环境资源主管部门做出的审批决定，也是环境行政的重要组成部分。三是环境行政处理案件。新案由规定中行政处理是一种重要的类型，应当注意与行政处罚进行区分，其属于行政命令的一种，虽然与行政处罚一样带有强制性，但主要属于预防性措施。四是环境相关政府信息公开案件。典型情况为环境影响评价政府信息的公开。随着公众环境意识抬头，普通公众开始关心自身所处环境，要求环境行政公开化、透明化，因担心存在“未评先建”“环评补办”等环评乱象，民众往往会采取要求公开环评信息的方式参与监督。五是不履行环境管理职责案件。典型的如投诉举报，该类行为往往严重威胁到人的生命财产安全，是构成社会不稳定性因素的主要案件。对待此类案件，应当注意采取实质性审查的方式，而且应当摒弃撤销之诉的固有理念，不能简单地一撤了之，应更加注重课以行政机关的行政义务，作出具有可执行内容的判决，从而实质化解矛盾争议。在审判实践中，可以通过指导案例、司法解释乃至修订法律的方式，对不同环境行政类型的案件分别确定适合的起诉条件、审查内容、举证责任以及判决方式等具体制度，进而选择妥当的裁判方式，才能让裁判回应当事人的诉求，使环境行政案件审理精细化、科学化。

---

① 周伟：《论行政权是行政行为成立的唯一一般要件》，载《政治与法律》2016 年第 7 期。

（三）构建行政争议协同化解机制，实现环境保护治理效能最大化

一是充分发挥行政机关负责人出庭应诉制度功能。通过行政机关负责人出庭应诉，能够“提高领导干部运用法治思维和法治方式深化改革、推动发展、化解矛盾、维护稳定能力”，对于案件争议的实质化解而言，作为行政资源的掌控者、行政争议预防的责任者和被诉行政行为的知情者，行政机关负责人出庭应诉，能够推进案件争议实质性化解。[①] 但从实践来看，部分行政机关负责人出庭的主动性和积极性不高，即使出庭，也无法做到“出声”甚至“出彩”，有相当高的比例限于在庭上“照本宣科”，更加缺乏法庭辩论。因此，为了更加有效发挥行政机关负责人出庭应诉制度的优势，第一，相关法院可以增加行政机关负责人出庭应诉通知书发送的比例，强制负责人出庭应诉，对于重大环境保护案件、疑难复杂案件、涉众因素较为突出的环境行政案件，有关法院应当要求负责人出庭应诉。第二，可以适当扩大行政机关负责人的范围，在北京四中院受理的一起环境行政案件中，当地政法委书记要求出庭，但是限于对行政机关负责人概念的一般理解，政法委并不属于行政机关范围，因而未被认定为行政机关负责人出庭应诉，影响了出庭应诉的效果。对此，可以适当扩大负责人范围，明确行政机关分管负责人以及最高负责人，同时，对负责人不能出庭应诉、委托工作人员出庭的情形和理由作出进一步明确规定，规范负责人出庭应诉行为。第三，人民法院可以通过发送司法建议、司法白皮书、法院新闻发布会等形式，公开行政机关负责人出庭应诉的情况，也可以通过司法与行政联席会议、人大常委会专题汇报会等渠道向人大、政府通报所有出庭行政机关负责人的庭审表现，以此作为法治政府建设的重要考核指标，促使行政机关负责人主动出庭。但与此同时，也要注意消解该项制度放大矛盾的负功能，防止相对人过度解读进而导致反复休庭、缠讼甚至阻断诉讼程序。[②]

---

① 章志远：《行政机关负责人出庭应诉制度的法治意义解读》，载《中国法律评论》2014 年第 4 期。

② 参见喻少如：《功能主义视阈下的行政机关负责人出庭应诉制度》，载《法学评论》2016 年第 5 期。

二是进一步强化行政诉讼诉调对接功能，打造协同化解工作平台。通过现有的诉服中心，强化行政诉讼诉调对接的功能。从功能的角度来讲，行政调解不仅具有纠纷解决、行政指导的功能，还有政策形成的功能。[①]除了在传统的行政赔偿、行政补偿以及行政机关具有较大自由裁量权的案件中适用调解，在其他给付类行政争议中，也可以在政策范围内适用调解制度，允许各方当事人在权限范围内达成调解协议，以调解的方式结案。调解作为诉调对接的重要功能，法院可以安排专人在诉服中心负责行政诉讼的诉调对接工作，结合集中管辖的特点，在案件相对集中、多发的部门或地区建立行政争议化解机构，开展矛盾化解工作。具体而言，可以在环境污染常见与多发领域，支持行政机关根据当事人申请或者依职权进行调解、裁决，或视情况作出其他处理。

三是建立跨区划案件协调联动机制。可由上级部门牵头，建立跨区划管辖案件的协调联动机制。第一，建立对行政诉讼和信访案件进行通报及联络的机制。法院在立案阶段发现矛盾较为突出，甚至可能出现跨省信访情形的案件，可由专门机构专人负责当地行政机关以及集中管辖法院的工作对接，以便将矛盾化解在萌芽状态。第二，加强信访的属地化解。对于当事人因案件审判之外的因素引起的进京上访问题，应严格按照属地管辖原则实施信访化解，杜绝越级上访的可能。第三，充分发挥行政机关的环境管理职责以及人民法院的监督促进职责。双方可以建立定期联动机制，通过召开联席会议的方式，交流信息，总结经验。通过建立专门的信息库共享审判执行信息、环境行政行为有关信息等。第四，对具有重大环境公益损害的行为，可以建议提起环境公益诉讼。第五，加大运用司法建议的力度。通过在“适用规则”之外增强环境司法活动“确立规则”的能力，在具体诉讼之外发挥规则制定者的功能，发展抽象性的规则吸纳不同社会主体对环境保护的主张，平衡不同权力主体在环境事务上的意见纷争，消化对峙异见，形成最大限度的关于通过司法处理环境事务的价值共识。[②]

---

① 参见喻少如：《多元纠纷解决机制中的行政调解》，载《学术界》2007 年第 6 期。

② 杜辉：《环境司法的公共治理面向——基于“环境司法中国模式”的建构》，载《法学评论》2015 年第 4 期。

当存在行政机关行政作为中的问题或者不作为损害了环境公益之时，人民法院应当及时对可能产生环境损害的环境风险向主管部门提出司法建议，督促环保行政机关及时对环境风险进行评估和预防，此外，还可以根据审判情况，从外部视野对行政执法提出完善的建议，进一步提升环境治理效能。

（四）增强跨区划上下级法院间协同联动能力，构建统一裁判尺度、专业化审理的诉讼新格局

跨区划集中管辖法院因与上诉法院处于不同的地域，在协同联络上具有天然的障碍，可通过加强建设各类协作平台，对审判监督机制、业务交流机制和沟通协调机制进行保障，为下级法院依法履职提供支持。与此同时，通过强化制度机制建设，使下级法院有机会就审级监督向上级法院发表建议和意见，进行交流，形成双向的良性互动，切实提高两级法院的审判质效。在工作过程中，可以通过强化上下级法院间的沟通互动，通过召开法院座谈会、联合调研、联合培训、联合发布典型案例、联合党建等方式，加强业务指导，并面对面征求意见建议，深化互动交流，增进法院间认识的一致。此外，在立审执衔接方面，应当进一步完善信息化建设，及时进行技术升级，实现两地审判系统互通立审执信息。

关于数字平台行政监管若干问题研究

北京市第四中级人民法院课题组

孙嘉琳[*]　王同鑫[**]

摘要：数字平台经济蓬勃发展，其去中心化、跨区域的模式也给传统行政监管带来了巨大的挑战。为防范化解风险，促进平台经济健康有序发展，北京市第四中级人民法院对管辖的涉互联网行政纠纷情况进行调研，并走访了一线行政监管部门和大型数字平台，形成专题报告。本文梳理总结了互联网行政案件的基本情况，归纳了数字平台行政监管案件的特点，剖析了数字平台、监管机关和审判工作中面临的问题和困难，提出加重数字平台负担第三方行政法义务、建立健全信用监管顶层制度设计、统一监管机关管辖和移送标准、发挥司法审判规则引领作用等对策建议。

关键词：数字平台　行政监管　行政审判　治理

引　言

数字经济在全球范围内迅速发展，不断为经济带来新的活力，同时，也涌现出平台垄断、算法歧视等新问题，行政监管面临新的挑战。2022 年 12 月，习近平总书记在中央经济工作会议上指出："要大力发展数字经济，提升常态化监管水平。支持平台企业在引领发展、创造就业、国际竞争中

---

* 孙嘉琳，北京市第四中级人民法院行政审判庭法官助理。

** 王同鑫，北京市第四中级人民法院审判管理办公室（研究室）法官助理。

大显身手。”然而，传统的行政监管理论、监管手段、监管体系并不能完全适应“平台”模式的组织形式。如何兴利除弊地监管数字平台，构建有效的数字平台监管体系，是促进数字经济健康发展的重大课题。为深入分析数字平台行政监管案件的特征，回应前沿热点问题，北京市第四中级人民法院（以下简称北京四中院）联合北京互联网法院，组建调研专班，走访北京市司法局、北京市市场监督管理局和北京市海淀区市场监督管理局（以下简称海淀区市监局）、北京经济技术开发区管理委员会（以下简称经开区管委会）以及代表性企业（京东、美团），对数字平台行政监管中的一些突出问题展开研究，并提出有针对性、建设性的对策建议。

一、数字平台行政监管的实践检视

（一）数字平台行政监管案件司法审查现状

1. 数字平台行政监管案件审理概况

自 2019 年 1 月至 2023 年 4 月，北京互联网法院共审理涉互联网行政案件 220 件，其中涉数字平台行政监管案件 204 件，占收案量的 92.7%。在审结的 191 件案件中，判决行政机关败诉案件 16 件，败诉率 8.4%，上诉至北京四中院的案件共计 100 件，上诉率达 52.4%。[①]

2. 数字平台行政监管案件特点

从上述数据来看，数字平台行政案件数量较少，但案件特点突出，主要体现在以下几点：

（1）案件类型较为集中。从案由来看，商品质量或者服务的投诉举报案件数量占比近九成，其余涉及少量网络域名监管纠纷、短信息监管纠纷、信用监管纠纷。

（2）被诉行政机关集中在网络交易平台所在地。北京互联网法院受理的数字平台行政监管案件，近 70%案件的被告为市辖区内网络交易平台所在地的市场监管部门，其中约 29%案件的被告为京东集团住所地的经开区

---

① 北京互联网法院自成立以来，集中管辖北京市市辖区内受理的因行政机关作出互联网信息服务管理、互联网商品交易及有关服务管理等行政行为而产生的行政纠纷，北京四中院系北京互联网法院审理上述类型案件的上诉法院。

管委会。

(3) 原告为职业索赔人的案件占比较大。北京互联网法院受理案件中，职业索赔人提起的诉讼达85件，约占涉数字平台行政监管案件数量的42%，该类诉讼集中于食品药品监管、国家强制标准认证、医疗美容广告服务等领域。

(4) 新类型行政案件不断涌现。伴随互联网信息技术的发展、数字平台监管规范性文件的更新，医美广告监管、信用监管、电子证据取证方法审查等新类型行政案件不断涌现，增加了司法审查的难度。

(二) 数字平台行政监管现状——以经开区管委会、海淀区市监局为样本

1. 经开区管委会行政监管现状

(1) 纠纷数量呈几何式增长。

自2020年经开区管委会机构改革以来，经济技术开发区商务金融局(以下简称经开区商金局)负责履行辖区内市场监督管理职责。其中2020年，由经开区商金局所处理的诉求工单为17.3万件，2021年则为29.4万件，2022年增长到42万件。其辖区内京东平台诉求工单也从2020年的15.3万件，增长到2022年的36.6万件。

(2) 行政复议解纷成效显著。

自2023年1月1日至7月20日，由经开区商金局处理的投诉举报案件进入行政复议渠道的142件，其中涉及京东平台的行政复议案件共97件，占复议总量的68%，与2022年相比基本持平。而同时期，经开区商金局处理的投诉举报案件进入行政诉讼渠道的仅为33件，较2022年增加了10件。

(3) 纠纷调解化解率不高。

数字平台纠纷多因商品服务和质量问题引发，部分索赔人为获得高额赔偿而向经开区商金局投诉举报，期望监管部门直接要求平台或者平台内经营者进行赔偿，纠纷化解难度大，经开区商金局的纠纷化解率占比不足工单数量的20%。

2. 海淀区市监局行政监管现状

（1）涉复议和涉诉案件数量不断增长。

2020年到2023年上半年，海淀区市监局涉行政复议案件分别为2020年262件，2021年302件，2022年473件，2023年上半年350件；涉行政诉讼案件分别为2020年167件，2021年200件，2022年231件，2023年上半年124件。上述数据表明，海淀区市监局涉行政复议和行政诉讼的案件数量逐年增加，但相对人提起复议之后再继续提起行政诉讼的比例在不断下降，可以看出，行政复议发挥纠纷解决主渠道的作用成效显著。

（2）涉美团平台行政案件占比不高。

美团平台所在的公司在海淀区，但在2023年上半年海淀区市监局进行行政监管的案件中，涉及美团平台的行政复议案件为13件，行政诉讼案件为3件。其中涉酒店民宿的案件7件，涉外卖案件6件，涉游戏案件1件，涉红包案件2件。美团平台所涉行政监管案件较少，更多的纠纷分布在知识产权和民事领域。

（3）平台监管案件多由职业索赔人提起。

2023年上半年，海淀区市监局所处理的涉美团平台行政监管案件均由职业索赔人提起，海淀区市监局针对此类案件通过与美团平台、平台内经营者进行调解，进而达成调解协议化解纠纷，但部分案件往往因索赔人索赔金额过高无法达成一致意见，职业索赔人进而选择提起行政诉讼。

（4）对平台内经营者的违法行为线索一律移送。

因网络交易平台内经营者住所地或者实际经营地一般不在海淀区，海淀区市监局对收到的平台内经营者举报违法行为的线索，因调查取证等存在执法困难的，一律将违法线索移送到平台内经营者的实际经营地的市场监督管理部门。

（三）网络交易平台管理现状——以京东、美团平台为样本①

京东和美团平台系北京地区具有代表性的大型网络交易平台，调研组专班实地走访了两大平台，对平台的运行模式、争议解决方式等进行调

---

① 本节调研数据来源京东集团、美团集团法务部。

查，探究有关平台自治的监管问题。

1. 京东平台管理现状考察

从涉诉的案件数量来看，京东平台所涉纠纷主要为民事案件，自 2020 年以来，京东平台每年涉诉案件均在 2000 件以上，且呈逐年增加的态势。京东平台涉及的行政监管诉讼案件数量较少，2021 年为 9 件，2022 年为 16 件。但上述行政监管诉讼案件涉及价格违法、虚假广告、平台自治、行政监管等专门领域问题，每一个案件都具有一定的示范效应。

从纠纷处理模式来看，京东平台设立平台客服，对纠纷进行调解，调解不成的，消费者可以选择投诉举报。京东平台设有绿色通道（主要接受 12345、12315 的派单）和一般通道（主要接收经开区管委会转交的投诉举报单）。2023 年 1 月至 5 月，京东平台共受理投诉举报约 18 万件，其中绿色通道派单占比 65%，经开区管委会转派的投诉举报单占比 35%。

从平台自治体系来看，通过对接部分市场监管部门的数据，京东平台能够实现对入驻商家的部分资质进行系统自动核验，对于数据库中缺乏资质信息的可以进行人工校对；平台建立自动管控体系，对商品信息进行审查；平台设立品牌侵权信息拦截系统，对于大品牌、特殊经营资质、特殊商号的知识产权进行保护，从而降低商家违规率。

2. 美团平台管理现状考察

从涉诉的案件数量来看，美团平台涉诉的行政监管类案件有 5 件，涉及美团外卖、平台履行资质审核义务、商家虚假宣传等问题。

从纠纷处理模式来看，美团平台设立“小美评审团”，吸纳公众作为评审员，对平台上的纠纷通过线上评审进行处理。截至 2023 年 6 月，“小美评审团”吸纳用户 25 万人，处理纠纷约 100 万件。

从平台自治体系来看，美团平台目前有美团 App 和大众点评 App 两个平台，下设多个子平台，如酒店民宿、外卖等，平台和子平台均由独立主体运营，不同平台之间存在交叉事权。美团平台通过购买数据库对入驻平台内的商户资质进行审核，同时，通过人工校对和线下实地调查对数据库进行完善。美团平台还制定了商家违规治理制度，对入驻商家的不良行为，在工作中心进行公示。

二、数字平台行政监管面临的问题及对策建议

在数字时代，“去中心化”的“平台”组织形式对传统监管工具和体系造成了巨大的冲击，如何通过行政监管实现平台经济的健康有序发展，考验着数字平台、监管机关和司法机关的智慧。

（一）数字平台自治面临的问题及应对措施

1. 行为主体交叉识别困难及应对措施

网络交易的隐蔽性导致各方主体难以确定。与传统“一手交钱、一手交货”的经营模式不同，在网络平台的交易中，消费者只能通过平台披露的经营者的信息，才能够确定经营者身份，实践中存在经营主体交叉和消费主体交叉的情形。

经营主体交叉的情形主要有两种表现形式：一是平台和子平台交叉，平台责任主体难以确定。实践中，部分网络交易平台下设子平台，由子平台运营不同业务，甚至存在子平台链接其他平台的不规范情形。平台与平台内商铺之间、平台与跳转链接的App之间的法律关系不明晰，各平台跳转链接时无显著提示。这对于平台公司来说，是构筑了法律风险的“隔水舱”，但却成了消费者维权的“法律陷阱”。若平台未做披露，消费者只能将平台认作行为主体。二是部分平台设立自营业务，与其他经营者作出区分，但实践中，销售者并不一定是自营平台，而是由多家实际销售公司决定由谁作为销售者与消费者达成交易，亦存在某销售者由于商品库存不足等原因向另一销售者“借货”的情形，难以确定实际销售者。

消费主体的交叉情形主要表现为，消费者通过网络交易平台账号从事预付行为、购买行为时，在网络交易平台账号和实际消费者分离的情形下，存在多个主体向平台维权的情形，如何确定提起行政复议或者诉讼的权利人，实践中存有争议。

对此，北京四中院课题组建议：第一，以“明示公开”为判断标准，准确界定行为主体。一方面，从商品交易的角度来说，在商事活动中，应

该遵循“商事外观主义”[1] 原则，以维护交易安全；另一方面，就法律规范角度而言，《电子商务法》第十五条、第三十三条、第三十七条第一款均规定，平台经营者应显著公开公示服务者信息。因此，在数字平台从事商品或服务交易的，应该以公开的主体作为行为主体。平台主体交织嵌套的，以平台显著公开的主体作为责任主体，对于平台经营者以标记自营业务方式所销售的商品或者提供的服务，平台公司应承担销售者责任。[2] 第二，共筑经营关系台账，形成监管合力。“谁经营谁管理、谁受益谁负责”，传统的行政处罚等手段难以阻止数字平台中的违法行为，而由于数字平台在监督防范违法行为方面具有天然的优势，数字平台所依托的技术优势理应承担更多的责任。监管机关可以适当将监管的权力转移给数字平台，形成行政机关监管平台，平台监管经营者的模式，理顺监管的逻辑。

2. 履行行政法第三方义务的困境及应对措施

现行法律法规为网络交易平台设立了资质审核义务、安全保障义务等，这在学理上被称为“行政法上的第三方义务”。[3] 此类义务本质上是国家通过法律规范课予私人负担一定行为的义务，属于私主体承担的第三方义务，也属于协助行政机关进行监管的义务。大型数字平台基于大量且不同类型数据的控制、处理与利用而形成的控制权或独特影响力，[4] 理应承担更多的义务。但实践中，数字平台在履行行政法上的第三方义务中存在一定的困难。

（1）资质审核义务履行的困境。

《电子商务法》第二十七条、第三十八条、第八十三条和《网络交易监督管理办法》第二十四条规定了平台应该对平台内经营者的身份等资质进行审核。但平台在进行资质审核中，面临如下问题：一是平台对接的数据源更新不及时，难以实现批量核验。数字平台在对入驻经营者进行资质

① 吴光荣：《论外观主义在民商事审判中的运用》，载《法学家》2023 年第 3 期。

② 参见《最高人民法院关于审理网络消费纠纷案件适用法律若干问题的规定（一）》第一条第一款。

③ 高秦伟：《论行政法上的第三方义务》，载《华东政法大学学报》2014 年第 1 期。

④ 解正山：《约束数字守门人：超大型数字平台加重义务研究》，载《比较法研究》2023 年第 4 期。

审核时，更多依赖于行政机关所建立的数据库。作为私主体，未能直接对接行政机关掌握的数据库，平台内经营者证照、经营状态、异常经营名录信息、有关平台内经营者的行政处罚信息等缺少及时更新。二是平台对平台内经营者进行资质审核时以人工校核为主，履行义务成本较高。平台在资质的批量、自动化审核上存在困难，在操作上具有单一性和滞后性，智能化不足。

（2）安全保障义务履行的困境。

安全保障义务主要是指电商平台保障消费者生命健康权益和保护平台内网络安全的义务。根据《电子商务法》第三十八条第二款的规定，电商平台具有保障消费者生命健康权益的义务，需要对平台内经营者的经营行为是否存在侵害消费者权益的危险进行判断，必要时采取相应的措施。安全保障义务起初是一个纯粹的民事义务，针对物理空间与群众性活动的管理者，[①]《电子商务法》规定的安全保障义务则指向网络交易空间的提供者，两者存在很大不同。数字平台在履行安全保障义务时，主要存在如下困难：

一是义务内容不清。有观点认为《电子商务法》所规定的行政法上的安全保障义务，实质是公法审查义务的具体化。平台经营者在履行信息审核、资质审核义务时要着重注意保障消费者生命健康，在关系到消费者生命安全的重点领域，“不能仅凭日常经验对经营者提交的电子材料进行形式审查，而应该采取更加可靠的手段验证其真实性，如线下勘验，并且要在经营过程中定期核验，保持信息的真实性。”[②] 也有观点认为《电子商务法》第三十八条所规定的安全保障义务是纯粹的民事义务，是《民法典》规定的安全保障义务的延伸。[③] 除法条本身之外，其他规范性文件也并未对安全保障义务的内容进行具体化，《市场监管总局关于加强网络直播营销活动监管的指导意见》（国市监广〔2020〕175 号）和《网络交易监督管理办法》（国家市场监督管理总局令第 37 号）中也仅是重复《电子商务法》第三十八条第二款之内容。《电子商务法》所规定的安全保障义务具

① 汪倪杰：《论〈民法典〉视域下安全保障义务的边界——对第 140、141 号指导案例的理论回应》，载《法商研究》2022 年第 6 期。

② 周樨平：《电子商务平台的安全保障义务及其法律责任》，载《学术研究》2019 年第 6 期。

③ 王道发：《电子商务平台经营者安保责任研究》，载《中国法学》2019 年第 6 期。

体包括什么内容，与《民法典》所规定的安全保障义务是否存在关系，有何关系，目前仍存在争议。

二是适用方式模糊。尽管《电子商务法》第八十三条规定，平台内经营者“侵害消费者合法权益行为未采取必要措施”“对平台内经营者未尽到资质资格审核义务”“对消费者未尽到安全保障义务的”二种情形之间是“或者”的关系，应当可以单独适用。但实践中，监管部门独立适用“对消费者未尽到安全保障义务”的案例极为罕见，往往是与前两种情形并列使用。① 监管部门对该条款的适用缺乏明确统一的认识和指引，义务的履行更多依赖于数字平台自己制定的合规规范。

（3）数字平台履行第三方义务的应对措施。

“其一，电子商务平台向数量众多的用户开放，交易活动中蕴含的侵权危险相较于特定的物理空间或活动更大。其二，电子商务平台经营者不仅提供信息发布服务，还通过交易撮合深度地介入交易过程。其三，电子商务平台经营者在控制手段上拥有比物理空间或活动的管理者更强的危险防范能力。这将导致电子商务平台经营者要承担比物理空间管理者更高的注意义务。但同时，由于网络交易的虚拟性，线上线下不一致的风险无法完全避免，且交易信息具有海量性。”② 故要求电子商务平台经营者承担的安全保障义务不能过重，避免给平台带来超出其能力的负担。平台经济是充满创新和不断发展的经济模式，应避免过度的行政干预给平台发展带来不当影响，强制性法律义务的设定应遵循谨慎和谦抑的原则，只有经成本收益衡量确属平台监管的优势范围，才可以明确行政责任。③

对此，课题组建议：一是对数字平台义务履行的审查应采取形式审核标准。考虑到不同电商平台的规模、影响力不同，以及平台内经营者的多样性，应以一般理性人的判断标准对平台是否履行行政法上的第三方义务进行审查，即平台在收取完备的申请材料后依法进行审慎且合理的审核。例如，平台内经营者提供的营业执照复印件等材料中未加盖公章，且商家

---

① 参见京朝市监处罚〔2021〕6547号行政处罚决定。

② 伏创宇：《我国电子商务平台经营者的公法审查义务及其界限》，载《中国社会科学院研究生院学报》2019年第2期。

③ 周樨平：《电子商务平台的安全保障义务及其法律责任》，载《学术研究》2019年第6期。

与平台签署的相关协议上的签名也非该公司法人、商家授权人员，前述情况足以使一般人对商家的身份产生怀疑，平台应对此类问题尽到审核义务。此外，若商户在入驻平台时将自己的主营类目确定为一品类，而实际销售的另一品类，商户之行为属于故意规避平台的资质管控措施，导致平台无法审核商家的相关许可证文件，该种情形则不属于平台未尽到审核义务的情形。①

二是对不同类型的义务进行区分。对有可能引发个人信息泄露、威胁生命健康安全的领域，应该要求平台负担加重的第三方保护义务，对明显可发现的侵权或违法行为，平台未尽到高度注意义务的，应该承担相应的责任。例如，在家用电器消费合同中，鉴于家用电器的安全性直接关系消费者的生命健康，平台不仅应审核平台内经营者的资质资格，而且应对线下实际上门的维修人员须具备的相关资质予以重点提示，进而对消费者尽到安全保障义务。②

三是柔性监管促使平台履行社会责任。确立平台安全保障义务的目的就是促使平台不断探索创新，采取成本低、效果佳的防控措施保障消费者的健康和安全。监管部门可以采用约谈、劝导等柔性手段激励平台企业进行自我规制，提高平台履行第三方义务的积极性和主动性。

（二）数字平台行政监管过程中存在的问题及对策建议

1. 监管管辖交叉引发的问题及建议

实践中，以现代信息技术为基础的新业态新模式具有打破时空界限和去中心化的特点，以平台经济为代表的新业态发展模式使行政机关在进行监管时，极易发生管辖交叉和管辖推诿的情况，使执法程序缺乏规范等。如《市场监督管理行政处罚程序规定》第十条对于平台内经营者涉嫌违法行为的管辖，作出了“实际经营地+平台住所地先行收到”双重管辖的特别规定。实践中，存在平台住所地监管机关将违法线索一律移送经营者实际经营地监管机关的情形，引发消费者对监管机关不履行法定职责的质

---

① 参见湖北省麻城市人民法院（2021）鄂1181民初3741号民事判决书；浙江省杭州市中级人民法院（2019）浙01民终960号民事判决书。

② 参见贵州省遵义市中级人民法院（2021）黔03民终4416号民事判决书。

疑，也易导致监管机关对平台监管的忽视。

对此，课题组建议：一是明晰移送标准，细化移送范围。监管机关针对平台内经营者的违法行为应当进行类型化区分，对移送的情形加以明确，避免扯皮推诿的现象发生。二是有效区分平台与平台内经营者的责任。例如，网络平台经营者应当对平台内经营者及其发布的商品或者服务信息建立检查监控制度，网络交易平台经营者发现平台内的商品或者服务信息有违反市场监督管理法律、法规、规章，或损害国家利益和社会公共利益、违背公序良俗的，应当依法采取必要的处置措施。消费者对此项内容进行举报时，监管机关应对平台、平台内经营者的实质责任分别认定。三是推动建立区域间监管执法协作配合机制。如在北京、上海、广州、深圳和杭州等城市间率先建立联合协作执法机制，成立联合工作组，统一协调地区间的监管管辖、协助调查和协助执行等工作。

2. 投诉举报处理程序中的问题及建议

（1）投诉举报处理程序中的问题。

一是投诉举报处理程序有待完善。《市场监督管理投诉举报处理暂行办法》对市场监督管理部门处理投诉举报的事项作了较为详细的规范，但是仍有部分程序不完善。如投诉处理程序的“受理标准”为何，受理之后的处理程序如何进行等，并没有作出规定。再如，对投诉举报事项不属于收到申请的市场监管机关管辖的，《市场监督管理投诉举报处理暂行办法》的规定与《食品安全法》以及《市场监督管理行政处罚程序规定》不同，并未要求行政机关对投诉举报材料进行移送。执法实践中，行政机关对于收到投诉举报的违法行为线索不属于本机关管辖的，移送有管辖权的行政机关的操作并不一致。

二是对投诉举报人的知情权保障不到位。“法律、法规或者规章规定的投诉请求权，在于促使行政机关对于投诉事项发动行政权。”① 实践中，部分监管机关未能及时将申请处理的有关情况告知投诉举报人，有的监管机关仅告知其不予立案决定，未告知不予立案的原因，未保障投诉举报人

① 霍振宇：《举报投诉人行政诉讼原告资格探讨——兼论行政诉讼原告资格的判断方法》，载《法律适用》2019年第6期。

的知情权。

三是履行举报奖励告知的职责不到位。在执法实践中，举报人在举报违法线索的同时提出了奖励要求，有的监管机关在经过查证以后发现不存在违法行为，未向举报人告知是否有权获得奖励；有的监管机关对举报内容查证属实并最终对被举报人作出了行政处罚，但未对举报人进行奖励。

（2）规范投诉举报处理程序的建议。

上述问题的出现引发了诸多行政诉讼，对此，课题组建议从以下几个方面对此予以完善：

一是进一步完善投诉举报处理程序。监管机关应该细化投诉举报程序的操作规范，如做好投诉举报处理程序与行政处罚程序的衔接，明确监管机关告知投诉举报人处理结果的义务，细化投诉事项受理环节的相关规定，对受理期限、受理标准等作出明确规定等。

二是进一步保障投诉举报人的知情权。在投诉举报的处理过程中，应当及时将申请事项的受理（或不予受理）、管辖权的转移、经调查行政机关对申请事项的违法性判断结论（是否进入处罚程序）、涉及违法行为案件的行政处理结果以及投诉举报人是否符合获得奖励条件的认定等情况，向投诉举报人进行告知，充分保障投诉举报人的知情权和参与权，提高其参与社会治理的积极性和主动性，有效提升社会治理的效率。

3. 通信监管存在的问题与建议

（1）通信监管存在的问题。

通信管理类行政监管日益成为社会关注的热点，所引发的纠纷问题日益突出，主要问题集中在以下几个方面：

一是法律法规规范不完善。例如，在域名管理方面，域名停止接入、注销ICP备案仅有原则性条款规定，缺乏相应程序，落实困难；在移动终端方面，《移动智能终端应用软件预置和分发管理暂行规定》仅规定互联网信息服务提供者有登记义务，并未规定审查义务，与网信办发布的《移动互联网应用程序信息服务管理规定》不一致，且与移动App亟需行政监管的现实不相匹配。

二是监管权责不明晰。例如，在网络金融支付、借贷方面，投诉举报人对通信管理部门关于金融借贷网站的入网审核提出异议，由于通信管理部门与金融监管部门存在部分监管职责混同的现象，通信管理部门对于金融借贷网站承担何种审查义务界定不明。再如，投诉举报人对短信息服务提供者未经其同意擅自发送商业性短信能否适用《消费者权益保护法》进行规制、保护存在争议，且监管机构不明。

（2）针对通信监管的建议。

一是完善通信管理方面的法律法规。针对通信管理类中的法律空白和法律漏洞，监管机关与工信部、通信管理局等部门应进行研讨，完善相应程序和义务，适应不断发展的通信管理的需要。

二是明确行政机关职责划分。针对涉及金融监管、短信息服务领域行政机关职责不明的情况，应厘清现有法律规范中市场监督管理机关和通信管理机关、金融管理机关职责范畴，切实加强对于涉金融监管、短信息服务领域的监管，避免行政监管真空的情况，防止行政机关的扯皮推诿。

三是加强行政执法力量建设。加强对新形势下涉通信监管、金融监管等行政问题的梳理分析，采取有效措施加强教育培训，着力培养适应新形势下执法环境的行政管理人员，提升其对行政争议复杂性的认识能力，建立风险评估意识，提升降低行政争议可能产生风险的有效能力。

4. 新型行政监管模式和手段带来的问题以及规制

（1）新型行政监管模式和手段带来的问题。

为适应数字平台的不断发展，行政监管方式不断创新，出现了信用监管等新型行政监管手段和“双随机、一公开”、跨部门综合监管等监管模式，但新的监管手段和模式也带来了一些问题。

一是新型监管方式和监管模式缺乏详细的顶层设计。例如，关于随机监管的规则、标准和程序缺乏全国性的统一规范，造成各地区抽查程序和抽查标准不统一、执法随机性大等情况的发生；再如，信用监管中的失信联合惩戒行为更多依据地方政府的“红头文件”，惩戒权力设置不合理问题较为突出，难以承担起理顺权责边界、规范权力运行的责任。

二是难以建立有效的跨部门综合监管体制。我国的行政机关呈现条块化特点，难以适应数字时代的平台经济去中心化、跨地域的特点，在执法中，出现行业主管部门不明确、监管边界模糊、监管责任存在争议的问题，部分综合执法机构和职能部门的关系尚未理顺，在协调执法、信息共享等方面缺乏配合，造成了业务割裂的状态，影响着综合执法的成效。

三是新型监管手段缺乏有效规制。例如，监管机关通过信用等级评价机制，将加强执照审核力度与规制欠贷、遵守交通规则联系起来，实际上是将惩戒措施与没有实质关联或者关联性较弱的行政目的之间设立了关联，违反了行政法中的比例原则。

（2）新型行政监管模式和手段的规制措施。

一是加强新型监管方式和监管模式的顶层设计。统一“双随机”检查标准。规范计划制定工作程序，进一步明确意见听取等工作要求，吸收专家学者、检查对象代表等人员的意见，合理确定检查频次，增强抽查计划的科学性和可接受度。出台社会信用法等一般性法律，统一失信联合惩戒制度的范围、程序等问题。

二是畅通监管信息的共享机制。依托市场监管部门掌握的大数据，建立相应的公示系统和监管平台，整合行政机关、企业平台、社会大众等多方面监管力量，畅通监管信息的共享，形成监管合力。

三是进一步理顺重点领域牵头单位和协调单位的关系。建立健全各执法领域的信息共享和协作联动机制。各执法单位应合理划分职责权限，细化分工，防止产生相互推诿、监管真空等问题。同时，明确源头监管、后续监管、末端执法的界限，健全部门之间无缝对接的监管机制。

四是设置惩戒措施应遵循禁止不当联结原则及比例原则。在作出信用惩戒行为时应遵循比例原则的要求，将对行政相对人的损害控制在最小范围、最低限度内，实现行政目的与保障相对人正当权益之间的平衡。不得将与违法失信无关的因素纳入惩戒对象范围，也不得作为惩戒措施启动的原因，尽量避免或降低对当事人合法利益的过度限制。

（三）数字平台行政监管诉讼疑难问题及建议

数字平台的发展进一步激活了市场，但新情况的出现也给司法机关带来了挑战，既涉及传统行政诉讼领域的原告利害关系问题，也包括一些新的监管手段能否纳入受案范围等新问题。

1. 受案范围问题及建议

伴随《市场监督管理投诉举报处理暂行办法》《市场监督管理严重违法失信名单管理办法》《市场监督管理信用修复管理办法》《市场监督管理行政处罚信息公示规定》等部门规章、规范性文件的颁布实施，司法实践中对一些新行为的定性和可诉性产生了争议。

（1）要求行政机关对投诉履行调解职责的可诉性。

《市场监督管理投诉举报处理暂行办法》明确了投诉事项的处理程序，包括不予受理的情形、投诉受理与否的告知期限、调解的方式等。作为投诉处理程序中的行政调解是不是行政机关的一项法定职责，实践中却有不同观点。一种观点认为，根据《最高人民法院关于适用〈中华人民共和国行政诉讼法〉的解释》第一条第二款第二项的规定，调解行为不属于人民法院行政诉讼的受案范围，其中“调解行为”包括调解的全部过程。因此，要求行政机关对投诉履行调解职责不属于行政诉讼受案范围。另一种观点认为，调解的具体内容不具有可诉性，但是对于相对人提起的投诉，市场监管部门只有调解这一种处理方式，是否履行调解职责应该受到司法的审查。

对此，课题组认为，行政调解是在行政机关支持下，以争议双方自愿为原则，通过行政机关的调停、斡旋等活动，促成争议双方当事人达成和解的行政活动和方式。因行政机关在调解活动中始终坚持中立地位、未处分任何一方的权利和义务、调解协议不具备强制执行力且调解不具有限制人民法院对民事争议再行处理的特点，调解行为不具有可诉性。调解作为多元化解纠纷的渠道之一，亦是以双方当事人自愿为前提的，行政机关不进行处理，当事人可以通过诉讼等其他渠道寻求救济，并不对当事人的权利义务产生影响，因此，不属于行政诉讼受案范围。

（2）信用监管行为的可诉性。

根据《市场监督管理严重违法失信名单管理办法》和《市场监督管理信用修复管理办法》等规定，信用监管是一类行政管理方式的统称，包括信用惩戒行为、行政处罚公示、信用联合惩戒行为等。但是，关于信用惩戒的性质认定问题一直存有争议，主要表现为严重违法失信名单的列入、迁出（俗称“黑名单”行为）、“备忘录”（又称失信联合惩戒）行为的性质以及可诉性的问题，现行法律法规未予以明确，理论上则存在“行政处罚说”“行政事实行为”“部分行政处罚说”等不同的观点。①

对此，课题组认为，目前我国的信用管理法律体系建设尚不健全，为充分保护相对人的权利，应当出台位阶较高的法律对信用惩戒制度作出一般性的规定，对信用惩戒措施进行类型化梳理，如行政检查类的惩戒、限制奖励、给付类惩戒（如限制获得荣誉企业等）、行政许可类惩戒、行政处罚类惩戒，并赋予相应的救济渠道，从而弥补法律规范上的漏洞。实践中，对于信用惩戒措施，不能单纯凭借名称确定是否具有可诉性，而应该综合分析该信用惩戒措施的内容，看其是否对外发生法律效力，是否具有行政强制力，是否对相对人的权利义务产生了实际影响，即减损了其权利或者增加了其义务，必须对个案中的行政行为结合具体情况综合分析评判，避免“一刀切”。对于“黑名单”这类信用惩戒行为，课题组认为应将列入“黑名单”行为认为属于可诉的行政行为。列入“黑名单”的行为具有独立性和处分性。信用惩戒是基于基础行政行为尤其是行政处罚行为加以认定的，但是否列入“黑名单”并非一个自动的行为，需要行政机关加以判断、确认、公示，属于行政机关行使自由裁量权认定事实和适用法律的行为。② 列入“黑名单”的行为本身就是对惩戒对象行为的不利评价和公示，这种“再评价”和公示并非简单的行政处罚行为的重复，而具有新的行政监管意义。鉴于此，当事人对被列入、不予移出、不予解除“黑名单”的决定不服的，可以提起行政复议或诉讼。

（3）行政处罚决定信息公示的可诉性。

2021年修订的《行政处罚法》增加了行政处罚决定公开的内容，体现了行政处罚全流程公开的要求。该条款在实践中的落实，也会对行政处罚

---

① 孙媛：《行政失信惩戒法律性质探究》，载《黑龙江省政法管理干部学院学报》2021年第6期。

② 例如，《市场监督管理严重违法失信名单管理办法》第二条规定，从“较重行政处罚”角度对列入严重违法失信名单的范围进行了明确，而第五条到第十一条对列入“黑名单”的具体领域或情形作了具体的规定。所以，在此过程中，存在行政机关结合事实、适用法律的行为，而且该办法第十二条还将列入“黑名单”需要考量的因素进行了罗列，从另一方面表明，行政机关在监管的过程中具有行政裁量权。

的公民、法人或者其他组织带来影响。在实践中，对于行政处罚决定信息公示行为能否纳入行政诉讼受案范围存有争议。一种观点认为，行政处罚决定公开是对决定信息要素予以公布的行为，并不包含新的事实认定和法律适用，未对当事人设定新的权利义务，所以不属于行政诉讼受案范围。另一种观点认为，处罚决定的信息公开，对自然人或者公司的声誉、信誉造成了一定的负面影响，按照《行政处罚法》第四十八条第一款的规定，具有一定社会影响的行政处罚决定应当依法公开。法院应该对“一定社会影响”的合理性进行审查，公开须符合比例原则。

对此，课题组认为，处罚公示行为的独立性和对权利义务影响程度较弱，处罚公示虽然客观上会让社会公众了解到处罚相对人的违法行为，影响到与其缔约、合作的意愿，但公示行为并不包含设定权利义务的内容。因而，作为信用监管的处罚公示本质上是政府信息公开行为，法律性质上属于事实行为。市场监督管理领域，处罚公示应遵守《行政处罚法》第四十八条、《政府信息公开条例》、《市场监督管理行政处罚信息公示规定》等法律法规规章的规定要求。①

（4）要求履行撤回行政处罚决定信息职责的可诉性。

新修订的《行政处罚法》第四十八条增加了行政处罚决定公开的内容，同时也规定了公开的行政处罚决定被依法变更、撤销、确认违法或者确认无效的，行政机关应当在3日内撤回行政处罚决定信息并公开说明理由。对于行政处罚决定被依法变更、撤销、确认违法或者确认无效的，行政机关没有及时撤销的行为，公民、法人或者其他组织能否提起诉讼，实践中有不同的认识。有的观点认为，行政处罚决定的公示对被处罚人的权利是有影响，法律规定及时撤回的义务，就是为了保护被处罚人的声誉等权利，不撤回就属于未履行法定职责。有的观点认为，行政处罚决定公示实质上是信息公开行为，并不会对被处罚人产生权利义务影响，撤回或者不撤回也不会产生影响，所以不可诉。

对此，课题组认为，行政处罚决定公示实质上是信息公开行为，并不

① 许安标主编：《中华人民共和国行政处罚法释义》，中国民主法制出版社2021年版，第138~139页。

会对被处罚人产生权利义务影响，但是行政处罚决定被依法变更、撤销、确认违法或者确认无效的，意味着被处罚人的声誉将会受到原来不合法的行政处罚决定的影响。而且，《行政处罚法》第四十八条第二款也对行政机关课予了撤回义务，因此，要求履行撤回行政处罚决定信息职责具有可诉性。在市场监督管理实践中，我们建议，如果利害关系人认为公示的行政处罚信息不准确的，可以依照《市场监督管理行政处罚信息公示规定》第十二条要求予以更正；对更正等行为不服的，可再行提起复议或者诉讼。

2. 投诉举报的利害关系问题及建议

投诉举报制度的设立，为行政机关在维护社会公共秩序，履行法定职责等方面提供了一种渠道，同时也在一定程度上弥补了行政执法力量的不足。但是，大量投诉举报类案件进入了行政复议和行政诉讼之中，对于投诉举报人的利害关系，即原告资格的判断问题也带来了挑战。《最高人民法院关于适用〈中华人民共和国行政诉讼法〉的解释》第十二条第五项规定，为维护自身合法权益向行政机关投诉，具有处理投诉职责的行政机关作出或者未作出处理的，属于“与行政行为有利害关系”。但实践中关于投诉举报人的原告资格问题争议并没有平息，甚至出现了“自身合法权益”标准和“规范保护标准”两种不同的观点①。即使同采取“自身合法权益”标准，司法实务中也有各种不同的处理方法。例如，有观点一方面承认消费者的知情权与监督权受到行政举报处理与告知程序的保障，另一方面否认调查处理结果对举报人的“权利义务产生增减得失”。②

对此，课题组认为，通过司法政策明确投诉举报人原告资格的认定问题，仍存在很大的不确定性。司法实践中，有些法院根据举报人与不同类型的被诉行为之间的法律关系来判断其权益是否受到侵害，并产生了积极的效果。因此，我们可以从诉讼请求入手，结合行政机关的职责和投诉举报人起诉时基于的诉讼理由，查明投诉举报人与被诉行政行为之间的法律关系，行政机关的履责行为是否对投诉举报人造成不利影响分别阐明和裁

① 参见周雷：《投诉举报人原告资格认定的司法理性》，载《当代法学》2021年第3期。

② 参见伏创宇：《行政举报案件中原告资格认定的构造》，载《中国法学》2019年第5期。

判，具体举例如下：

一是对于要求履行答复义务的，投诉举报人与监管机关的答复行为具有利害关系。投诉举报人基于认为行政机关不答复、延期答复、拒绝答复的诉讼理由，请求法院判令被告履行答复职责，既可能是为了维护自身合法权益，也可能是为了维护公共利益，从程序意义上来讲，举报人都有权获得答复。对此，只要举报人实施了举报的行为，就具有原告的资格。

二是对于要求撤销已作答复并责令重新答复的，可再细分为两类：一类是针对答复行为程序违法的诉讼请求，另一类是针对举报事项处理行为的撤销行政处理决定并责令重新处理的诉讼请求。对于前者，因肯定了投诉举报人获得答复这一程序性权利，对此可以肯定投诉举报人具有原告资格。例如，法院有观点认为，原告主张被告超过法定期限针对举报事项作出答复，构成程序违法，请求撤销被告作出答复并责令重新答复。则此时该诉讼请求对应的被诉行政行为是程序性答复行为，故法院应当判定程序性答复行为与举报人之间的利害关系。① 对于后者而言，需要判断投诉举报人所针对的是答复行为还是行政机关的处理行为。如果针对的是答复行为，跟前面的审理保持一致即可；如果针对的是处理行为，则需要从监管机关的职责等角度进一步审查。

三是对于要求撤销行政处理决定并责令重新处理的诉讼请求，投诉举报人具有原告资格。这种诉讼请求是因为投诉举报人对于行政机关的处理行为不服，认为行政机关未依法处理的，包括确认行政机关的处理决定违法和撤销实体性答复并责令重作等几种情形。行政机关不作为或未认定投诉举报事项违法，才能够对投诉举报人产生不利影响。面对投诉举报人提供的违法证据线索，如果行政机关不作为或未认定投诉举报事项违法（如不予受理、不予立案、不予处罚、不予撤销行政许可、不予废标并重新招标等），意味着投诉举报人将无法以行政机关的处理决定推动自身所涉纠纷的最终解决，其自身合法权益仍将处于不确定状态。应当说，这对于投诉举报人权利义务的影响是直观的、持续的、不利的。投诉举报人据此提

① 参见广东省佛山市顺德区人民法院（2019）粤0606行初269号行政判决书。

起行政诉讼，请求行政机关履行法定职责，具有原告资格。[①] 行政机关认定投诉举报事项违法且作出处理决定，对投诉举报人不构成不利影响，应当认为不具有原告资格。

四是对于要求给予举报奖励的诉讼请求，需要结合监管机关的职责进行认定。如监管机关负有对举报属实的行为进行奖励的职责，对于举报人的举报，监管机关根据举报线索对违法行为作出处理的，还应该作出奖励。监管机关未作出奖励的，举报人起诉要求履行奖励职责的，举报人具有原告资格。因给予举报奖励是附条件的给付行政行为，还需要满足相应的条件，即举报事项成立且监管机关已作出行政处理，才有权获得奖励，否则因缺乏事实依据，应该驳回其诉讼请求。

3. 证据采纳认证问题及建议

（1）电子证据的采纳认证问题及应对。

电子化证据所引发人类证明制度的改革无疑是革命性的，对传统证据的冲击也必然是疾风骤雨式的。[②] 新业态经济下所衍生的诉讼，其证据多为电子证据、视听资料，其不同于实物、纸质证据。审判实践中易遇到如下问题：

一是电子证据的真实性审查较为困难。抠图、激光扫描等技术手段可以伪造授权材料，存储电子证据的方式存在入侵风险，电子化材料可以多次复制，真实性难以判断。二是电子证据的认定规则不完善。规则多集中于电子证据审查判断的要素，关于审查判断的尺度几乎没有规定或规定不够深入，给予审判人员较大的自由裁量空间，难以保障电子证据审查判断规则在司法实践中的统一适用。

对此，课题组建议：第一，要完善电子证据相关法律法规，从电子证据的来源、类别等各方面确立电子证据规范。第二，应进一步完善细化电子证据审查制度，规范收集准则和证据收集规则。第三，还要发挥司法解释对电子证据运用的指导作用。第四，审判人员要不断提升电子材料的鉴定能力，迅速适应新兴的变化。

---

① 参见周雷：《投诉举报人原告资格认定的司法理性》，载《当代法学》2021 年第 3 期。

② 何家弘：《电子证据法研究》，法律出版社 2002 年版，第 5~6 页。

（2）监管机关取证方法的司法审查问题及建议。

在司法实践中，行政相对人一般可能对作出行政处罚依据的事实问题，即抽样取证程序的合法性、抽样检验报告的科学性提出质疑，对于抽样检验报告的科学性的审查和抽取样本存在的问题能否代表全部样本存在的问题，则涉及司法审查的深度和裁量问题。

对此，课题组认为，法院审理行政案件，不仅要对被诉行政行为的合法性进行审查，还要对行政裁量是否明显不当进行审查。同时，作为司法机关，人民法院应该尊重监管机关在取证方法等程序上的专业性，在案件审理中要秉持谦抑的态度行使自己的审查权力。对于抽样检验报告的科学性问题，本质上属于专业技术认定的范畴，是检测人员根据检测样本的实际情况进行综合考量、科学分析、独立判断的结果。在没有证据证明检测机构、人员不具有资质，或者检测程序违法，或无证据足以推翻检测结论的情况下，法院对于专业技术机构对于技术问题的判定应当予以尊重。

三、结语

面对数字平台迅速发展带来的监管挑战，需要平台、监管机关、司法机关三方合力共同应对。平台要承担更多的社会责任，规范平台的自治行为和自治规则；监管机关应秉持包容审慎的态度，创新监管方式，提升监管水平；司法机关要充分发挥司法审判的规则引领作用，为统一法律适用提供标尺，为市场主体提供价值导向和行为指引。唯此，才能推动数字平台经济的健康可持续发展。

关于投诉举报类行政案件的司法统计分析

——以2018—2022年投诉举报类行政裁判文书为样本

北京市第四中级人民法院课题组

王同鑫*　于玮宁**

摘要：伴随行政举报制度的不断发展，投诉举报人群体日益壮大，因对行政机关投诉举报履行职责不服提起的行政诉讼案件也呈现“井喷式”增长。然而，在行政管理实践中，诸多行政法律规范及规范性文件并未对投诉人和举报人的概念进行区分。2018年2月新颁布的《最高人民法院关于适用〈中华人民共和国行政诉讼法〉的解释》第十二条第五项规定了投诉人在行政诉讼中起诉行政机关的原告资格，但是并未消解司法实践中对于投诉举报人原告资格认定的分歧，司法实践中呈现出“自身合法权益标准”和“规范保护标准”两种不同的观点。另外，近年来“职业投诉人”现象较为突出，对于食品药品、金融监管等领域大量的投诉举报案件，集中在“职业投诉人”引发的现象，按照目前的司法判断标准，其原告资格是成立的，造成诉讼空洞化、信访化的趋势。基于以上现状，对投诉举报类行政案件进行梳理并作出类型化分析，一方面具有法律价值，对此类案件原告资格的解释具有积极意义；另一方面，此类案件标准的确立，也有利于维护正常的行政管理秩序，将投诉举报引导到协助或督促行政机关处置社会失范行为的信息规制工具轨道上，可以提升行政监管的效能，创新

---

* 王同鑫，北京市第四中级人民法院审判管理办公室（研究室）法官助理。

** 于玮宁，北京市第四中级人民法院行政审判庭法官助理。

社会治理模式，从而推动社会治理模式的多元发展，为国家治理能力和治理体系的现代化建言献策。

一、投诉举报人原告资格认定的现状与问题

（一）涉投诉举报法律规范现状分析

1. 涉及投诉举报的法律现状

笔者以“北大法宝”作为数据来源库，以“投诉/举报”为关键词进行检索，共检索出包含投诉举报法条的、现行有效的法律96部，行政法规148部，司法解释29部，涉及包括环境资源保护、刑事犯罪、市场秩序维护、“老幼残”社会保障、食药卫生等各个领域（见图1）。

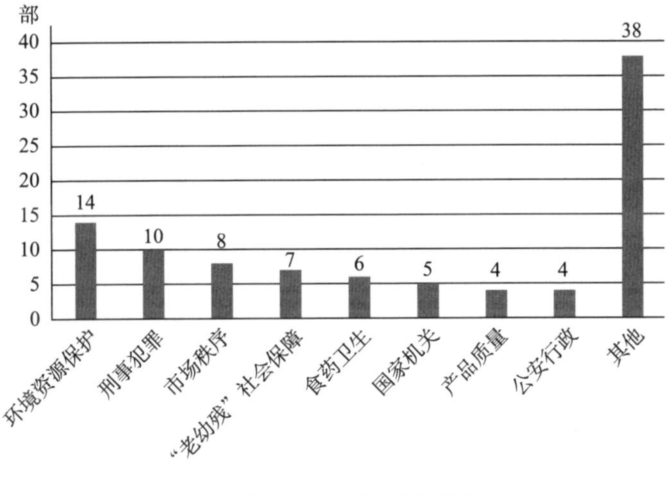

图1　各领域所涉及投诉举报法律数量

笔者对此进行统计之后，将涉及投诉举报的法律条文大致分为两类：一类是“投诉或者举报权”，即公民、法人或者其他组织具有投诉和举报的权利；另一类是“处理投诉或者举报的义务”，即行政机关接到举报或者投诉，应当及时依法处理的义务。在第二大类中又可以细分为法定的处理义务、“书面告知处理结果义务”① 和“给予奖励义务”。

① 《妇女权益保障法》第二十三条规定，禁止违背妇女意愿，以言语、文字、图像、肢体行为等方式对其实施性骚扰。受害妇女可以向有关单位和国家机关投诉。接到投诉的有关单位和国家机关应当及时处理，并书面告知处理结果。

2. 投诉举报人原告资格规范现状

投诉举报人原告资格规范条文见表 1。

表 1　投诉举报人原告资格规范条文

规范名称	时间	条文内容
《行政诉讼法》	1989 年 4 月 4 日	第二条、第二十四条第一款、第二十七条、第四十一条第一项[1]
《最高人民法院关于执行〈中华人民共和国行政诉讼法〉若干问题的解释》（法释〔2000〕8 号）	2000 年 3 月 10 日	第十三条[2]
《行政诉讼法》	2017 年 6 月 27 日	第二十五条第一款[3]
《最高人民法院关于适用〈中华人民共和国行政诉讼法〉的解释》（法释〔2018〕1 号）	2018 年 2 月 8 日	第十二条第五项[4]
最高人民法院（2013）行他字第 14 号《关于举报人对行政机关就举报事项作出的处理或不作为行为不服是否具有行政复议申请人资格问题的答复》	2014 年 3 月 14 日	根据《行政复议法》第九条第一款、《行政复议法实施条例》第二十八条第二项的规定，举报人为维护自身合法权益而举报相关违法行为人，要求行政机关查处，对行政机关就举报事项作出的处理或者不作为行为不服申请行政复议的，具有行政复议申请人资格。
最高人民法院（2016）最高法行他 145 号《关于发展改革部门项目审核批复行政案件原告资格问题的答复》	2017 年 6 月 14 日	行政机关作出被诉行政行为时所适用的行政实体法律规范，是否要求行政机关考虑、尊重和保护原告诉请保护的权利和利益，是判断利害关系的标准之一。
《最高人民法院关于进一步保护和规范当事人依法行使行政诉权的若干意见》	2017 年 8 月 31 日	第十三条[5]

注：〔1〕《行政诉讼法》（1989 年）第二条规定："公民、法人或者其他组织认为行政机关和行政机关工作人员的具体行政行为侵犯其合法权益，有权依照本法向人民法院提起诉讼。"第二十

四条第一款规定："依照本法提起诉讼的公民、法人或者其他组织是原告。"第二十七条规定："同提起诉讼的具体行政行为有利害关系的其他公民、法人或者其他组织，可以作为第三人申请参加诉讼，或者由人民法院通知参加诉讼。"第四十一条第一项规定："原告是认为具体行政行为侵犯其合法权益的公民、法人或者其他组织。"

〔2〕《最高人民法院关于执行〈中华人民共和国行政诉讼法〉若干问题的解释》（法释〔2000〕8号）第十三条规定："有下列情形之一的，公民、法人或者其他组织可以依法提起行政诉讼：（一）被诉的具体行政行为涉及其相邻权或者公平竞争权的；（二）与被诉的行政复议决定有法律上利害关系或者在复议程序中被追加为第三人的；（三）要求主管行政机关依法追究加害人法律责任的；（四）与撤销或者变更具体行政行为有法律上利害关系的。"该司法解释已于《行诉解释》施行后废止失效。

〔3〕《行政诉讼法》（2017年）第二十五条第一款规定："行政行为的相对人以及其他与行政行为有利害关系的公民、法人或者其他组织，有权提起诉讼。"

〔4〕《最高人民法院关于适用〈中华人民共和国行政诉讼法〉的解释》（法释〔2018〕1号）第十二条第五项规定："有下列情形之一的，属于行政诉讼法第二十五条第一款规定的'与行政行为有利害关系'：……（五）为维护自身合法权益向行政机关投诉，具有处理投诉职责的行政机关作出或者未作出处理的。……"

〔5〕《最高人民法院关于进一步保护和规范当事人依法行使行政诉权的若干意见》第十三条规定，当事人因投诉、举报、检举或者反映问题等事项不服行政机关作出的行政行为而提起诉讼的，人民法院应当认真审查当事人与其投诉、举报、检举或者反映问题等事项之间是否具有利害关系，对于确有利害关系的，应当依法予以立案，不得一概不予受理。对于明显不具有诉讼利益、无法或者没有必要通过司法渠道进行保护的起诉，比如当事人向明显不具有事务、地域或者级别管辖权的行政机关投诉、举报、检举或者反映问题，不服行政机关作出的处理、答复或者未作处理等行为提起诉讼的，人民法院依法不予立案。

我国行政诉讼原告资格判断的客观标准经历了最初的"直接利害关系人"标准、2000年"法律上利害关系"标准以及现行的"利害关系人"标准的发展演变过程。① 2018年《最高人民法院关于适用〈中华人民共和国行政诉讼法〉的解释》通过"列举+兜底"的方法规定具有"利害关系"的情形。与以往的司法解释相比，该司法解释增加了举报投诉人的原告资格，同时规范了精细化法律用语，为司法实践中判断利害关系人原告资格提供了一定的支撑。但是，《行政诉讼法》及其配套司法解释并未对

① 黄润秋：《举报答复行为可诉性的类型分析》，载《法治研究》2017年第4期。

"利害关系"内涵及判断方法进行明确界定。

(二) 投诉举报原告资格司法案例统计

笔者以"中国裁判文书网"作为数据库，以"投诉/举报/原告资格"作为关键词，检索2018年1月1日至2022年12月31日审结裁判文书，共检索出裁判文书1367份。① 笔者希望能够从这些公开的法律文书中发现法官判断行政举报案件原告资格的总体状况。因此，本部分对该阶段的案件数量状况、涉及的领域、裁判文书的案由分布、裁判类型等数据进行了分类整理与统计，以期用图表的形式来直观地展现出司法实践中对行政举报案件原告资格的审查状况（见图2至图5）。

1. 投诉举报类行政案件数量现状

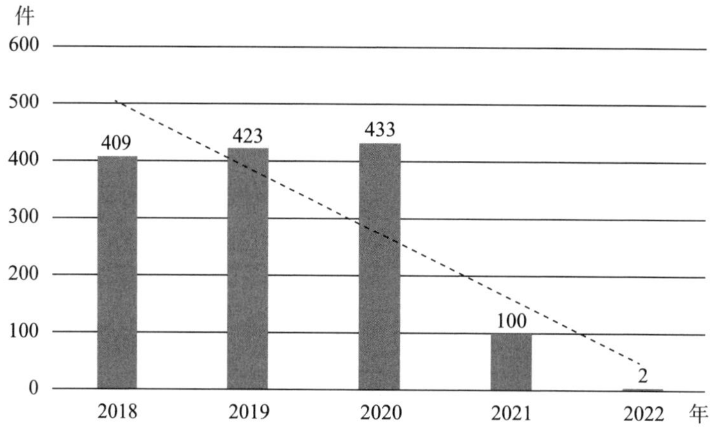

图2　2018—2022年投诉举报类行政案件数量统计

由图2可以得知，2018—2020年投诉举报类行政案件的数量保持着较为稳定的态势，直到2021年投诉举报类案件数量才急剧下滑。就整体趋势而言，投诉举报类行政案件数量呈下降趋势。值得注意的是，2022年由于法院裁判文书的公开存在限制，样本数据存在不科学性，就笔者所在的法院所接触的投诉举报类案件数量并未减少到个位数的情况。

① 案件数据来源于中国裁判文书网，https://wenshu.court.gov.cn/，2022年3月1日访问。

2. 2018—2022 年投诉举报类行政案件涉及领域

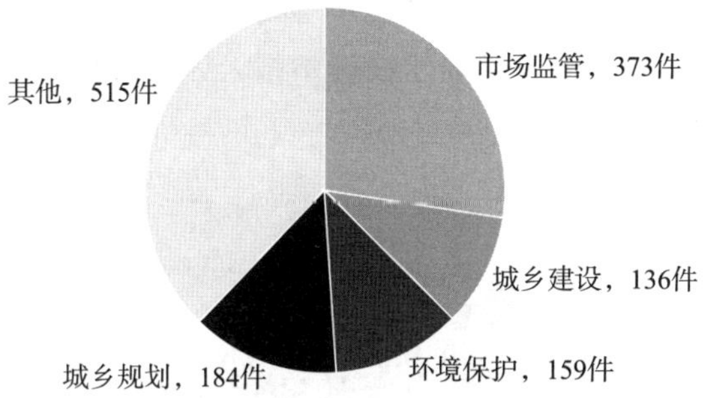

图 3　2018—2022 年投诉举报类行政案件涉及领域

行政举报类诉讼涉及市场监管、城乡建设、城乡规划、环境保护、民政、公安等众多领域，涉及面十分广泛。其中，又以市场监管和城乡规划管理领域居多。

3. 2018—2022 年投诉举报类行政案件实体审查情况

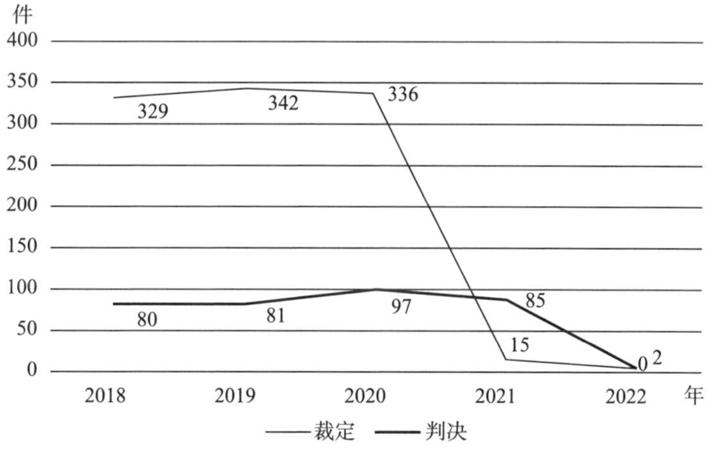

图 4　2018—2022 年投诉举报类行政案件实体审查情况

从图 4 可以看出，2018—2020 年投诉举报类案件实体审理的数量整体保持平稳。

4. 投诉举报人原告资格判断标准分析

为探索司法实践中对于投诉举报人原告资格的认定问题，笔者对选取上述样本案例中 2019—2021 年的裁判文书作为样本，在对 958 份文书中的重复案件和无效案件进行剔除之后，获得样本数据 328 件。其中，最高院裁判文书 8 份，高院裁判文书 77 份，中级法院裁判文书 243 份。对这 328 份裁判文书进行分析，各法院对于投诉举报人原告资格所采取的判断标准情况如图 5 所示。

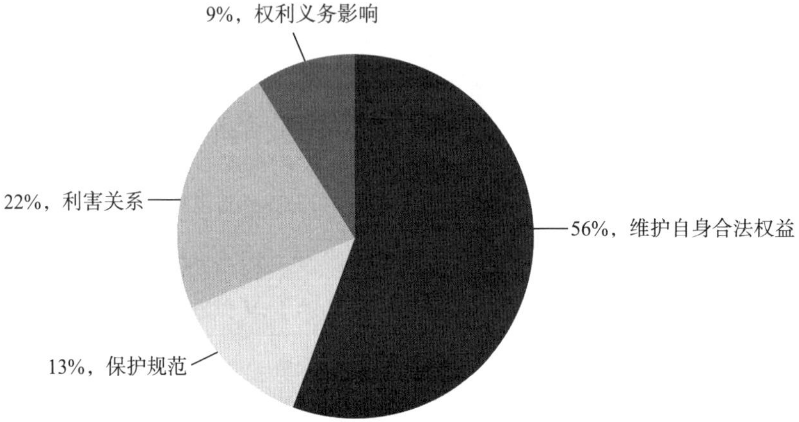

图 5　2019—2021 年投诉举报人原告资格判断情况

二、投诉举报类行政案件司法审查存在的问题和原因

（一）投诉举报类行政案件司法审查存在的问题

通过对上述样本案例的分析，我们发现，司法实践中对于投诉举报人原告资格的认定并不统一，存在种种问题。

1. 投诉和举报概念混淆

在日常用语中，“投诉”被定义为向有关部门揭发控诉他人的违法违章行为①，或定义为把自己遭遇纠纷和受侵害的经过，向有关部门反映并要求处理的行为②。“举报”被定义为公民或法人对违反国家法律、法规以及国家有关政策的人和事，向有关国家机关和部门揭露、揭发的行为③。由此可见，日常用语中的“投诉”和“举报”概念存在交叉重叠、混淆不

① 参见任超奇：《新华汉语词典》，崇文书局 2006 年版，第 887 页。

② 参见刘树孝：《法律文书大词典》，陕西人民出版社 1991 年版，第 347 页。

③ 参见陈光中：《中华法学大辞典诉讼法学卷》，中国检察出版社 1995 年版，第 301 页。

清的问题。

司法实践中，也有对“投诉”和“举报”区分之意。《最高人民法院行政法官专业会议纪要》中对投诉和举报进行了规范。公民、法人或者其他组织认为第三人实施的违法行为侵犯自身合法权益，请求行政机关依法查处的，属于《最高人民法院关于适用〈中华人民共和国行政诉讼法〉的解释》第十二条第五项规定的投诉。投诉人与行政机关对其投诉作出或者未作出处理的行为有法律上的利害关系。公民、法人或者其他组织认为第三人实施的违法行为侵犯他人合法权益或者国家利益、社会公共利益，请求行政机关依法查处的，属于举报。举报人与行政机关对其举报作出或者未作出处理的行为，无法律上的利害关系。

但管窥司法实践案例可知，“投诉”与“举报”的认定标准却较为混乱。例如，最高人民法院在“闫某旺、闫某广再审审查与审判监督案”[①]中，认为“闫某旺等5人与1024号函明显不具有利害关系，显然是以申请复议方式进行投诉举报。复议机关作出不予受理决定，实质上是对投诉举报的不予处理行为。”即使是最高院，对于投诉、举报概念也没有一个明确的概念区分，所以，很难直接从投诉举报字面上的意思对其进行界定和区分，这种概念上的模糊性使得以此为区分构建原告资格认定标准存在障碍。

2. 案件说理混乱：受案范围、原告资格交叉

在上文所提的328份裁判文书中，笔者经过分析发现，对于投诉举报类案件进行审理时主要有两种方式：第一种是从受案范围角度进行分析，法院以投诉举报处理对原告的权利和义务能否产生影响，从而判断是否属于受案范围。例如，在（2020）沪03行终570号行政裁定书中，法院认为“上诉人举报事项以及被上诉人长宁监管局所作不予立案决定，均不对上诉人的权利义务产生实际影响，均不属于人民法院行政诉讼的受案范围”；第二种是从原告主体资格角度进行分析，判断案件是否符合起诉条件，从而决定案件是否能够进入实体审理阶段。

① 参见“闫某旺、闫某广再审审查与审判监督案”，最高人民法院（2020）最高法行申8645号行政裁定书。

即便同是对受案范围的审查上，司法实践中也有不同的观点。就举报答复行为的可诉性而言，有观点认为，举报答复行为不直接针对相对人自身的权益，仅为观念通知类的行政事实行为，因不具有行政法律行为属性而不应该纳入受案范围；也有观点认为，其符合行政行为标准，属于行政法律行为，可以接受司法审查。而在对投诉举报人原告资格进行审查时，主要有两种思路：其一，利害关系标准；其二，保护规范标准。例如，在（2020）皖13行终140号行政裁定书中，法院认为“《调查回复》并非维护王某等人的个体权益，对王某等人亦不创设或者确立新的权利义务，与王某等人并不具有法律上的利害关系，故王某等人并不具有本案的原告主体资格”。有的案件中，法院综合运用了受案范围和原告资格两种对于起诉条件的判断方式，以求说理更加充分。

3. 原告资格判断标准二元化

如上所述，从原告资格角度进行分析，主要有两类标准：其一，利害关系标准；其二，保护规范标准。其中，前者是我国本土的研究成果，并为司法解释、指导案例所肯认，属于审判实践中的主流观点；后者则属源自大陆法系国家和地区的理论通说，在“刘某明诉张家港市人民政府再审申请案”① 中，法官指出“只有主观公权利，即公法领域权利和利益受到行政行为影响，存在受到损害可能性的当事人，才与行政行为具有法律上利害关系”，“将当事人是否具有法律保护的权益，作为判断当事人是否具有原告主体资格的重要标准”，非常明确地将主观公权利和保护规范理论引入了中国的审判实践。这丰富了行政诉讼中原告资格的判断标准，但是却导致实践中判断标准不统一，甚至出现类案不同判的情形。

（二）投诉举报类行政案件司法审查问题频发原因

1. 投诉举报立法规定缺失

我国没有统一的举报法律制度，关于举报制度的规定散见在食品药品、工商、税务等特定行政管理领域的部门规章或是规范性文件中，由于缺乏上位法的“伞型涵摄”，其法律框架呈现碎片化的样态。关于举报制

① 参见“刘某明诉张家港市人民政府再审申请案”，最高人民法院（2017）最高法行申169号。

度的法律条文零散模糊，基本明确受理举报事项的行政机关依法负有告知、反馈、奖励和保护举报人的义务和职责。该类法规主要由举报权、答复义务和奖励条款构成，但是，对于举报人不服答复行为或者行政处理行为的救济规定，仅在《行政复议法》第九条第一款、《行政复议法实施条例》第二十八条第二项中有所窥见，对于司法救济制度缺乏系统规定。立法的缺失也进一步导致司法审判认知的“各自为政”。因为缺乏法律规定的统一指引，法官在审查案件时全凭自身对于法律的理解，导致司法审查标准的不统一。

2. 利害关系标准的含混不清

在我国行政诉讼法研究领域内，利害关系是非常重要的一个概念，它是判断第三人是否具有提起行政诉讼原告资格的标准。但如何理解“与行政行为有利害关系”，在理论界和实务界均有不同的认识。在司法实践中对于利害关系的具体认定进行说理较少，寥寥数语即认定原告不具有利害关系。如有法院观点认为，只要行政行为对起诉人的权利义务产生了实际影响，无论这种影响或利害关系是直接的还是间接的，起诉人即具有原告资格；有观点认为，利害关系是公民、法人或者其他组织的合法权益与行政行为之间存在的一种因果关系；还有观点认为，利害关系指的是第三人对行政行为的标的享有合法权益，行政行为侵犯了该权益，第三人因此与行政行为形成法律上的利害关系。而学界纷纭的观点无助于法院在具体案件中准确把握立法本意，判断第三人是否具有原告资格。在投诉类行政案件中，情况尤为特殊。投诉人与行政机关对被投诉人作出的行政处理决定之间是否具有利害关系仍然莫衷一是，导致不同的法院作出截然不同的裁判。

3. 投诉举报行为与要求行政机关保护人身权、财产权等合法权益的法定职责之间模糊不清

投诉举报行为并非一个法律规范上的概念，其实质上是要求行政机关对于投诉举报人的投诉举报事项进行处理，其中既有保护投诉举报人的意思表示，也有维护公共利益或者秩序的意思表示。从行政机关履责角度来讲，行政机关履责包括主动履责和依申请履责两种方式。《行政诉讼法》

将“申请行政机关履行保护人身权、财产权等合法权益的法定职责，行政机关拒绝履行或者不予答复的”的情形列入受案范围，而行政诉讼又以“自身利益”作为原告资格判断标准。这似乎造成了一种错觉：涉及“自身利益”的投诉举报即为要求行政机关依法履职，而不涉及“自身利益”的投诉举报则不属于该情形。是否能够从“申请行政机关履行保护人身权、财产权等合法权益的法定职责”这一条款中推理出投诉举报人提起行政诉讼所依据的主观公权利？如何明确界分上述规则各自的适用范围与所针对的不同情形，它们之间的关系是重叠、交叉抑或并列？面对规则中的模糊地带，恐怕不得不对司法解释进行再解释。

三、投诉举报人原告资格的理论探析

（一）投诉举报概念和性质厘清

关于投诉举报的概念，如前所述，“投诉”“举报”原本有其各自的含义。但从我国立法来看，“投诉”与“举报”的区分却并不明晰，仅在公私利益指向性较为明确的法律中，其条文或仅使用“举报（人）”，或仅使用“投诉（人）”，但在占立法绝大部分的公私利益指向较为混合的法律中，“投诉（人）”与“举报（人）”往往会混合使用。虽然司法领域想要对此进行区分，但是效果并不显著。市场监督管理部门等执法机关也倾向于区别看待，但是这种划分也引起了投诉举报人的不理解，从而不断提起行政复议或者行政诉讼。投诉举报在逐渐成为一个通俗用词的情况下，再做严格的区分不具有现实可行性。因此，本文对于投诉举报的使用也和最高院在法律文书中的使用保持一致，将投诉举报相关的行政诉讼案件的原告资格问题作为一个整体进行研究。

关于投诉举报权的性质问题，在司法实践中，很多当事人针对投诉举报行政机关未做处理的行为提起诉讼的请求权依据即为“申请行政机关履行保护人身权、财产权等合法权益的法定职责，行政机关拒绝履行或者不予答复的”，由此自然产生了疑问：投诉举报权是否等同于人身权、财产权等合法权益，还是投诉举报仅仅是为了保护人身权、财产权等权益的一种方式？关于投诉举报权，理论界也存在不同的观点：第一，作为一种法律技术性权利。根据此观点，在一些场合，法律规定行政机关的处理职责仅仅是为维护公共利益，没有保护个人利益的目的，此时若赋予投诉举报人向行政机关请求为特定行为的“主观权利”，则行政机关没有相对应的义务与之匹配，权利义务的一致性被割裂。[①] 故而，投诉举报人进行投诉举报的权利不可能是“主观权利”，但其寻求救济的权利属于“主观权利”范畴。第二，单纯的程序性权利。这种观点认为，所谓进行投诉举报的权利实际上是投诉举报人应当获得行政答复的权利，该权利仅限于程序，而无关处理实体，投诉举报人不能因为对行政机关的不处理决定或者作出的处理结果不服而对行政答复提起诉讼。第三，涵盖实体权利与程序权利的投诉举报请求权。从投诉举报人自身的主观目的上进行分析，投诉举报人无非是“为维护自身权益”或者“要求追究加害人的法律责任”而向行政机关进行投诉举报。投诉举报请求权是一种“行政基础性请求权”，是通向行政救济渠道的桥梁和纽带，行政机关对于投诉举报事项负有给予答复的义务。若行政机关未予处理或未依法处理，则产生行政救济性请求权，当事人可依该权利提起诉讼。[②] 笔者赞成第三种观点，将投诉举报人进行投诉举报、要求获得符合法定程序的答复的权利界定为行政基础性请求权，避免纯粹程序化的倾向。行政机关对投诉举报事项未依法正确进行实体处理引发的行政诉权问题则由行政救济性请求权解决，进而实现二者的有效衔接。不可否认，公民的举报投诉是为行政机关提供违法线索，有助于行政机关及时发现违法案件，敦促行政机关积极履行法定职责，保护民众合法权益免受违法行为侵害的重要途径，也是公民参与国家行政管理，影响、协助、监督行政权依法有效行使的重要渠道和权利。受举报机关对投诉举报事项的处理给予书面答复的权利，这其实是一种监督行政机关依法行使职权的适当方式，既避免过分介入公益事务，又对行政机关有所督促。[③]

① 黄锴：《行政诉讼中举报人原告资格的审查路径——基于指导案例77号的分析》，载《政治与法律》2017年第10期。

② 程琥：《行政法上请求权与行政诉讼原告资格判定》，载《法律适用》2018年第11期。

③ 霍振宇：《举报投诉人行政诉讼原告资格探讨——兼论行政诉讼原告资格的判断方法》，载《法律适用》2019年第6期。

（二）投诉举报处理职责的判断

在肯定了行政机关答复的义务之后，投诉举报人如对行政机关处理或者未作处理不服提起行政诉讼，是否就当然具有原告的资格了呢？笔者认为，还需要从法院审查起诉条件的思路着手。投诉举报人进行投诉举报，并不意味着行政机关就有处理的义务，还需要考虑行政机关是否依法具有处理投诉举报事项的职责。学者在研究“行政不作为”理论时，将作为义务的来源分为法律规范、行政规范、行政行为、行政契约、先行行为五类，并认为作为义务应当是一种现实而非抽象、特定而非一般的义务。[①]行政投诉举报制度中行政机关依法履行行政职责，乃是一种对于具体行政职责的履行，这种履行乃是依法行政的基本要求。行政诉讼之中对于依法履职的判断也需要以具体行政职责为判断前提。在确定行政机关具有具体行政职责的情况下，则需要考虑行政机关的履责和投诉举报人是否具有直接关联，即行政机关是否具有直接针对或有助于举报投诉人的保护、救助措施、手段。如履行紧急救助义务[②]、有针对性的责令改正[③]、责令赔偿损失、责令限期缴纳并补足社会保险费[④]等，能够现实有效保护举报投诉人人身权、财产权等合法权益免受侵害或减少损害。[⑤] 只有行政机关的履责行为和投诉举报人的合法权益建立起直接的联系，行政机关不履行职责的行为可能减损投诉举报人的权利或者加重其义务才具有原告的资格。

（三）投诉举报人原告资格采“合法权益”还是“保护规范”标准

2017年，第三巡回法庭审理的“刘广明案”首次适用了保护规范理论，用以解决当事人的复议申请人资格问题。然而，无论是在德国还是理

---

① 章志远：《司法判决中的行政不作为》，载《法学研究》2010年第5期。

② 如《人民警察法》第二十一条规定：“人民警察遇到公民人身、财产安全受到侵犯或者处于其他危难情形，应当立即救助。”

③ 如根据《产品质量法》第二十八条的规定，产品质量监督部门或工商行政管理部门责令销售者改正的目的在于督促其对产品购买者购买的产品进行修理、更换、退货或赔偿。类似规定还有《消费者权益保护法》第五十八条第八项。

④ 如《社会保险法》第八十六条规定：“用人单位未按时足额缴纳社会保险费的，由社会保险费征收机构责令限期缴纳或者补足。”

⑤ 霍振宇：《举报投诉人行政诉讼原告资格探讨——兼论行政诉讼原告资格的判断方法》，载《法律适用》2019年第6期。

论继受国家，保护规范理论自诞生至今一直受到批评和质疑。除保护规范理论的共性局限外，保护规范理论在我国投诉举报类行政案件适用过程中还产生了新问题，不仅在理论适用上“水土不服”，还造成了某些正当的、应受保护的利益被排除在外。[①] 保护规范理论的适用逻辑，要求当事人具备请求权基础，进而要求存在一个行政法实体规范作为行政行为的依据。而在我国，立法机关在立法过程中还没有形成通过公法规范赋予公法权利的定型化观念与意识。[②] 行政活动据以作出的实定法依据在许多情形下并不必然存在于保护规范理论所认可的规范当中。实践中，行政活动的依据不仅有法规范，还有通过“三定方案”、党政机关联合制定的规范性文件、上级机关的授权、行政指导、行政协议等方式确定的法定职责。因此，在实定法依据缺位的情况下，如果教条地援用保护规范理论，投诉举报人的诉求就难以转化为法律上保护的利益，就不能成为行政决定的考虑事项，也就失去了请求权基础；即便落入行政机关的职责范围，主观公权利的判断也存在困境，行政机关乃至法院可轻易将相应职责解释为反射利益，从主观上排除保护私益的目的。这必然导致大量不直接规定保护私人利益的规范，都被解释为投诉举报人不享有主观公权利。[③] 我国行政诉讼原告的范围主要限定在私益受损之当事人，这恰恰体现出行政诉讼首先作为主观诉讼的性质和特征。在这一前提下，投诉举报人原告资格就不会偏离主观诉讼这一基本定位，更与客观诉讼、公益诉讼无关。因此，就没有理由脱离判断原告资格的一般标准而另起炉灶。[④]

通过前文的阐述，只有行政机关对投诉举报同时承担受理和处理职责时，才能够考虑行政机关的答复和处理行为是否能够对投诉举报人产生影响。行政机关不作为或未认定投诉举报事项违法，才能够对投诉举报人产生不利影响。一个理性的投诉举报人提起行政诉讼，目的无外乎是实现法

---

① 周雷：《投诉举报人原告资格认定的司法理性》，载《当代法学》2021 年第 3 期。

② 霍振宇：《举报投诉人行政诉讼原告资格探讨——兼论行政诉讼原告资格的判断方法》，载《法律适用》2019 年第 6 期。

③ 成协中：《保护规范理论适用批判论》，载《中外法学》2020 年第 1 期。

④ 霍振宇：《举报投诉人行政诉讼原告资格探讨——兼论行政诉讼原告资格的判断方法》，载《法律适用》2019 年第 6 期。

律争议的实质性解决。具体来说，面对投诉举报人提供的违法证据线索，如果行政机关不作为或未认定投诉举报事项违法（如不予受理、不予立案、不予处罚、不予撤销行政许可、不予废标并重新招标等），意味着投诉举报人将无法以行政机关的处理决定推动自身所涉纠纷的最终解决，其自身合法权益仍将处于不确定状态。应当说，这对于投诉举报人权利义务的影响是直观的、持续的、不利的。投诉举报人据此提起行政诉讼，请求行政机关履行法定职责（如作成处罚），具有原告资格。行政机关认定投诉举报事项违法且作出处理决定，不构成不利影响。一般来讲，被投诉举报人的行为一旦定性为违法并受处理，行政机关的答复就被视为已适当履行相应职责。如果投诉举报人不服处理结果，请求行政机关继续或重新履行法定职责的（如请求加重处罚），无论行政机关是否继续或重新作出处理，以及法院是否要求行政机关继续或重新作出处理，都无法改变投诉举报人的合法权益已经恢复到初始状态的客观事实，也不会影响其通过其他法定救济途径解决民事争议。至于对被投诉举报人处罚的数额多寡和程度强弱，属于行政裁量的范围。投诉举报人既然选择投诉制度，亦应尊重行政机关的自由裁量权。以报复等非理性目的起诉的，不享有申请法院作出本案裁判的诉权。[①]

四、不同类型诉讼请求的原告资格认定

通过司法政策明确原告资格的认定问题，仍存在很大的不确定性。司法实践中，已经有意识地根据举报人所诉的行为类型来区分举报人权益受侵害的可能性。例如，有观点一方面承认消费者的知情权与监督权受到行政举报处理与告知程序的保障，另一方面否认调查处理结果对举报人的“权利义务产生增减得失。”[②] 还有的区分举报人主张保护的具体权益类型，“上诉人称影响其举报奖励利益，该利益属于期待利益，不属于实际已经发生的利益，故被诉告知书对上诉人的权利义务不产生实质影响”，进而指出行政机关对举报的不予立案决定不具有对举报人获得奖励权益侵害的

① 周雷：《投诉举报人原告资格认定的司法理性》，载《当代法学》2021年第3期。

② 河南省郑州市中级人民法院（2018）豫01行终第511号行政裁定书。

可能性。本文提出应当从诉讼请求入手，结合行政机关的职责和投诉举报人起诉时基于的诉讼理由，查明投诉举报人与被诉行政行为之间的法律关系，并针对行政机关的履责行为是否对投诉举报人造成不利影响分别阐明和裁判。

（一）要求履行答复义务的诉讼请求

投诉举报人基于认为行政机关不答复、延期答复、拒绝答复的诉讼理由，请求法院判令被告履行答复职责。举报本质上就是维护公共利益，行政机关能够通过公民的举报，扩大违法行为线索的获取路径，起到惩处违法行为，督促行政机关履行法定职责、依法行政、避免公民合法权益受到损害的作用。无论是为了维护自身合法权益举报的“私益举报人”，还是维护公共利益的“公益举报人”，二者都享有程序意义上的获得答复的权利。法院无须区分该案是属于公益举报还是私益举报，此时原告只要符合举报人的身份和条件，即享有原告资格。

（二）撤销已作答复并责令重新答复的诉讼请求

可按照其对应被诉行政行为划分为两类：针对答复行为程序违法的诉讼请求和针对举报事项处理行为的撤销行政处理决定并责令重新处理的诉讼请求。对于前者，因肯定了投诉举报人获得答复这一程序性的权利，所以对此可以肯定投诉举报人具有原告资格。例如，法院有的观点认为，原告认为被告超过法定期限针对举报事项作出答复，构成了程序违法，请求撤销被告作出的答复并责令其重新答复。此时，该诉讼请求对应的被诉行政行为是程序性答复行为，故法院应当判定程序性答复行为与举报人之间的利害关系。[①] 对于后者而言，需要判断投诉举报人所针对的是答复行为还是行政机关的处理行为，如果针对的是答复行为，跟前面的审理保持一致即可。如果针对的是处理行为，则需要从职责等进行审查。

（三）撤销行政处理决定并责令重新处理的诉讼请求

这种诉讼请求是因为投诉举报人对于行政机关的处理行为不服，认为行政机关未依法处理的，包括确认行政机关的处理决定违法和撤销实体性

① 参见广东省佛山市顺德区人民法院（2019）粤0606行初269号行政裁定书。

答复并责令重做等几种情形。行政机关不作为或未认定投诉举报事项违法，才能够对投诉举报人产生不利影响。面对投诉举报人提供的违法证据线索，如果行政机关不作为或未认定投诉举报事项违法（如不予受理、不予立案、不予处罚、不予撤销行政许可、不予废标并重新招标等），意味着投诉举报人将无法以行政机关的处理决定推动自身所涉纠纷的最终解决，其自身合法权益仍将处于不确定状态。应当说，这对于投诉举报人权利义务的影响是直观的、持续的、不利的。投诉举报人据此提起行政诉讼，请求行政机关履行法定职责，具有原告资格。行政机关认定投诉举报事项违法且作出处理决定，不构成不利影响。

（四）给予举报奖励的诉讼请求

当举报人认为自己已完成举报行为，有权要求行政机关基于相应的举报进行奖励，而行政机关拒绝给予奖励是不合法、不合理的，故请求法院判令行政机关履行奖励职责。这种情况还是需要从行政机关的法定职责进行审查，看是否具有给予举报奖励的职责。如果有相应的职责，则具有原告资格。因给予举报奖励是附条件的给付行政行为，还需要满足相应的条件，即举报事项成立且行政机关已作出行政处理。

理论前沿

国家治理现代化与行政审判体制改革①

——兼论跳出行政诉讼管辖改革周期率的因应之道

程　琥*

摘要：行政诉讼管辖制度是影响行政审判的重要决定因素，是行政审判体制改革的关键环节。为促进行政案件获得公正高效审判，行政诉讼管辖改革步伐始终没有停止。行政诉讼管辖改革在取得积极成效同时，也呈现出周期性上下移动、左右移动的变动现象。行政诉讼管辖改革是行政审判体制改革的重中之重，推进行政审判体制改革首先应当实现行政诉讼管辖改革的重大突破，而跳出行政诉讼管辖改革周期率的根本出路在于持续深化行政审判体制改革。从我国国情和发展阶段来看，推进行政审判体制改革的重点和难点，是打破现行司法管辖区与行政区划高度重合出现的行政诉讼管辖"主客场"现象。行政审判体制改革应当服从和服务于新时代中国特色社会主义发展的战略安排，紧紧围绕全面建设社会主义现代化国家新征程进行谋划和部署，行政审判体制改革可以按照行政案件跨区划集中管辖改革、跨行政区划法院改革、行政审判专门法院改革"三步走"战略目标来稳步推进。

引言　问题的提出

行政诉讼管辖制度是行政诉讼制度的重要基础，是行政审判体制改革

---

① 该文作于2021年。

* 程琥，原北京市第四中级人民法院副院长，现任北京市第一中级人民法院副院长，法学博士。

的关键，不仅决定着人民法院之间对审理第一审行政案件的工作分工，也决定着行政案件公正高效地审理。从我国行政诉讼制度创立以来，围绕行政诉讼管辖制度的探索实践始终没有停止。我国行政诉讼管辖制度是在参考和借鉴民事管辖制度的基础上确立了“原告就被告”的管辖原则。我国现行行政审判体制主要是以全国四级法院都设立行政审判庭为支点建立起来的制度体系。目前，全国四级法院行政审判庭根据案件重大、复杂程度的不同都有权管辖第一审行政案件。根据《行政诉讼法》的规定，行政案件由最初作出行政行为的行政机关所在地人民法院管辖。在现行行政审判体制下，“由于我国法院系统与行政区划一一对应，造成司法管辖区与行政管辖区高度重合，人民法院的人、财、物往往受制于地方政府。这样的体制下，人民法院难以抵御地方干预，使本应以维护法律统一性为首要任务的地方法院，极易蜕变成强调地方局部利益、可以置中央大政方针于不顾的‘地方的’法院”。[①] 并且，“在目前司法严重受制于行政的体制下，行政审判较之其他案件更容易受到行政干预，而行政审判庭只是法院内部的一个部门，在实践中，法院领导往往从整个法院与政府及其他机关的关系出发考虑行政审判，而难以把行政审判置于司法权对行政权的合法性监督的应有视角考虑，行政审判摆脱行政的干预在法院内部得不到足够的重视和支持”。[②] 基层法院审理以当地政府为被告的行政案件时，容易受到地方保护和行政干预的影响，在一些地方甚至出现了县法院审不了乡（镇）政府、县政府的窘境，行政诉讼一度出现立案难、审理难、执行难问题。为改变被告所在地法院管辖行政案件容易受到地方保护和行政干预的局面，人民法院探索通过行政案件纵向移动（如提级管辖）和横向移动（如异地管辖）两种方式，原来由被告所在地基层法院管辖的案件不再由其审理。应当说，这种优先考虑司法公正的行政诉讼管辖改革，在实现司法公正的同时，必然会出现大量案件向上级法院移动，一些基层法院无行政案

---

① 最高人民法院行政审判庭编：《行政诉讼跨区划管辖改革实践与探索》，人民法院出版社 2018 年版，第 3 页。

② 马怀德主编：《司法改革与行政诉讼制度的完善》，中国政法大学出版社 2004 年版，第 40~41 页。

件可办，而高级人民法院管辖的二审案件和最高人民法院管辖的再审案件大幅增加，案多人少的矛盾不断加剧等情况。为解决行政诉讼管辖改革给相关法院带来的办案压力，有的地方已经开始把由上级法院管辖案件交由下级法院管辖，把异地管辖案件交由原被告所在地法院管辖。行政诉讼管辖改革似乎陷入了“周期率”：当基层法院管辖案件受到地方保护和行政干预影响，难以公正审判时，推动案件向上移动或者平行移动；当上级法院或者异地法院难以承受急剧增长的案件压力时，又开始试图推动案件向下移动或向原地移动。从全国部分法院情况来看，这种状况已显端倪，特别是自2019年以来，已有多个高级人民法院下发文件，明确规定，由中级人民法院或者非被告所在地法院管辖的行政案件，由基层法院和原被告所在地法院管辖。纵观行政诉讼管辖改革历程，似乎并没有跳出“周期率”，行政案件在上下移动或者左右移动之后又回归原点，然后又开启新一轮的上下移动或者左右移动。这不得不引人思考，如何跳出行政诉讼管辖改革“周期率”，形成长期稳定的管辖格局。就战略高度和长远角度而言，行政诉讼管辖改革跳出“周期率”的根本出路和因应之道，在于持续深化行政审判体制改革，在服务保障党和国家重大战略、推进国家治理体系和治理能力现代化中找准行政审判职能定位。

一、推进国家治理现代化需要不断深化行政审判体制改革

作为“民告官”的行政审判制度，自1989年4月《行政诉讼法》颁布以来，在我国尽管起步较晚，但发展很快。在《行政诉讼法》的促动下，《行政处罚法》《行政复议法》《行政许可法》《行政强制法》等一系列行政法律制度相继建立起来。行政诉讼制度在推进国家治理体系和治理能力现代化建设中发挥了不可替代的重要作用，行政审判体制改革是推动国家治理体系和治理能力现代化的重要突破口。

（一）深化行政审判体制改革是坚持和完善中国特色社会主义制度、推进国家治理体系和治理能力现代化的内在要求

习近平总书记指出，“法治是国家治理体系和治理能力现代化的重要依托。只有全面依法治国才能有效保障国家治理体系的系统性、规范性、

协调性，才能最大限度凝聚社会共识”。[①] 作为“民告官”的行政审判制度是国家治理体系的重要组成部分，是符合国情、有效管用、人民拥护的重要的基础性法律制度，肩负着依法审理行政案件的重要职责，本质上是中国特色社会主义制度的司法表现形式。行政诉讼制度是保护人民群众合法权益、实现社会治理现代化的重要保障，是监督行政机关依法行政、助力法治政府建设的关键所在，是促进社会主义法制建设、全面依法治国的重要方面，也是巩固党的执政地位、实现国家治理体系和治理能力现代化的根本要求。作为“民告官”的行政诉讼制度在改革开放的大潮中应运而生，改革开放40多年来，行政诉讼制度走过了从无到有、由弱到强的创新发展之路。改革开放为行政审判健康发展创造了良好条件，行政审判发展又为巩固改革开放成果，深化改革开放提供了坚实的司法保障。[②] 中国特色社会主义越向更深层次发展，就越需要中国特色社会主义法治体系发挥更重要的推进和保障作用，也就越需要构建与坚持和完善中国特色社会主义制度相适应的行政审判体制。当前，要以构建公正高效权威的行政审判制度为目标，持续深化行政审判体制改革，为推进国家治理体系和治理能力现代化提供更加坚实的司法保障。

（二）深化行政审判体制改革是适应社会主要矛盾转化的重大举措

进入新时代，我国社会主要矛盾转化为人民日益增长的美好生活需要和不平衡不充分的发展之间的矛盾。人民在民主、法治、公平、正义、安全、环境等方面的需求日益增长，更加重视权利保障和维护合法权益，对人民法院公正高效化解行政争议提出了更高要求。行政诉讼制度是妥善处理人民内部矛盾的一种科学制度设计，是一部良法，在化解行政争议、密切官民关系、维护社会稳定方面发挥了重要作用。同时，不能忽视行政诉讼制度毕竟脱胎于计划经济时代，已经不能适应人民美好生活需要对行政审判提出的新要求。2015年全国法院实行立案登记制改革以来，尽管人民法院受理一审行政案件数量呈现上升态势，人民法院每年进入实体审理的

① 习近平：《坚定不移走中国特色社会主义法治道路，为全面建设社会主义现代化国家提供有力法治保障》，载《求是》2021年第5期。

② 程琥：《改革开放视域下行政审判创新发展》，载《中国法律评论》2019年第2期。

行政案件不到50%，有将近50%的行政案件法院以程序裁定不予立案、驳回起诉、同意撤诉或者按撤诉等方式结案。据统计，2018年全国法院受理一审行政案件268,224件，进入实体审理法院以判决方式结案117,666件，约占一审行政案件总数的43.9%；2019年全国法院受理一审行政案件279,574件，进入实体审理法院以判决方式结案136,134件，约占一审行政案件总数的48.7%。由于行政诉讼是解决行政争议的主渠道之一，大量行政争议难以进入实体审理，导致大量行政案件“案结事难了”，行政案件上诉率、申诉率高，服判息诉率低的状况普遍存在。[①] 尽管在全国法院审理案件总数中，行政案件占比在1.5%左右，但是每年行政案件上诉率在60%以上，申诉率通常在10%以上，行政案件上诉率、申诉率远高于民事、刑事、执行等其他案件的上诉率、申诉率。尽管出现这种状况的原因复杂，但其中一个重要因素是在现行行政审判体制下，行政审判容易受到地方保护和行政干预，行政案件公正审判有较大阻力。只有持续深化行政审判体制改革，彻底改变行政诉讼“主客场”现象，才能让人民群众在每一个司法案件中感受到公平正义，满足人民群众对美好生活的向往和期待。

（三）深化行政审判体制改革是坚持和完善中国特色社会主义法治体系的迫切需要

习近平总书记指出：“中国特色社会主义法治体系是推进全面依法治国的总抓手。要加快形成完备的法律规范体系、高效的法治实施体系、严密的法治监督体系、有力的法治保障体系，形成完善的党内法规体系。”[②] 中国特色社会主义法治体系贯通法治国家、法治政府、法治社会建设各个领域，涵盖立法、执法、司法、守法各个环节，涉及法律规范、法治实施、法治监督、法治保障各个方面。行政诉讼制度是我国民主法制进程中具有里程碑意义的重要制度创新，是法治建设状况的晴雨表，与中国特色社会主义法治体系密切关联。没有法治体系提供的良好环境、制度支撑和

① 程琥：《改革开放视域下行政审判创新发展》，载《中国法律评论》2019年第2期。

② 习近平：《坚定不移走中国特色社会主义法治道路，为全面建设社会主义现代化国家提供有力法治保障》，载《求是》2021年第5期。

有力保障，行政诉讼制度实施必将困难重重；行政诉讼制度是法治实施体系和法治保障体系的重要组成部分，坚持和完善中国特色社会主义法治体系要求行政诉讼制度不断健全和发展。行政诉讼在坚持和完善中国特色社会主义法治体系中具有重要功能，具体体现在行政诉讼对法律规范体系的反馈功能，对法治实施体系的评价功能，对法治监督体系的促进功能，对法治保障体系的支持功能，对党内法规体系的保障功能。① 在我国三大诉讼制度中，行政诉讼制度是能够链接法治国家、法治政府、法治社会建设各个领域，贯通法治体系各个方面的重要制度设计，行政审判体制作为行政诉讼制度的关键和基础，应当通过不断改革来积极适应中国特色社会主义法治体系的新要求。

二、行政案件管辖制度改革的探索实践与问题困难

我国现行审判体制在行政诉讼制度确立之初发挥了重要作用，随着经济社会发展，行政审判体制固有的缺陷和不足日益成为影响司法公正和制约司法能力的深层次问题。近年来，围绕行政审判体制改革的呼声日益强烈，实践中，以行政诉讼管辖改革为抓手探索推进行政审判体制改革，受到理论界和实务界的高度关注。不可否认，这些探索实践取得了积极成效，也面临一些困难和不足，亟待进一步深化改革。

（一）行政案件管辖制度改革的总体情况和成效

我国行政诉讼管辖制度是按照“原告就被告”原则确定的，即行政案件由最初作出行政行为的行政机关所在地人民法院管辖，这种管辖制度是在借鉴和适用民事诉讼管辖制度的基础上建立的。民事诉讼管辖是解决人民法院之间受理平等主体之间第一审民事案件的分工和权限。由于民事案件一般不牵涉地方利益和当地政府，无论是由被告所在地法院或者原告所在地法院管辖，案件审理不会受到地方保护和行政干预的影响，民事案件总体上能够获得公正审判。行政案件适用“原告就被告”的管辖原则时，由被告所在地法院审理第一审行政案件，由于法院人财物由地方政府保

---

① 程琥：《行政诉讼在法治体系建设中的作用》，载《学习时报》2015年1月26日，第10版。

障，一旦有的案件牵涉当地利益或者行政决策，就容易受到地方保护和行政干预的影响。因此，与民事审判体制相比，我国现行行政审判体制遭遇了全面性难题，概括起来是行政审判的地方化、行政化和职能弱化。[①] 结果就会出现行政诉讼立案难、审理难、执行难等突出问题，案件公正审判受到挑战。

由于行政诉讼管辖制度决定了全国四级法院对于第一审行政案件的管辖分工，关系到四级法院职能定位和审级设置，在最高人民法院的推动指导下，行政诉讼管辖制度改革得到地方法院的积极响应和深度参与，先后通过提级管辖、指定管辖、交叉管辖、异地管辖、集中管辖等多种方式，开展行政案件司法管辖区与行政区划适当分离的改革实践探索。为了促进行政案件公正审判，摆脱地方政府对行政审判的干预和影响，一方面通过提级管辖方式推动行政案件向上级法院移动，把原来由基层法院管辖的、以区县政府为被告的行政案件，调整为由中级人民法院管辖，这主要体现在最高人民法院 2000 年 3 月 8 日发布的《最高人民法院关于执行〈中华人民共和国行政诉讼法〉若干问题的解释》中，对 1989 年《行政诉讼法》规定的管辖制度进行调整和完善，明确把“被告为县级以上人民政府，且基层人民法院不适宜审理的案件”等案件作为“本辖区内重大、复杂的案件”。另一方面通过异地管辖方式推动行政案件向其他同级法院平行移动，将原由被告所在地基层法院管辖的案件，通过上级法院指定管辖的方式交由被告所在地之外的其他人民法院管辖。通过部分法院试点，最高人民法院于 2008 年 1 月 14 日发布《最高人民法院关于行政诉讼管辖若干问题的规定》，进一步把提级管辖和指定异地法院管辖作为行政审判抗干扰的主要方式。党的十八大以来，党中央对司法管辖制度高度重视，并作出顶层设计和改革部署。为加快推进和完善行政诉讼管辖制度改革，确保人民法院依法独立行使审判权，在总结各地试点经验基础上，2013 年 1 月 14 日，最高人民法院印发了《最高人民法院关于开展行政案件相对集中管辖试点工作的通知》，决定在部分中级人民法院辖区内开展行政案件相对集中管辖试点工作。“从整体上看，各地开展的相对集中管辖制度的改革试点总

① 黄学贤、李凌云：《我国行政审判体制改革的理论、进展及走向》，载《学习论坛》2020 年第 3 期。

体上是成功的，为建立我国行政诉讼集中管辖制度提供了宝贵的实践经验，为下一步行政诉讼管辖制度的改革和深入推进搭建了基本框架，开辟了崭新道路。”① 党的十八届三中全会提出“探索建立与行政区划适当分离的司法管辖制度”，党的十八届四中全会明确提出“探索设立跨行政区划的人民法院和人民检察院，办理跨地区案件”。为深入贯彻党的十八届三中、四中全会决定精神，在开展相对集中管辖试点工作的基础上，根据中央的改革部署，2014 年 10 月 16 日，最高人民法院下发了《关于开展铁路法院管辖改革工作的通知》，确定北京、上海、吉林、辽宁、江苏、陕西、广东 7 个省（市）在全国先期开展铁路法院管辖改革试点。根据中央的改革精神，2014 年 11 月 1 日，全国人大常委会修正《行政诉讼法》第十八条第二款规定：“经最高人民法院批准，高级人民法院可以根据审判工作的实际情况，确定若干人民法院跨行政区划管辖行政案件。”2014 年 12 月 2 日，中央全面深化改革领导小组第七次会议审议通过了《设立跨行政区划人民法院、人民检察院试点方案》，并指出：“探索设立跨行政区划的人民法院、人民检察院，有利于排除对审判工作和检察工作的干扰、保障法院和检察院依法独立公正行使审判权和检察权，有利于构建普通案件在行政区划法院审理、特殊案件在跨行政区划法院审理的诉讼格局。”最高人民法院制发了《关于北京、上海跨行政区划人民法院组建工作指导意见》。2014 年 12 月 28 日，上海市第三中级人民法院依托上海铁路运输中级法院挂牌成立，集中管辖以上海市人民政府为被告的一审行政案件和以市级行政机关为上诉人或者被上诉人的二审行政案件。同年 12 月 30 日，北京市第四中级人民法院依托北京铁路运输中级法院挂牌成立，集中管辖以北京市区（县）政府为被告的第一审行政案件。2015 年 2 月 4 日，最高人民法院发布《最高人民法院关于全面深化人民法院改革的意见——人民法院第四个五年改革纲要（2014—2018）》，明确提出：“将铁路运输法院改造为跨行政区划法院，主要审理跨行政区划案件、重大行政案件、环境资源保护、企业破产、食品药品安全等易受地方因素影响的案件，跨行政区划人民检察院提起公诉的案件和原铁路运输法院受理的刑事、民事案件。”

① 最高人民法院行政审判庭编：《行政诉讼跨区划管辖改革实践与探索》，人民法院出版社 2018 年版，第 11 页。

2015年6月17日，最高人民法院印发了《关于人民法院跨行政区域集中管辖行政案件的指导意见》，对全国各级人民法院跨行政区划集中管辖行政案件提出了具体指导意见，要求行政案件集中管辖改革以普通人民法院为主，同时，可以充分挖掘其他可利用司法资源，诸如铁路运输法院、林区法院、农垦法院、油田法院及开发区法院等的潜力；已经设立跨行政区划人民法院的北京、上海，可以逐步将行政案件向跨行政区划法院及两地铁路运输基层法院集中。2019年2月27日，最高人民法院印发《最高人民法院关于深化人民法院司法体制综合配套改革的意见——人民法院第五个五年改革纲要（2019—2023）》，明确提出："推动完善民事、行政案件级别管辖制度。""深化与行政区划适当分离的司法管辖制度改革。科学界定人民法院跨行政区划管辖案件的范围和标准，推动形成有利于打破诉讼'主客场'现象的新型诉讼格局。配合人民法院组织体系改革，推动整合铁路运输法院、林区法院、农垦法院等机构，进一步优化司法资源配置。""规范行政案件管辖机制，完善案件管辖标准及类型，优化行政审判资源配置。"2021年2月22日、3月1日最高人民法院审判委员会审议通过了《最高人民法院关于正确确定县级以上人民政府行政诉讼被告资格若干问题的规定》（法释〔2021〕5号）、《最高人民法院关于办理行政申请再审案件若干问题的规定》（法释〔2021〕6号），自2021年4月1日施行。上述规定为优化全国四级法院职能定位和审级设置，推动行政诉讼管辖制度改革提供了法律和政策依据。根据改革部署要求，全国各高级人民法院根据各自辖区实际情况和特点，主要通过探索设立跨行政区划法院集中管辖行政案件、依托铁路法院实施行政案件跨行政区划集中管辖以及在现有的普通法院行政审判庭体制内开展集中管辖改革三种模式开展行政案件跨区划集中管辖改革试点工作，取得了较丰富的改革经验和明显的改革成效。①

① 具体而言，试点成效主要包括：一是保证国家法律统一实施，推动中央政策落地生根；二是推动立案登记制改革取得实效，使"立案难"痼疾得到有效解决；三是以制度保障审判公正效果凸显，行政案件"审理难"问题得到明显改善；四是行政机关依法行政和应诉意识进一步增强，行政诉讼外部环境得到极大改善；五是行政诉讼队伍持续良性整合，行政审判专业化水平进一步提升；六是法律适用的统一性效果明显，行政审判质效进一步提升；七是司法环境进一步优化，司法公信力进一步增强。最高人民法院行政审判庭编：《行政诉讼跨区划管辖改革实践与探索》，人民法院出版社2018年版，第27~32页。

（二）行政案件跨行政区划集中管辖改革的问题困难

行政案件跨区划集中管辖改革是近年来全国法院普遍参与、涉及面广、影响重大，并且是行政诉讼法实施以来行政审判领域最为重大的一次行政审判体制改革。尽管该项改革仍在进行之中，改革实践中遇到的一些突出困难问题，需要引起高度重视并加以研究解决。当前，最高人民法院以及部分高级人民法院已对行政案件管辖改革作出修正，目的在于坚持和发展新时代“枫桥经验”，让被告所在地的基层法院在管辖第一审行政案件中发挥更大作用，推动行政争议及时化解在当地、化解在基层、化解在初始阶段，实现行政争议就地解决和实质性解决，这从一个侧面反映出行政案件跨行政区划集中管辖改革的复杂性、艰巨性和长期性。[①] 总体而言，作为一项改革必然涉及资源投入，行政案件跨行政区划集中管辖改革也不例外，目前该项改革面临的主要困难问题是，行政案件跨行政区划集中管辖改革是一个系统工程，需要建立与之相适应的综合配套保障机制，而从改革实践看这些综合配套保障机制尚未完全建立起来，这影响了改革进度和效果。

1. 行政案件集中管辖与审判力量配置不均的矛盾

《行政诉讼法》第十五条规定，对县级以上人民政府所作的行政行为提起诉讼的案件是中级法院管辖第一审行政案件范围。该条规定的初衷是通过提级管辖方式，实现以县级政府为被告的行政案件从基层法院向中级法院移动，用以破解基层法院在审理以区（县）政府为被告的行政案件中遇到的地方保护和行政干预难题，对实现司法公正有着积极意义。《行政诉讼法》第十五条第二款规定的行政案件跨区划集中管辖改革，则是通过行政案件从被告所在地法院向异地法院的平行移动，来破解被告所在地法

---

① 2020 年 2 月湖南省高级人民法院下发《关于正确执行案件管辖制度充分发挥基层人民法院化解行政纠纷作用的指导意见（试行）》，明确 7 类案件应以法定职能部门或具体作出行政行为的机关为被告，并规定由基层人民法院管辖。2020 年 5 月河南省高级人民法院下发《关于依法准确确定行政案件被告的指导意见（试行）》，明确 11 种确定被告的一审行政案件，由基层人民法院管辖。2021 年 2 月 22 日、3 月 1 日最高人民法院审判委员会审议通过了《最高人民法院关于正确确定县级以上人民政府行政诉讼被告资格若干问题的规定》（法释〔2021〕5 号）、《最高人民法院关于办理行政申请再审案件若干问题的规定》（法释〔2021〕6 号），自 2021 年 4 月 1 日起施行。

院在审理以当地政府为被告的行政案件中遇到的地方保护和行政干预困境。从以区（县）政府为被告的第一审行政案件由中级人民法院管辖来看，该项管辖改革结果必然会推高中高级人民法院、最高人民法院的案件数量，导致行政案件分布呈“倒金字塔”现象，中高级人民法院以及最高人民法院承受了巨大办案压力，审判力量明显不足，基层法院行政庭则明显“吃不饱”。从最高人民法院行政审判庭办理行政案件情况来看，在该项改革前的2014年受理行政案件389件，改革后的2015年则达到911件，2016年进一步增长为2974件，这是2015年案件总数的3倍多、2014年案件数量的近9倍。截至目前，最高人民法院每年受理行政案件保持在高位运行。行政案件呈“倒金字塔”现象与我国审判资源配置政策不相吻合，长期以来由于大量案件集中在基层法院办理，我国审判资源配置是向基层倾斜的。当大量案件向上级法院移动，必然要求审判资源配置及时跟进。对上级法院来讲，短期内配置大量高素质行政审判专门人才本身就很困难，加之上级法院特别是最高人民法院和高级人民法院，主要职能是审判监督指导和统一裁判标准，一旦陷入大量案件办理事务之中，容易导致其主要职能的弱化。从第一审行政案件由异地法院管辖来看，由于编制、人员调动职权不在集中管辖法院手中，集中管辖法院增编扩员事项难以落实，实践中出现了“案件集中易，法官集中难”问题。在改革试点中，尽管部分试点法院在增设行政庭和实现人员集中上下足功夫，但大多数实施集中管辖法院仍然维持“案件集中但行政庭机构不变、人员亦未集中”的状况。由于法院受理各类案件的数量大幅增加，当大量行政案件向集中管辖法院集中后，行政审判人员并不能相应增加，案多人少矛盾加剧。并且集中管辖后，面对成倍增长的案件，为了缓解民事审判工作的压力，一些集中管辖法院的行政法官不仅要办理行政案件，还要办理大量民商事案件，长期处于超负荷工作状态，并没有过多的时间精力学习行政法知识和提高理论素养，行政审判专业化、精细化水平亟待提高，这种状况难以长期持续。即便集中管辖法院在本院自行调配解决审判人员，也是临时从其他审判庭抽调法官来解燃眉之急，这些法官大多并不熟悉行政审判工作，行政审判质效自然会受到影响。而数量众多的非集中管辖法院原本行政案件少，机构改革后，非集中管辖法院行政审判庭机构虽予以保留，但大多加挂综合审判庭等牌子，并且法官人数相应减少，按照法官员额制要求，每个法官都有办案任务数，少量留下来的行政法官除了办理少量行政机关申请人民法院强制执行其作出的行政行为的案件，需要承担大量民商事或者刑事案件的审理。由于长时间不办理行政案件，行政法官审判能力和业务研究水平无法得到有效提升。多数行政法官被分流从事刑事或民事审判、立案、执行等工作，“一人庭”现象更加突出，长期培养起来的高素质行政审判人才和业务骨干流失严重，行政审判职能作用日渐弱化。

2. 行政案件集中管辖与配套保障机制不足的矛盾

充分的审判资源保障是法院公正高效办案的重要基础。当受理案件大幅增加时，审判资源配套保障也应当相应作出调整予以加强。伴随集中管辖法院办案数量的大幅上升，对法官异地送达、调查、协调、巡回审判等方面的需求明显增多，这就必然要求办案经费等配套保障措施相应加强。由于法院办案经费是根据办案人员数量、办理案件数量等方面综合测算并提前纳入预算，集中管辖法院编制有限，办案人员难以相应增加，并且即便集中管辖法院实际办案数量增加，所辖案件均是本辖区外案件，出现了“花自家钱办他家事”的局面，集中管辖法院在现有财政预算框架下试图增加办案经费将困难重重。集中管辖法院虽然可以借助现代信息化手段，通过预约立案、网上立案、远程审判、视频接访、电子送达等方式来降低司法成本，但是这需要当事人具备智慧审判软硬件条件，还需要当事人愿意选择通过互联网开展上述诉讼活动。在当事人不具备互联网远程审判软硬件条件，或者不愿意配合法院开展线上审判工作时，这些工作则大多需要法官在线下才能完成。由于巡回审判涉及车辆安排、法庭准备等一系列后勤保障问题，在公车改革、出差报销等各种制度的约束下，法官去外地办案会面临诸多限制。由于集中管辖法院与非集中管辖法院并没有建立起常态化协同配合机制，法院间的配合缺乏制度保障，集中管辖法院法官巡回办案时只能向案件所在地法院临时借用法庭开庭，势必会增加当地法院的各项保障性支出。并且，一些有较大影响案件开庭时需要配备法警的情况也很棘手，如果集中管辖法院安排法警随同法官巡回办案，司法成本必然很高；如果由案件所在地法院安排法警执勤，还涉及一旦庭审中遇到突发情况需要法警采取强制措施时，其是否具备执法权限的问题。巡回办案虽然有利于节省当事人诉讼成本，但给司法成本带来较大压力，特别是时间成本。据统计，集中管辖法院法官有接近40%的时间用于路途，其办理案件的时间必然大幅度缩水，这也是导致集中管辖法院案件效率、质量下降的重要原因之一。[①] 因此，推进行政案件跨行政区划集中管辖改革，必须建立相应的综合配套保障机制，否则这项改革持续下去困难重重，即便勉强向前迈进，改革效果必将大为受限。

3. 行政案件集中管辖与矛盾纠纷就地解决不力的矛盾

推动行政案件跨区划集中管辖改革的价值目标是维护司法公正。行政案件跨区划集中管辖改革的初衷，就在于通过将行政案件转移到其他法院管辖，来排除案件在本地法院审理容易受到的地方保护和行政干预影响，以此维护司法公正。当然，该项改革无论对原告还是被告而言，在获得司法公正的同时，必然是以牺牲司法效率、付出更高的司法成本为代价的，即便是在交通发达、通讯便利的今天，当事人到集中管辖法院诉讼仍然要比在本地法院诉讼付出更高的成本。结果可能会导致一些原告在诉讼时进行成本与收益测算，如果付出很大代价却可能仅得到一个实际意义并不大的判决，那么原告在较高的维权成本面前会选择放弃诉讼，最后宁愿接受一个不公正的行政决定，也不愿意付出更大的成本去维权。“实践中，有的集中管辖法院受案数量呈现下降趋势，其中交通不便和诉讼成本增加是一个重要原因。”[②] 从2015年至今全国法院受理一审行政案件的数量来看，2014年，全国法院受理一审行政案件达到141, 880件。2015年5月1日后，人民法院全面实行立案登记制，全国法院受理一审行政案件大幅上升，当年，全国法院受理一审行政案件220, 398件，比2014年上升了55. 34%。之后的2016年、2017年、2018年、2019年，全国法院受理的一

① 任何一项改革都离不开物质保障作为基础，实践中一些调研数据证明了综合配套保障机制对行政案件跨区划集中管辖改革至关重要，参见重庆市高级人民法院行政审判庭：《行政案件跨区划集中管辖改革实证研究——以重庆市第三中级人民法院实践为样本》。

② 江必新：《从跨区划管辖到跨区划法院——兼论新型诉讼格局之构建》，载《人民司法(应用)》2017年第31期。

审行政案件数量虽有所增长，但增幅已经趋于正常。实践证明，行政案件跨区划集中管辖改革与行政诉讼案件的增长并没有明显关联。解决行政争议是行政诉讼的目的之一，由于跨区划集中管辖行政案件导致行政争议离开案发地，一套行之有效的依靠当地党委、政府实质性解决行政争议的机制被打破，矛盾纠纷化解和信访维稳压力骤然加大。对于集中管辖法院而言，承担原本属于其他法院管辖案件办案压力已经很大，对于办理这些案件所形成的信访案件，如果继续由集中管辖法院来承担信访化解任务，必然会挫伤其参与改革的积极性，这对深化改革自然不利。并且，由于行政案件实行异地审判，集中管辖法院与案件所在地的党委、政府及其相关部门不在同一行政区划内，常态化的沟通联络机制尚未建立起来，导致集中管辖法院在异地开庭、协调沟通难度加大，加之集中管辖法院法官对案件原管辖地的政策措施、执法环境、风土人情缺乏深入了解，案件处理结果就案办案的多，协调化解的少，实质化解行政争议的力度减弱，有的试点地区甚至出现协调撤诉率下降的现象。[①] 如果这些信访案件和纠纷实质性化解任务由原管辖法院承担，由于这些法院并不审理案件，不掌握案件和当事人的具体情况，难以有效开展协调、疏导工作，由其承担信访化解和纠纷实质性化解任务，也是勉为其难，必然会影响案件化解效果。由于信访维稳主体不明确，结果会导致集中管辖法院与原管辖法院之间、集中管辖法院所在地的信访维稳部门与原管辖法院所在地的信访维稳部门之间出现沟通衔接不畅，甚至是相互推诿扯皮的现象。有效解决行政争议应当是衡量评估行政案件跨区划集中管辖改革的重要指标，如果改革不能促进行政争议实质性解决，不能消除信访维稳压力，那么，就没有真正实现行政诉讼法确立的解决行政争议的立法目标。

4. 行政案件集中管辖与府院良性互动不畅的矛盾

在现行行政审判体制下，案件所在地法院与当地党委、政府的工作沟通衔接顺畅，当地法院在办案中会得到当地党委、政府的支持配合。行政案件跨区划集中管辖之后，集中管辖法院与案件所在地的党委、政府之间

---

① 江必新：《从跨区划管辖到跨区划法院——兼论新型诉讼格局之构建》，载《人民司法（应用）》2017年第31期。

沟通往往受到限制。从集中管辖法院来讲，有的集中管辖法院认为异地的法治政府建设与其关系不大，不愿意在延伸审判职能上下功夫，对于发布行政审判白皮书、司法建议心存顾虑，不敢贸然行动。一旦遇到有的疑难复杂案件需要开展协调工作时，集中管辖法院只能依靠案件所在地原管辖法院协助，否则很难与当地政府取得联系；即便取得联系，由于集中管辖法院与案件所在地政府尚未建立常态化联系，沟通渠道不畅，在案件处理上很难取得实质性支持。集中管辖法院法官为了避免与案件所在地政府沟通联络麻烦，容易就案办案、就法论法，不愿意花更大精力去协调化解争议。因此，如果没有案件所在地政府的支持配合，集中管辖法院难以实现行政争议实质性解决。原管辖法院不再审理以当地行政机关为被告的行政案件，由于缺少案件抓手，原管辖法院与当地政府及其行政机关之间的互动减少，并且难以就当地政府依法行政提出有针对性的意见建议，府院良性互动机制逐渐弱化。从案件所在地政府来讲，有的行政机关对当地法院充满信任感，不愿接受异地法院的建议，府院良性互动进展缓慢。由于集中管辖法院与案件所在地政府距离较远，这给案件所在地政府及行政机关负责人出庭应诉带来不便，导致行政机关负责人出庭应诉积极性降低，出庭应诉率大幅下降。并且案件所在地政府及其行政机关与集中管辖法院之间尚未建立信任关系，担心一旦沟通联系有干预过问案件之嫌，因此，案件所在地政府及其行政机关即便遇到疑难法律问题以及案件审理中的重大问题，不愿直接与集中管辖法院沟通。由于府院良性互动机制尚未建立起来，集中管辖法院开展案件协调和解工作往往困难重重，案件所在地政府及其行政机关宁愿让法院判决其败诉，也不积极配合协调。

5. 行政案件集中管辖与领导监督体系不全的矛盾

人民法院是党领导下的国家审判机关，坚持党对法院工作的绝对领导，既是加强党的执政能力建设的重要方面，也是人民法院行政审判工作始终沿着正确方向前进的根本政治保证。集中管辖法院在当地党委领导下开展审判执行工作，对于审判工作中的重大问题、重大部署、重大审判活动以及有重大影响的案件审理，要及时请示报告，积极争取党委领导。集中管辖法院在审理辖区外案件时，一旦遇到需要请示报告的事项，是向当地党委请示报告还是向案件所在地党委请示报告，这是行政案件跨区划集中管辖可能会遇到的较为棘手的问题。集中管辖法院如果就正在审判执行的辖区外案件向当地党委汇报，由当地党委对辖区外案件审判执行工作进行领导，当地党委虽然对集中管辖法院有领导权，但是对集中管辖法院正在审判执行案件却无领导权，这显然与当地党委领导体制不符；集中管辖法院如果就辖区外案件审判执行工作向案件所在地党委请示报告，虽然案件所在地党委对本辖区案件审判执行工作有领导权，但是对集中管辖法院却没有领导权，案件所在地党委无法对集中管辖法院进行领导。因此，案件所在地党委如何对辖区外的集中管辖法院正在审判执行的本辖区案件进行领导，这是行政案件跨区划管辖需要研究解决的问题。在人民代表大会制度下，行政机关、监察机关、审判机关和检察机关都是由人民代表大会产生并对其负责。《人民法院组织法》第九条规定："最高人民法院对全国人民代表大会及其常务委员会负责并报告工作。地方各级人民法院对本级人民代表大会及其常务委员会负责并报告工作。各级人民代表大会及其常务委员会对本级人民法院的工作实施监督。"行政案件跨区划集中管辖改革容易导致行政审判权脱离当地人大及其常委会的监督。集中管辖法院审理辖区外的行政案件，当地人大及其常委会尽管可以对集中管辖法院审判执行工作进行监督，却不能对集中管辖法院审判执行的辖区外案件进行监督；案件所在地的人大及其常委会尽管可以对本辖区案件审判执行工作进行监督，却因这些案件审判执行工作由辖区外法院承担，案件所在地人大及其常委会无权对辖区外的集中管辖法院进行监督。并且，由于辖区法院不再审理本辖区行政案件，当地法院向当地人大及其常委会报告工作时，无法汇报通过司法审查反映出的当地政府依法行政和法治政府建设情况。

6. 行政案件集中管辖与改革试点方案不一的矛盾

目前，除西藏自治区和安徽省外，全国其余 29 个省（自治区、直辖市）高级人民法院以及新疆高院生产建设兵团分院均开展了不同形式、不同程度的管辖改革试点工作。[①] 从改革方案的统一性要求看，主要是《行

① 马怀德主编：《司法改革与行政诉讼制度的完善》，中国政法大学出版社 2004 年版，第 19 页。

政诉讼法》第十八条第二款规定："经最高人民法院批准，高级人民法院可以根据审判工作的实际情况，确定若干人民法院跨行政区划管辖行政案件。"由于该款授权各地高级人民法院经最高人民法院批准可以根据本地实际情况，开展跨区划集中管辖行政案件，事实上并未对改革方案作统一要求，结果必然是各地高级人民法院上报最高人民法院批准的改革方案多种多样。比如，有的是在基层法院，有的是在中级法院；有的是在铁路法院，有的是在地方法院；有的是指定管辖部分案件，有的是集中全部案件；有的是在全省范围内开展，有的仅限于某一个地方开展；有的实施异地交叉管辖，有的开展相对集中管辖，有的则由当事人选择管辖。行政案件跨区划集中管辖改革方案多样性的优点在于，可以同时对多种改革方案进行试点尝试，以便探索总结更为适宜的改革方案。但是其不足也很明显，由于缺乏统一的改革方案，各地做法千差万别，成效不具有可比性，较难形成一套可复制可推广的经验。

三、国家治理现代化与行政审判体制改革的目标设计

总体而言，近年来行政诉讼管辖制度改革取得了积极成效，特别是我国首批跨行政区划法院设立以来，在案件管辖、内部管理、组织结构等方面积累了较丰富的经验，一些地方采取依托铁路法院实施行政案件跨区划集中管辖改革也取得丰硕成果，初步证明依托专门法院探索设立跨行政区划法院具备必要性和可行性。同时，"由于此项改革打破了传统的行政案件管辖模式，而原有的体制机制和配套措施未能及时创新或调整到位，使之与管辖改革相适应以及各地情况的巨大差异，导致管辖机制改革在实施过程中，不可避免地出现一些新情况、新问题"。[①] 行政诉讼管辖制度改革是行政审判体制改革的重要内容，推进行政审判体制改革应当首先在行政管辖制度改革上实现重点突破。

（一）行政审判体制改革"三步走"战略目标的必要性和可行性

长期以来，由于我国司法管辖区与行政区划高度重合，特别是在地方

① 江必新：《从跨区划管辖到跨区划法院——兼论新型诉讼格局之构建》，载《人民司法（应用）》2017年第31期。

法院人财物省级统管改革以前，地方法院的人员工资、审判业务和日常运行经费都需要同级政府财政保障，地方法院的抗干扰能力较弱，由此导致因地方保护和行政干预造成相关诉讼出现“主客场”现象。这种“现实中诉讼‘主客场’问题的存在，往往直接影响诉讼结果，导致损害当事人合法权益的现象，这既不利于保障跨行政区划民商事案件的依法独立公正审判，也不利于促进形成公平竞争、统一有序的社会主义市场经济体系，直接影响社会公平正义，损害司法公信力”。[①] 在我国现行行政审判体制下，由于受地方保护和行政干预的影响，县法院“审不了”以县政府甚至乡(镇)政府为被告的行政案件现象较为突出。有的地方法院成为行政案件的“利益攸关方”，法院不敢受理、不敢下判、违心下判的情况时有发生，导致人民法院对地方政府机关难以有效监督。[②] 司法地方化成为影响司法公正和制约司法能力的深层次问题，必须下大力气加以解决。从我国国情和发展阶段出发，当前推进行政审判体制改革的关键是破除司法地方化问题，可以按照行政案件跨区划集中管辖改革、跨行政区划法院改革、行政审判专门法院改革的“三步走”战略目标来稳步推进行政审判体制改革。其中，第一步战略目标是实现案件跨区域集中管辖，在现有案件基础上形成一定案件规模，增强案件抗干扰能力和专业化审判；第二步、第三步战略目标则是通过新的组织机构进一步落实与行政区划适当分离的管辖制度，促进行政审判抗干扰能力从量的提升到质的飞跃，从而更好地服务全面建设社会主义现代化国家新征程。

（二）行政审判体制改革“三步走”战略目标设计

1. 行政审判体制改革的近期目标是推动行政案件跨区域集中管辖

我国行政诉讼案件数在每年全国法院案件总数中占比不高，因此有观点认为行政审判要发挥化解行政争议的主渠道作用，行政审判要做大做强，就应当让行政诉讼案件数量呈爆炸性增长，成为行政案件“诉讼大国”。这种观点当前有一定市场，却是不科学和有失偏颇的。习近平总书

① 李少平：《为什么要设立跨行政区划人民法院?》，载《求是》2015 年第 14 期。

② 江必新：《中国行政审判体制改革研究——兼论我国行政法院体系的基础、依据及构想》，载《行政法学研究》2013 年第 4 期。

记指出："我国国情决定了我们不能成为'诉讼大国'。我国有 14 亿人口，大大小小的事都要打官司，那必然不堪重负。"① 我国行政审判高质量发展绝不能建立在行政案件"诉讼大国"的基础上，而应当立基于公正司法，让人民群众在每一个司法案件中感受到公平正义。唯有如此，行政审判才能赢得人民群众信赖，行政审判公信力才会树立起来。当前全国法院行政案件总量不大，并且案件分布并不均衡，应当通过集中管辖方式形成一定案件规模。行政案件跨区划集中管辖改革是新时代行政审判高质量发展的必由之路。从近年来开展行政案件跨区划集中管辖改革情况看，改革方向是正确的，也取得了积极成效。同时，也应当看到，有的地方法院开展行政案件跨区划集中管辖改革时，仍然存在路径依赖，仍然受到传统思维、习惯做法的深刻影响。试点阶段所暴露出的集中管辖法院与案件所在地的党委、政府沟通衔接不畅问题，都是短期现象，随着集中管辖法院审判实践深化，这种沟通衔接机制会逐步建立起来。一旦建立起沟通衔接机制，集中管辖法院在办理案件中所要承受的地方保护和行政干预压力也就显现出来。因此，行政案件跨区划集中管辖改革是行政审判体制改革的初级阶段，属于过渡性制度安排，不能替代跨行政区划法院改革。② 当前不应把行政审判体制改革局限于行政案件跨区划集中管辖改革，应当在此基础上尽快推动设立以集中管辖行政案件为主体，兼具审理其他重大特殊案件的跨行政区划法院，将跨区域集中管辖行政案件向跨行政区划法院转移。

2. 行政审判体制改革的中期目标是探索建立跨行政区划法院

党的十八届三中全会提出"探索建立与行政区划适当分离的司法管辖制度"，党的十八届四中全会明确提出"探索设立跨行政区划的人民法院和人民检察院，办理跨地区案件"。习近平总书记在党的十八届四中全会《中共中央关于全面推进依法治国若干重大问题的决定》的说明中指出："探索设立跨行政区划的人民法院和人民检察院。这有利于排除对审判工作和检察工作的干扰、保障法院和检察院依法独立公正行使审判权、检察

① 习近平：《坚定不移走中国特色社会主义法治道路，为全面建设社会主义现代化国家提供有力法治保障》，载《求是》2021 年第 5 期。

② 程琥：《行政审判专门法院：行政诉讼体制改革的关键》，载《学习时报》2015 年 10 月 29 日，第 4 版。

权，有利于构建普通案件在行政区划法院审理、特殊案件在跨行政区划法院审理的诉讼格局。”[①] 行政案件管辖制度改革作为一项基础性的改革任务，在跨行政区划法院改革中居于重要地位，是需要重点解决的问题。提出把设立跨行政区划法院作为推进行政审判改革的中期目标，其主要考虑在于：一是从全国首批设立的跨行政区划法院改革实践来看，跨行政区划法院依托铁路运输法院等专门法院设立，可以从体制上排除地方对公正司法的干扰，确保涉及地方利益的案件都能得到公正审判，促进国家法律统一正确实施，在保护行政相对人合法权益、促进行政争议实质性化解、助推法治政府建设等方面具有独特优势和作用。二是我国司法资源有限，在一些重要领域设立专门法院尽管呼声很高，但真正推动起来难度较大，可以想象设立行政审判专门法院在短期内会遇到多大阻力。行政审判专业化和行政审判公信力又要求继续推进行政审判体制改革，并且事不宜迟，这就需要通过设立跨行政区划法院集中管辖行政案件，以及其他容易受到地方保护和行政干预的跨地区案件，来进一步深化行政案件跨区划集中管辖改革。三是作为跨行政区划法院而言，适度案件规模是维持其长期运转的重要基础。由于环境资源保护、食品药品安全、公益诉讼等特殊案件尽管重大特殊，但毕竟总量不大，即便都纳入跨行政区划法院管辖，也解决不了维持其长期正常运转的必要案件规模。唯有把行政案件全部纳入跨行政区划法院管辖，才能解决跨行政区划法院适度案件规模，这是维系跨行政区划法院长期运转的基础性工作。探索设立跨行政区划法院是我国司法体制改革迈出的一大步，具有重要的标志意义，同时，应当看到，“跨区划法院的设立，是在传统司法体制尚未实现全面改革的背景下，为了克服司法地方化形成的过渡方案，也是对现行行政区划内法院的一种有益补充”。[②] 2018 年修订的《人民法院组织法》并未对跨行政区划法院的设立依据、组织体系、管辖区域、受案范围等法律定位问题作出规定，跨行政区划法院的设立存在立法依据不足问题。尽管全国首批跨行政区划法院是

---

① 习近平：《关于〈中共中央关于全面推进依法治国若干重大问题的决定〉的说明》，载习近平：《论坚持全面依法治国》，中央文献出版社 2020 年版，第 100 页。

② 马怀德：《跨区划法院如何建构》，载《学习时报》2015 年 3 月 23 日，第 5 版。

依托铁路法院挂牌成立的，当前设立的跨行政区划法院其法律定位实际上仍属于地方法院，而不是专门法院，这就意味着跨行政区划法院还需要向行政审判专门法院转型。“待审判权上收中央，实行人财物统一管理后，现在设立的跨区划法院可以转型为专门行政法院，集中受理所有行政案件。”① 实践中，先期设立的两家跨行政区划法院与行政案件跨区划集中管辖改革结合并不紧密，仅将部分行政案件纳入管辖范围。因此，“当前最要紧的莫过于尽快推动行政案件向跨区划法院集中，为构建普通案件在行政区划法院审理、特殊案件在跨行政区划法院审理的诉讼格局，深化行政诉讼体制改革探索积累经验”②。

3. 行政审判体制改革的长期目标是建立行政审判专门法院

我国《宪法》和《人民法院组织法》均有关于设立专门人民法院的规定。《宪法》第一百二十九条第一款规定：“中华人民共和国设立最高人民法院、地方各级人民法院和军事法院等专门人民法院。”《人民法院组织法》第十五条规定：“专门人民法院包括军事法院和海事法院、知识产权法院、金融法院等。”行政诉讼制度是中国特色社会主义国家制度和法律制度的重要组成部分，有着深厚历史文化传统，吸收借鉴了人类制度文明的有益成果，经过改革开放以来长期实践的检验。在我国设立行政审判专门法院有深厚的历史文化基础，以及可资借鉴的本土实践和域外经验。我国在清末时期即筹设“行政审判院”，北洋政府和国民党政府时期则有平政院、行政法院等专门行政审判机构。目前，我国台湾地区和澳门特区都设有行政法院。在世界范围内，设立专门的行政法院系统几乎成为所有大陆法系国家的必选项，英美法系国家近年也出现了设立类似法院的动向。因此，在中国设立行政审判专门法院既有中国传统法律文化的基础，又有世界法治文明成果可以借鉴。并且，行政审判专门法院解决的是官民之间的矛盾纠纷，具有广泛的民意基础，广大人民群众呼声很高。经过30多年的实践发展，全国已形成一支革命化、正规化、专业化、职业化的高素质

① 马怀德：《跨区划法院如何建构》，载《学习时报》2015年3月23日，第5版。

② 程琥：《行政案件跨行政区域集中管辖与行政审判体制改革》，载《法律适用》2016年第8期。

过硬行政审判法官队伍，能够胜任行政审判专门法院的各项审判工作。因此，在推进国家治理体系和治理能力现代化的背景下，设立行政审判专门法院体系是必要和可行的。我国《宪法》和《人民法院组织法》为设立行政审判专门法院留有制度空间，启动该项试点改革并不存在立法和法律障碍。设立行政审判专门法院需要做好以下几个方面工作：一是坚持党对行政审判专门法院的绝对领导，确保行政审判专门法院始终沿着正确政治方向前进。二是加强顶层设计与鼓励基层探索实践相结合。在中央决策部署下，可以在全国范围内选择三家基础较好的地方法院作为行政审判专门法院改革试点，待试点工作取得可复制可借鉴的经验后，再推广到全国。如果短期内开展行政审判专门法院改革试点工作较为困难，也可以参照知识产权法庭模式，在全国范围内选择若干适当地方法院设立行政法庭来推动试点改革。三是坚持系统观念，坚持前瞻性思考、全局性谋划、战略性布局、整体性推进。行政审判专门法院组织体系按三级设置，在全国建立一套受最高人民法院监督指导的、跨行政区划的行政审判专门法院体系，集中管辖行政案件以及其他相关案件。根据案件数量、经济社会发展、历史渊源和交通状况，设立省级行政审判专门法院、跨省行政审判专门法院，以及在最高人民法院下设最高行政法院。在改造整合现有铁路法院等专门法院的基础上，在每个省、自治区、直辖市设立一个省级行政审判专门法院，集中管辖一审行政案件，并在转制移交地方管理的基层专门法院的基础上，设立若干省级行政审判专门法院的派出法庭或巡回法庭，充分利用现代信息技术，通过远程立案、远程审判、网上送达，解决当事人诉讼不便问题。省级行政审判专门法院属于中级法院建制。在全国设立华北、东北、华东、华中、西北、西南、华南 7 个跨省行政审判专门法院，集中管辖行政上诉案件。跨省行政审判专门法院属于高级人民法院建制。四是将法官任免、保障机制上提到省级、中央层面保障，从而保障行政审判专门法院依法独立公正地行使审判权力。省级行政审判专门法院的法官由法院所在地的省级人大常委会任免，跨省行政审判专门法院的法官由全国人大常委会任免。省级行政审判专门法院的经费由法院所在地的省级财政保障，跨省行政审判专门法院的经费由中央财政保障。五是坚持重大改革要于法有据。适时修改《人民法院组织法》，推动制定《专门法院组织法》，将行政法院作为专门法院类型明确规定下来。

四、结语

行政审判体制改革应当服从和服务于新时代中国特色社会主义发展的战略安排，紧紧围绕全面建设社会主义现代化国家进行谋划和部署，从全面建成小康社会到基本实现现代化，再到全面建成社会主义现代化强国，行政审判体制改革“三步走”战略目标可以分三个阶段来安排：第一个阶段，从2015年5月修订后的《行政诉讼法》实施到2020年全面建成小康社会，基本建成法治政府是全面建成小康社会的重要内容，行政案件跨区域集中管辖改革是助力法治政府建设的重要途径；第二个阶段，从2020年到2035年，围绕基本实现社会主义现代化，法治国家、法治政府、法治社会基本建成，在全国基本形成成熟定型的跨行政区划法院组织体系和综合配套保障体系，形成普通案件在行政区划法院审理、特殊案件在跨行政区划法院审理的诉讼格局，行政案件作为特殊案件全部纳入跨行政区划法院管辖；第三个阶段，从2035年到21世纪中叶，围绕把我国建成富强民主文明和谐美丽的社会主义现代化强国，实现国家治理体系和治理能力现代化，推动设立行政审判专门法院，实现从跨行政区划法院向行政审判专门法院的转型发展，在全国形成成熟定型的行政审判专门法院组织体系和综合配套保障体系。当前行政法学理论界和实务界要深入贯彻习近平法治思想，坚持以人民为中心，紧扣立足新发展阶段、贯彻新发展理念、构建新发展格局、推动高质量发展要求，持续深化行政审判体制改革，加强对跨行政区划法院和行政审判专门法院的理论研究和实践探索，为行政审判领域重大决策贡献智慧和力量。

“静态比对”到“动态探知”：规范性文件一并审查进路重述①

——以过程论为视角并以审查标准构建为中心

陈良刚*

新《行政诉讼法》实施以来，曾被视为修法亮点并被寄予厚望的规范性文件一并审查制度在很大程度上却处于“休眠”状态，不仅其作为法治政府建设“推进器”的作用远未发挥出来，相较于行政诉讼法修改前亦无太大改观。在笔者看来，其重要原因在于相关规定过于原则和笼统，尤其在“要不要审查、审查哪些方面、审查到何种程度”等实体性问题上缺乏明确具体标准，既无法对司法运行形成刚性约束从而导致“不愿审”，又无法为司法运行提供可供操作的细密规则从而导致“不会审”，还可能使司法运行缺乏坚实的立法支撑从而导致“不敢审”。有鉴于此，本文围绕规范性文件一并审查的对象、范围与强度这三个密切相关且存在递进关系的问题，将它们分别置于行政行为作出过程、规范性文件制定过程和司法运行过程中展开探讨，力图构建既符合法律规定又契合司法实际的审理规则和认定标准。

---

① 该文作于2017年。

* 陈良刚，原北京市第四中级人民法院行政审判庭庭长，现任北京金融法院审判第三庭庭长，法学博士。

一、现状扫描："静态比对"进路下的"司法静默"

（一）规范性文件一并审查的典型进路

规范性文件一并审查的关键问题在于：要不要审查、审查哪些方面、审查到何种程度。实践表明，法院在这些问题上多采取从纸面到纸面进行静态比对的审查进路，反映出谦抑有余而主动性不足的司法立场。

1. 将"依据"限缩为"引用"

《行政诉讼法》规定，一并审查的对象只能是行政行为"依据"的规范性文件。实践中，法院通常只注重对以书面方式作出的行政行为内容的审查，看当事人请求审查的规范性文件是否被行政行为明确引用，如果未明确引用，则认定该规范性文件不属于一并审查范围。例如，有的案件中尽管被告在答辩意见中明确引用并向法院提交规范性文件作为行政行为的依据，但法院仍以被诉行政决定书中"未注明适用"、行政决定书"未援引"、规范性文件并非"直接依据"等为由不予启动一并审查。

2. 将"起诉时提出"限缩为"在起诉状中提出"

一并审查请求不仅只能作为针对行政行为依据的规范性文件，还必须在适当时机以适当方式提出。《行政诉讼法》规定，当事人可在起诉时提出一并审查请求。法院有时对此作狭义解释，要求原告在起诉状的诉讼请求部分列明一并审查请求，如果未予列明，即便在事实与理由部分对规范性文件提出异议，或在诉讼中以其他方式提出一并审查请求，则不予认可。此外，司法解释将提出一并审查请求的时机拓展到一审开庭之前，有正当理由的，还可在法庭调查中提出，但实践中法院有时会对"正当理由"进行严格限定。

3. 将"合法"限缩为"不抵触"

规范性文件一并审查的启动要件全部成就的，法院须对规范性文件的合法性进行审查。实践中，法院有时只对行政行为援引的规范性文件的具体条文进行审查，看该条文内容是否与上位法相抵触，只要条文内容与上位法不抵触，通常就认定规范性文件合法，并进而认定可以作为行政行为的合法依据。有时，一并审查过程在裁判文书中完全"无迹可寻"，文书中只有诸如规范性文件"并不违法""合法性不容置疑"等只言片语。

（二）对司法运行状况的检讨

规范性文件一并审查制度被视为行政诉讼法修改的一大亮点并被誉为法治政府建设的重要助推器，然而司法运行状况却差强人意。经检索“中国裁判文书网”，在新《行政诉讼法》实施一年间，各级法院作出的42,412份行政判决中，仅筛选出原告依据新《行政诉讼法》第53条规定提出规范性文件一并审查请求的样本案件126件。其中，法院未启动一并审查的案件多达118件，启动一并审查的仅8件；在启动一并审查的8案中，法院认定规范性文件合法的有7件，认定规范性文件不合法的仅1件（见图1）。

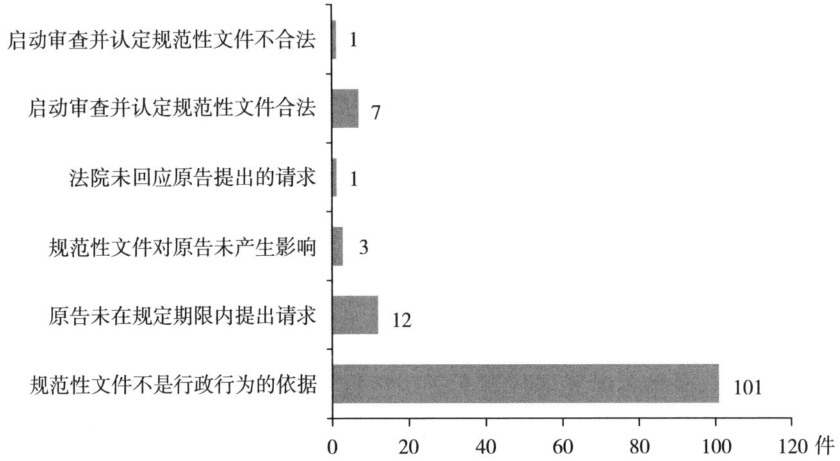

图1　样本案件中法院对一并审查请求的处理方式

从个案层面看，规范性文件的合法性直接影响依据其作出的行政行为的合法性，不能启动对规范性文件的一并审查或不能进行充分有效的审查，就无法对行政行为的合法性作出准确司法认定，行政诉讼解决争议、保护权益、制约权力的功能亦将无从实现。

从制度层面看，规范性文件的内容往往是对法律、法规和规章的细化，内容更加具体明确，成为行政管理不可或缺乃至优先适用的重要依据。但有的规范性文件存在较多的问题，超越职权、违反上位法、侵犯相对人权益的现象突出，不少还暴露出地方保护、部门保护、争权夺利的明显倾向。①

① 参见江澎涛：《论行政规范备案审查制度》，中国政法大学2011年博士学位论文。

如果缺乏有效的监督机制，行政权就得以“合法”的名义侵蚀相对人的合法权益和权力机关的立法权力，从而使“依法行政”质变为“依令行政”。而在主要的监督机制之中，行政机关的监督因其潜在的无法避免的自我保护意识而难以保障公正性，相较之下，对规范性文件的司法监督因具有独特优势而被寄予厚望。

然而，如前所述，如果法院仅从静态的行政决定书、起诉状和规范性文件的具体条文中发现可供审查的对象和审查对象可能存在的违法之处，而未被行政行为直接引用的规范性文件很难进入法院的视野，未在第一时间提出的一并审查请求很难得到法院的认可，未表现为直接与上位法抵触的非显性的违法性很难被法院识别，其结果自然是大幅抬高了规范性文件一并审查的启动门槛。即便有幸得以启动，如果审查范围狭窄、审查力度孱弱，审查也极易流于形式，带来司法的“静默”乃至“休眠”，行政诉讼法建立规范性文件一并审查制度的目的难以真正实现。

（三）“过程论”的导入

在一定意义上，规范性文件一并审查集成了行政、立法与司法三种不同性质的法律适用过程。就启动要件而言，法院只审查作为行政行为依据的规范性文件，而行政机关将规范性文件作为依据，可以体现在行政行为的整个过程和各个环节，仅从作为行政行为结果的行政决定内容中寻找“依据”，无异于“只见树木不见森林”。作为一并审查对象，规范性文件虽非立法法所规定的“法”，但规范性文件的制定具有鲜明的立法属性。对规范性文件的一并审查应当涵盖其制定过程的各个方面，仅仅关注作为结果的条文内容无疑是片面的。此外，我国只建立了规范性文件一并审查制度，对规范性文件合法性的审查是借助对行政行为合法性的审查过程实现的，受到诉讼参与人、举证责任、裁判方式等诸多制约，这又必然对规范性文件一并审查的方式、标准与强度产生影响。因此，相关实体性规则的构建也必须立足于司法运行的过程。总之，法院仅从纸面到纸面进行静态比对是不够的，更须发挥作用，立足于行政行政行为作出、规范性文件制定和诉讼程序推进的动态过程，积极探知审查的对象、启动审查的时机和规范性文件可能存在的违法之处，以实现建立一并审查制度的立法目的。

二、“引用”到“适用”：基于行政过程确定审查对象

（一）规范性文件可成为行政过程各个环节的依据

尽管人们经常将诸如行政处罚决定书、房产证等静态的载体当作行政行为本身，且法院有时也直接以它们作为判决对象（如判决撤销房产证而非判决撤销房屋登记行为等），但对二者显然不能等同视之。无论从应然还是实然的角度分析，行政行为都是一个动态的过程和有机的整体，包含职权取得、程序选择、事实认定、法律解释、处理结果等诸多环节。在法治原则之下，行政过程的各个环节均须接受法的支配，而这里的“法”在很多时候是以规范性文件的面目出现的（见表1）。行政过程的任何环节均可能以规范性文件为依据，而一旦依据了不合法的规范性文件，都会危及行政行为的合法性。因此，法院应将行政过程各个环节依据的规范性文件纳入一并审查的视野，而不仅是明确记载于静态载体中的规范性文件。

表1　规范性文件在行政程序各环节中的作用

<table>
<tr><th>行政环节</th><th>功能作用</th><th>典型示例</th><th>审查标准</th></tr>
<tr><td rowspan="3">取得职权</td><td>直接赋予行政职权</td><td>（2015）大行初字第4号行政判决：依据《关于进一步做好机构改革期间食品和化妆品监管工作的通知》《北京市人民政府办公厅关于印发北京市食品药品监督管理局主要职责内设机构和人员编制的通知》，流通环节的食品安全监管职责由食品药品监督管理部门承担。</td><td rowspan="3">（1）是否超越法定职权
（2）是否履行法定职责</td></tr>
<tr><td>对行政职权进行细分</td><td>国家审计署发布《审计机关审计管辖范围划分的暂行规定》，对各级审计机关的各自职权范围作出具体划分。</td></tr>
<tr><td>确定行政职权承继与转移</td><td>（2015）三中行终字第362号行政判决：根据《关于原区国土资源和房屋管理局所属部分事业单位变更隶属关系的通知》及《关于北京市通州区建设委员会（北京市通州区人民政府住房制度改革办公室）职能配置内设机构和人员编制规定的通知》，上述职责经调整由通州住建委行使，其有权对其辖区内未达成拆迁补偿安置协议的拆迁纠纷进行裁决。</td></tr>
</table>

续表

行政环节	功能作用	典型示例	审查标准
查明事实	预设事实要件，指引调查取证的方向和范围	查明被征收房屋面积是作出房屋征收补偿决定的事实前提。行政机关依据规范性文件中有关“被征收房屋面积以房产证记载的面积为准，没有房产证的，以房屋买卖合同或房屋租赁合同上记载的面积为准”的规定，调查取证的方式是要求被征收人提交房产证或相关合同而不是对被征收房屋进行实测，即使被征收人提交了房屋面积实测报告，也以房产证或相关合同记载的面积为准认定被征收房屋的面积。	认定事实是否清楚、证据是否充分
	为行政机关认定的法律事实与客观事实不一致提供规范依据		
解释法律	对法律要件进行明确和细化	行政机关依据《北京市人民政府关于〈北京市城市房屋拆迁管理办法〉第九条的解释》中有关“属于土地一级开发的，建设单位按照《北京市城市房屋拆迁管理办法》第九条第二项规定提交的‘建设用地规划许可证或者建设工程规划许可证’应为提交规划部门批复的规划意见书”的解释，认定建设单位取得规划部门批复的规划意见书，即已符合行政法规和规章规定的拆迁许可条件。	适用法律是否正确
	提供定性依据，连接客观事实与法律事实	公安机关依据《公安部关于办理赌博违法案件适用法律若干问题的通知》（公通字〔2005〕30号）中对“参与赌博”的解释，将“在境内以电话方式参与境外赌场赌博”定性为《治安管理处罚法》所规定的“参与赌博”行为，并对该行为作出治安处罚。 工伤认定机关依据规范性文件中有关时速超过20公里/小时的电动自行车为机动车的解释，将驾驶电动自行车发生交通事故认定为原《工伤保险条例》第十四条第六项所规定的“在上下班途中，受到机动车事故伤害”的情形。	

续表

行政环节	功能作用	典型示例	审查标准
选择程序	对法定行政程序进行细化或补充	此类规范性文件数量众多，如《北京市房屋登记工作规范》《北京市婚姻登记工作规范》等。	是否违反法定程序
	对法定行政程序进行简化	数量相对较少，如《北京市国土资源和房屋管理局关于进一步简化手续，加快办理房改售房登记发证工作的通知》。	
考虑因素	明确设定应当考虑的相关因素	《上海市大型居住社区征收安置房源价格管理办法》第八条：“房源供应价格，原则上不低于建房协议价格（第一次定价），在综合考虑基地的土地成本和市场供应价格、基地的开发进度、拟供应房源的交房时间、同基地同类型房源历史供应价格、相邻基地间房源供应价格平衡等因素，参照基地周边新建普通商品住房近期实际交易均价或基地拟供应房源市场评估价格的一定比例后研究确定。”	是否滥用职权
	间接表明应当考虑的相关因素	山东省物价局规定，对经营者不执行政府指导价、政府定价的行为，存在以下情节的，从重处罚：（1）价格违法行为严重或者社会影响较大的；（2）屡查屡犯的；（3）伪造、涂改或者转移、销毁证据的；（4）转移与价格违法行为有关的资金或者商品的；（5）拒不按照规定退还消费者或者其他经营者多付价款的；（6）在共同价格违法行为中起主要作用或者胁迫、诱骗他人实施价格违法行为的；（7）拒绝、阻碍或者以暴力威胁执法人员查处价格违法行为的；（8）经价格主管部门告诫或者责令停止、责令改正违法行为后，继续实施价格违法行为的；（9）其他依法应当从重处罚的情形。	
作出处理	通过裁量基准文件对法律规范所规定的处理幅度进行细化	此类规范性文件数量众多，尤其是在行政处罚领域，很多行政机关发布了材料基准，如《北京市地方税务局税务行政处罚裁量基准（2016年版）》《上海市城乡规划违法建设行政处罚裁量基准实施办法》等。	是否明显不当

（二）规范性文件作为行政行为依据的表现形态

除被行政行为直接引用外，规范性文件作为行政行为依据的情形还包括以下几种。

1. 作为行政不作为的依据

《行政诉讼法》规定的“行政行为”包括行政作为和行政不作为。根据同一术语在同一法律中具有相同含义的基本原理，《行政诉讼法》第五十三条有关原告可以请求对行政行为依据的规范性文件进行一并审查的规定，同样适用于行政不作为案件。实践中，行政机关经常以规范性文件作为其不具有特定职责或履责条件尚未成就的依据。将行政不作为依据的规范性文件纳入一并审查范围，既是法律规定的应有之义，也是对行政不作为、缓作为和作为不到位进行源头治理的重要一环。

2. 作为行政行为依据的依据

如果行政行为依据的规范性文件又以其他规范性文件为依据，法院对下位规范性文件的一并审查无法绕开对上位规范性文件的审查。该情形并不鲜见，上级行政机关经常通过规范性文件授权下级行政机关制定实施性规范性文件，行政机关也经常通过解释规范性文件形成新的规范性文件。这可能带来行政规范割据的现实风险，因为行政规范的形成权始终在行政系统内部层层传递，法律规范则可能逐渐被稀释、异化直至发生质变。如果一并审查不能回溯到上位规范性文件，不仅无法审查行政行为直接依据的规范性文件的合法性，进而无法审查行政行为的合法性，更无法阻断行政规范割据局面的生成。

3. 作为关联行政行为的依据

有时行政机关在一个完整的行政过程中先后作出多个相互关联的行政行为，前一行政行为构成后一行政行为的基础。原告在针对后一行政行为提起诉讼的情况下，也可能对前一行政行为依据的规范性文件请求一并审查。例如，某市住房和城乡建设局依据《某市建设用地容积率管理规定》确认某建设项目的初始容积率为1.0，而实际容积率为3.18，该市国土环境资源局据此要求建设单位补交容积率调整后的土地差价款800余万元。该案中，《某市建设用地容积率管理规定》是建设部门确定初始容积率的依据，而建设部门确定的初始容积率又与国土部门作出的补交地价款通知行为的合法性直接相关，尽管被诉行为并非建设部门确定初始容积率的行为，但法院显然不能对这一行为的合法性置之不顾，而对该行为的审查又离不开对上述规范性文件的审查。因此，从过程论的视角来看，该规范性文件实际上也是国土部门责令补交地价款行为的依据。

（三）合法性审查原则与诉辩平衡保护原则

基于正当程序原则、行政公开原则和说明理由制度，也许有人主张行政行为的依据应严格限定于行政行为内容中明确援引的依据，如果该依据不足以表明行政行为合法，则应认定行政行为违法，而不应允许行政机关在诉讼中提出其他依据，也无须对诉讼中提出的规范性文件依据启动一并审查。

从督促行政机关切实履行说理义务、防止行政机关在诉讼中补充理由和依据的角度来看，上述主张具有积极意义。然而，一概排斥行政行为未明确援引的依据显然不符合行政管理的实际。行政管理既以公平为价值，也以效率为目标，低效的行政在很多时候难以真正实现公平正义。从行政惯例来看，行政行为内容中通常只载明与处理结果相关的依据，并不载明涉及行政职权、事实认定、法律解释、行政程序、考虑因素等方面的依据。有些行政行为，如颁发证书的行为，行政行为内容中可能连处理结果的依据也不作记载。如果要求行政机关将行政过程各个环节涉及的所有规范性文件全部载明于行政行为内容之中，不仅必要性值得怀疑，恐怕也不具有可行性。另外，一概排斥行政行为未明确援引的依据有时也会导致诉讼程序空转。在行政行为实际依据了规范性文件而只是行政行为内容中未载明的情形下，如果法院简单地以依据不足为由撤销行政行为，而对原告提出的一并审查请求不予考虑，行政机关可能在明确引用规范性文件的基础上重新作出事实、理由和结果均相同的行政行为，不仅行政争议未能得到实质性解决，反而延迟了对原告的司法救济和对可能存在违法情形的规范性文件的司法审查。因此，笔者认为，对于未被明确援引的规范性文件，如果有证据证明其对行政行为的作出确已起到支撑作用，如行政机关在书面决定作出前通过口头告知、笔录记载或在书面决定附件中记载等方式表明其依据了该规范性文件，则应将它作为行政行为依据纳入一并审查范围。

既然规范性文件作为行政行为的依据可能随着诉讼程序的推进渐次呈现，法院显然不应要求原告只能在起诉时就提出一并审查请求，也不应一概驳回原告在庭审开始后才提出的一并审查请求。如果原告有正当理由，例如，行政机关在庭前阶段只提及所依据的规范性文件名称而未提交文本，或者虽提交文本但法院并未实际送达原告等，应当允许原告在庭审中提出一并审查请求。总之，不论规范性文件呈现于诉讼的哪一阶段，只要法院认可该规范性文件可以作为行政行为的依据，就应允许原告在合理期间内提出一并审查请求，以确保诉辩双方权利平等和“武器”对等。

三、“局部”到“全面”：基于“立法”过程框定审查范围

（一）规范性文件制定过程始终受到法的支配

制定规范性文件的过程是一个典型的立法性过程，该过程的各个环节均须接受法的支配和约束。例如，行政机关制定规范性文件应在其法定职权范围内进行，并应符合有关制定权限的特别规定；应出于授权法允许的正当的目的，并应考虑授权法要求其考虑的因素；应根据授权法的指引收集相关资料、信息，并作出客观准确的分析判断；要对法律规范中的不确定概念作出准确解释；要遵循包括步骤、顺序、期限、形式等各个要素的法定程序；要确保规范性文件的内容与上位法的规定和原则不相抵触；等等。不难看出，规范性文件尽管表现为静态的文本，但反映出来的是动态的法律适用过程，该过程中的各个环节均须符合法律规范或上位行政规范的规定，任何一个环节违法都对规范性文件的合法性产生直接影响。

（二）对规范性文件合法性的全面审查原则

一并审查模式之下，法院可以从哪些方面审查规范性文件的合法性？对此，理论界既有共识又有分歧。共识在于，法院应审查规范性文件制定权限和案件所涉及的具体条款。分歧则主要表现为两个方面，一是法院要不要审查制定程序的合法性，二是法院要不要审查行政行为引用的具体条

款以外的条款。当然，理论界似乎还有两点默契，一是法院只须进行“法律审”而不应进行“事实审”，二是法院只应进行形式合法性审查而不应进行实质合法性审查。笔者认为，规范性文件一并审查应当遵循全面审查原则，法院应当既审程序，又审实体；既审法律，又审事实；既审形式合法性，又审实质合法性。

1. 从法律规定考察

《行政诉讼法》第六十四条规定，法院经审查认定规范性文件不合法的，不作为认定行政行为合法的依据。根据同一法律术语在同一法律中具有相同含义的基本原理，同时鉴于《行政诉讼法》未作出差别性规定，因此法院对行政行为和规范性文件的审查均属于合法性审查，合法性审查的具体范围和标准亦应相同。既然对被诉行政行为合法性的审查是全面审查，对规范性文件合法性的审查也应当是全面审查。从反面求证，如果法院审查认定行政行为明显不当，而行政行为又完全符合规范性文件的规定，此时，如果不能对规范性文件的规定是否明显不当作出审查认定，就难免会无所适从。

2. 从规范性文件的属性考察

规范性文件制定过程虽带有明显的立法性特征，但规范性文件并不属于法的范畴，对法院不具有法律规范意义的拘束力。尽管规范性文件对于相应范围内的行政机关具有拘束力，对民众和法院也能产生某种实际效力，但行政行为同样具有公定力、确定力、执行力等效力，二者并无本质上的不同。因此，就行政权与司法权的关系而言，法院对待规范性文件应当具有与对待行政行为一样的完整审查权。

3. 从制度演变历程考察

在《行政诉讼法》修改前，尽管缺乏正式的一并审查制度，但法院通过对法律规范的选择适用，实际上享有对规范性文件的一并审查权，最高法院也明确规定法院有权审查规范性文件的合法性、有效性、合理性、适当性，并可以在裁判说理中作出评述，通过拒绝适用不合法的规范性文件，能够阻却规范性文件在个案中的适用效力。应当说，《行政诉讼法》修改前，法院已经可以对规范性文件的合法性进行全面审查。如果在《行政诉讼法》正式建立规范性文件一并审查制度后，反而将司法审查范围局限于制定机关是否具有制定权限和具体条款是否与上位法抵触这两个方面，实有大幅倒退之虞。

(三) 对规范性文件的合法性审查标准

所谓"合法性"，首先是指"合法律性"或形式合法性，但又不限于此。与被诉行政行为相比，制定规范性文件所蕴含的自由裁量权更大，如果仅仅进行形式合法性审查，司法审查可能流于形式。因此，对规范性文件的审查也要适当兼顾实质合法性审查。

1. 形式合法性审查

法院需要审查规范性文件的制定主体及权限是否合法，是否存在越权情形；审查规范性文件的制定程序和形式是否合法；审查规范性文件的内容和依据是否合法（见表2）。

表2　形式合法性审查的基本框架与标准

项目	标准	说明及示例
主体与权限的合法性	制定主体有无独立行政主体资格	内设机构一般不具有规范性文件制定权。根据《国家行政机关公文处理办法》的规定，政府及其部门的办公厅（室）可对外正式行文，其发布的部分规范性文件可以作为依据，如行政机关的"三定方案"等。
	制定权来源是否合法	既可源于宪法和组织法赋予的固有职权，亦可源于其他法律规范或者行政规范的专门授权。授权既包括明确具体的授权，也包括笼统概括的授权。
	是否超越具体权限	可分为横向越权和纵向越权，前者包括事务越权和地域越权，后者一般指向上越权，即下级行政机关制定了本应由上级行政机关制定的规范性文件。有时，上级行政机关授予下级行政机关制定规范性文件后，又自行制定了调整同一事项的规范性文件，基于上下级行政机关的隶属关系，可视为上级行政机关事实上收回了对下级行政机关的授权，不构成越权。不过，如果下级行政机关的规范性文件制定权源于立法机关或者更高层级的行政机关的授予，上级行政机关就同一事项制定规范性文件，可构成向下越权。

续表

项目	标准	说明及示例
程序与形式的合法性	是否经过公布	未经公布的规范性文件一般不具有约束力。不过，有些内部规范性文件（如组织性规则、裁量基准等）可能只在行政系统内部传达或下发而不向社会公布，但它们仍对行政执法具有约束力，并随着行政执法而发生外部效果，不宜仅以未经公布就一概否认其合法性。
	是否符合授权法的程序要求	对规范性文件制定权的授予有时会附加程序要求。如《北京市城市房屋拆迁管理办法》第四十二条授权市国土资源和房屋管理局制定搬迁补助费、提前搬家奖励费和停产停业综合补助费的具体标准，但同时要求报市人民政府批准后公布实施。
	是否符合专门法律规范的程序要求	我国尚无统一的行政程序法，但不少行政机关以规章或规范性文件的形式对规范性文件制定程序作出专门规定，例如《财政部规范性文件制定管理办法》《吉林省规范性文件制定办法》等。
内容与依据的合法性	是否违反法律保留原则	包括侵害保留和重要事项保留。前者如国务院《全面推进依法行政实施纲要》中有关“没有法律、法规、规章的规定，行政机关不得作出影响公民、法人和其他组织合法权益或增加公民、法人和其他组织义务的决定”的规定；后者如《立法法》第八、九条的规定。
	是否与上位法律规范或行政规范的具体规定相抵触	(1) 对行政相对人更不利，包括缩小权利主体范围，限制或剥夺行政相对人的权利，增加行政相对人享有权利的条件，扩大行政相对人的义务等； (2) 对行政机关的约束更松弛，包括扩大行政主体或其职权的范围，延长行政主体履行职责的期限，缩小行政主体义务，简化行政主体行使职权的法定程序并可能对相对人合法权益产生不利影响等； (3) 改变法律规范或上位行政规范的适用条件、范围或处理方式，包括增设或限缩违反法律规范或上位规范的适用条件，改变法律规范或上位行政规范已规定的违法行为性质，改变法律规范或上位行政规范规

续表

项目	标准	说明及示例
		定的给予行政处罚的行为、种类、幅度范围，超出法律规范或上位行政规范规定的强制措施的适用范围、种类和方式及改变其适用条件，增设法律规范或上位行政规范所未规定的行政许可条件等。
	是否违反上位法律规范或行政规范的基本原则	如某市房地产行政主管部门制定的规范性文件规定拆迁期限届满后才提出拆迁纠纷裁决申请的，不予受理。尽管该规范性文件并未直接违反上位法的具体规定，但不符合上位法建立拆迁裁决制度的基本精神和目的，既导致拆迁纠纷无法通过法定途径解决，也无法保障被拆迁人及拆迁人的合法权益。

2. 实质合法性审查

除了审查形式合法性，法院亦应借助“滥用职权”和“明显不当”两项审查标准，实现对规范性文件制定过程中行政裁量权的司法规制。

一是目的明显不当的规范性文件不具有合法性。例如，行政机关可出于资源保护等公共利益的需要提前收回采矿许可，但如果出于创收目的发布规范性文件，要求通过竞标方式重新确定被许可人，则为目的不适当。类似的例子还有，仅仅为了展示城市的对外形象而限制低档轿车在特定街道上行驶；为了实现地区封锁而禁止外地商品销往本地等。

二是明显违反基本法律原则的规范性文件不具有合法性。例如，假设行政机关规定残疾人不允许报名参加国家司法考试，即违反了平等对待原则。需要注意的是，如果规范性文件将某类人作特殊化处理具有法律、法规或政策依据，或者是由相关事项的特点、属性所决定的，则不违反平等对待原则。例如，国家司法考试对一些少数民族地区实行低于统一标准的合格线，因符合国家民族政策，不违反平等对待原则。又如，有关飞行员资格的规范性文件将视力不佳者排除在外，因系飞行员职业特点所必须，也不违反平等对待原则。

三是完全不具有事实根据的规范性文件不具有合法性。规范性文件依据的事实往往是立法性事实，具有价值判断的浓厚色彩，法院需要高度尊重。例如，行政机关为了治理大气污染而对机动车采取限购、限行措施，尽管机动车尾气排放对大气污染的影响程度还存在争议，法院也不应轻易否定。但如果某地机动车保有量很低，却对包括电动机动车在内的所有机动车采取严格的限购或限行措施，则可能会因缺乏基本事实依据而违法。此外，如果规范性文件的相关内容完全不具有事实上的可行性，也不应认可其合法性。

四、“刚性”到“弹性”：基于司法过程厘定审查强度

（一）规范性文件一并审查的必要性原则

当规范性文件的合法性构成行政行为合法性审查的前提时，法院应尽量启动对规范性文件的一并审查并应对规范性文件进行全面审查。即使《行政诉讼法》规定的一并审查启动要件无法成就，法院亦应从法律适用的角度对规范性文件进行主动审查。道理很简单，不对规范性文件的合法性进行审查，就无法判断依据规范性文件作出的行政行为的合法性。作为一枚硬币之两面，当规范性文件的合法性不构成行政行为合法性审查的前提时，对规范性文件进行一并审查就缺乏必要性，实际上演化为对规范性文件的变相直接审查。但由于仍采取一并审查程序，规范性文件的制定机关通常并不参加诉讼，规范性文件的依据和理由也无从得以展示和辩论，同时，法院无论在事实问题还是法律问题上的探知能力均受到较多限制，在此情况下仍启动对规范性文件的合法性审查，正当性也不足。因此，在对规范性文件进行全面合法性审查之前，法院需要就审查的必要性进行审查和判断。

1. 前置于合法性审查的可适用性审查

规范性文件一并审查是在法律适用层面进行的，目的在于确定行政行为是否适用了不该适用的规范性文件。如果规范性文件不具有可适用性，例如，尚未生效或者已经失效，虽有效但效力不及于案件所涉领域、地域以及人和事，即可认定被诉行政行为适用该规范性文件错误，该规范性文件是否合法已不影响案件审理，此时，应当驳回原告提出的一并审查请求。同理，如果对行政行为的起诉不符合法定起诉条件，法院无须审查行

政行为的合法性，也就无须启动规范性文件一并审查。

2. 被诉行政行为存在其他合法性缺陷时的司法应对

如果规范性文件具有可适用性，则法院需要对其合法性进行审查并作出评价，否则无法认定行政行为适用法律规范的合法性。实践中可能出现如下情形：行政行为存在诸如超越职权、认定事实错误、违反法定程序等违法情节，法院依据这些情节已足以认定行政行为违法。此时，法院是否还要审查并评价规范性文件的合法性？笔者认为，如果当事人已提出一并审查请求，法院应对规范性文件的合法性作出评价。因为当事人请求一并审查所针对的规范性文件不仅具有可适用性，且其合法性与被诉行政行为合法性直接相关，当事人要求法院对被诉行政行为合法性进行全面审查完全正当，法院不能回避当事人的诉求。反之，如果当事人并未提出一并审查请求，则法院有灵活处理的余地，可以超越职权等理由认定行政行为违法，对行政行为依据的规范性文件的合法性不作明确评价。

3. 对规范性文件中与案件无关内容不予审查

规范性文件往往包含着多个具体的行政规范，而行政行为依据的可能只是规范性文件的部分内容，因此，法院需要审查的首先是这一部分内容，对与行政行为合法性无关的内容应不予审查。但需要注意以下几点：其一，制定权限和制定程序往往具有整体性，一并审查中不能只审查具体条款而忽略对制定权限和制定程序合法性的审查。其二，同一规范性文件的不同条款可能具有可分性，也可能存在紧密的联系而不可分，例如，对某一行为的定性条款和处理条款之间就往往不可分，即使行政行为只引用了其中一个条款，也应将另一条款纳入一并审查范围。其三，如果行政行为内容中只载明规范性文件名称而未明确具体条款，法院应先行确定规范性文件的哪些内容与行政行为合法性有关，将相关的部分纳入一并审查范围，对无关的部分不予审查。

（二）规范性文件一并审查强度的基本框架

尽管法院对规范性文件的审查应当深入到实质合法性层面，一定程度上已干预到行政裁量权的行使，但这绝不意味着对司法审查没有限度。恰恰相反，司法过程有其内在的局限性，法院在一并审查规范性文件时，应当给予行政机关适度的尊重，避免不当干预（见表3）。同时，在审查强度的具体拿捏上，应当考虑政策及专业色彩之浓淡、对相对人权益影响之深浅、稳定性之大小以及其他手段（如行政程序）控制作用之强弱以及主要涉及法律问题还是事实问题等因素（见图2）。

表3　司法尊重行政的主要理由

行政之特点	司法之局限	尊重之必要
行政活动具有连续性和关联性，须整体考虑并一体解决	司法活动以个案为基础，通过个案实现正义	有利于保持政策的一致性与连续性
领域广泛、分工细密、专业技术性强，需要与之相适应的知识、技能和经验	法官作为法律问题专家，难以全面掌握行政领域的专门知识、技能和经验	有利于发挥行政专长并增强结果的妥当性
规范性文件能克服立法的有限性、模糊性和滞后性，有时立法使用模糊语言正是为了委任行政机关解释、细化	司法机关并非立法授权的对象，由司法机关对立法进行解释的正当性不及行政机关	体现对立法的间接尊重并提升正当性
规范性文件制定具有准立法性，常蕴含利益分配和调整等政策性考量	司法擅长解决法律纠纷，运作方式不适合解决宏观的政策性问题	避免司法陷入政策之争

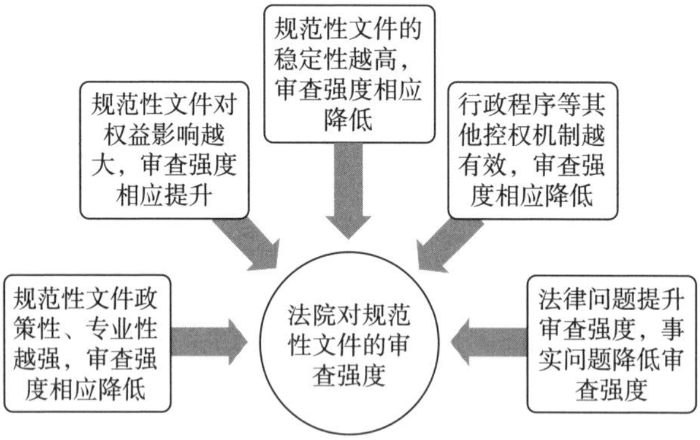

图2　影响司法审查强度的主要因素

对照规范性文件一并审查的范围和标准，可以勾勒出审查强度的大致框架：

1. 对制定权限的审查

对制定权限的审查基本只涉及法律问题，专业性因素不明显，法院具有比较优势，且制定权限是否合法直接影响规范性文件其他方面的合法性，对行政相对人权益和行政秩序影响重大，故原则上应当进行深入审查。

2. 对所涉条款具体内容的审查

行政行为一般依据规范性文件中的创设性条款、解释性条款和裁量基准性条款。对于创设性条款，应主要根据涉及事项和对权益影响的不同而采取不同的审查强度。对于仅涉及内部程序、机构设置等事项的组织规则，应予以较高程度尊重。如果涉及外部相对人的合法权益，对于授益类规范应予以强尊重，对于侵益类规范应予以严格审查。对于解释性条款，由于主要涉及法院所擅长的法律问题，因此应当进行较深程度的审查。尤其当解释的对象属于经验性概念时，更应如此。例如，对《行政强制法》有关行政机关不得在夜间实施强制执行规定中的“夜间”的解释，即属此类。如果解释对象带有很强专业技术性或浓厚价值判断色彩，则应给予更强的尊重。对于裁量基准，由于本身就属于行政机关裁量范围内的事项，因此，法院的审查不宜过深。尤其对于行政机关长期、广泛执行的稳定性强的裁量基准，应给予更大程度的尊重。

3. 对事实基础的审查

规范性文件制定中涉及的事实主要是立法性事实，具有三个方面的鲜明特点：一是证实或证伪的难度更大、成本更高。例如，行政机关认定机动车尾气排放是导致空气污染的主要原因，遂通过规范性文件对机动车交易和使用加以限制。要查明机动车尾气是否以及多大程度上导致空气污染，可采取的方式包括：分析机动车总量、尾气排放总量以及尾气成分与空气污染物成分的对比，通过停驶等试验方式进行反向证明，通过排除其他污染源来确定汽车尾气排放在导致空气污染中所起到的作用等。显然，该类事实证实或证伪的成本十分高昂。二是预测性和不确定性更强。例如，转基因食品对人体是否具有危害，人类行为是否会导致地球气候变化，诸如此类的问题都存在更高的预测性和不确定性，验证难度进一步加大，甚至在特定的历史时期无法证实或证伪。三是价值判断因素更多。例如，法律授权行政机关基于公共利益对某一产业进行规制，行政机关首先要认定何为公共利益，然后才能认定规制是否有助于实现公共利益。但显然，对公共利益的认定不可避免地带有浓厚的价值判断色彩。对于立法性事实，行政机关通常被认为具有知识经验、资源、程序以及验证能力的诸多优势①，因此，法院应当避免进行过于深入的审查，应当给予行政机关强尊重。

4. 对制定程序的审查

法院对行政程序的审查既涉及事实问题，又涉及法律问题。即一方面法院要认定法律对行政程序的步骤、顺序、时限、方式等有何要求；另一方面要查明行政机关实际上遵循了哪些步骤、顺序、时限和方式；然后将二者进行对照，认定行政机关是否全部遵循了法定要求，如果没有完全遵循，接着再衡量程序违法的程度和后果。应当说，与行政程序相关的事实问题不涉及专业知识，并且是行政机关实际履行的具体情况，是一种裁决性事实，并非难以证实或证伪的立法性事实。同时，法律对程序的规定往往比较明确，即使需要进行法律解释，通常也不涉及专业技术性问题。因此，法院在程序问题上理应采取严格审查标准。不过，由于我国仅建立一并审查制度，规范性文件制定过程中的相关资料并不当然地需要提交给法院，法院审查存在缺乏案卷基础的困境。此种情况下，法院同样需要限缩审查的强度，也应立足于重大明显程序错误层面的审查。

五、结语

通过完善规范性文件一并审查的实体性规则，预计能为制度的运行起到强心剂的功效，司法“休眠”状态的改观也足可期待。为此，当务之急是出台相应的司法解释，既为审判实践提供明确指引，增强司法的“底气”；又对审判实践形成刚性约束，避免司法的恣意。同时，鉴于规范性文件一并审查制度具有不可克服的内在缺陷，在不远的将来，笔者希望看到规范性文件直接审查制度的建立。

---

① Todd S. Aagaard, *Factual Premises of Statutory Interpretation in Agency Review Cases*, 77Geo. Wash. L. Rev. 366 (2009).

履责类行政诉讼案件的审理规则与裁判标准①

——以2016年北京市中、高院二审行政裁判为样本

陈良刚*　周孟伟**

摘要：履责类行政诉讼案件中审理规则不明确、裁判标准不统一等问题较为突出，在一定程度上制约了行政审判健康可持续发展。因此，本文从实质履责之诉的角度，以2016年北京市中、高院全部二审行政裁判为样本对该类案件进行了深入细致的实证观察和理论研究，发现履责类行政诉讼案件存在诸多特点，比如案件总量多、比重大、上升快；各级各类行政机关均有涉诉，并向授权组织延伸；被上诉人以行政机关为主，分布相对集中；涉及的行政管理领域广泛，民生指向和城建指向明显；要求履行的职责集中于传统类型，并向新类型辐射；实体审理率不高，乡镇街道、区政府尤为突出；司法审查从形式化向实质化转向的特点鲜明。同时，在该类案件审理存在诸多问题，包括：裁判标准不统一，审理规范化亟待加强；审理思路不一致，过渡期色彩鲜明；所载案由不规范，实质履责之诉体现不充分等。在此基础上，课题组以司法审查由形式化向实质化转向的基本趋势为前提，以统一司法审查标准、促进行政审判规范化为目标，从基本起诉条件的审查、对法定职责的审查、案件审理程序、履责阻却事由的司法认定以及裁判方式的统一等方面对该类案件的审理规则和裁判标准进行重构。

---

① 该文作于2017年。

* 陈良刚，原北京市第四中级人民法院行政审判庭庭长，现任北京金融法院审判第三庭庭长，法学博士。

** 周孟伟，北京市第四中级人民法院综合审判庭（环境资源审判庭）法官助理。

履责类行政诉讼案件一直以来都是行政诉讼中一种重要的案件类型，在新《行政诉讼法》实施的背景下，行政审判涉及的领域不断拓展，行政诉讼类型化理念逐步确立，行政审判思路也在发生深刻变化，履责类行政诉讼案件审理规则不明确、裁判标准不统一等问题愈加突出。因此，本文以2016年北京市中、高院二审行政裁判为样本和基础数据来源，通过全面、翔实、深入的统计分析，掌握实践难题，把握实践特点，预测实践走向，继而明确履责类案件审理规则和裁判标准，促进行政审判实践之规范化、标准化，推进法治政府建设和法治社会发展。

一、履责类行政诉讼案件的特点分析

履责类行政诉讼案件是指公民、法人或者其他组织请求行政机关履行特定的行政职责或义务，行政机关拒绝履行（口头或书面）或者不予答复的诉讼类型。因此，履责类行政诉讼案件有两种类型，其中不予答复是一种在形式和实质上都不作为的情形。在形式上，行政机关并未对行政相对人作出任何有意思表示的行为；在实质上，行政机关没有作出任何具有法律约束力的行政行为。① 而拒绝履行在形式上存在一个口头或者书面的答复，传达行政机关拒绝履行相应职责的意思表示，是一个否定性的行政行为，得为撤销诉讼之标的。② 不过，这种拒绝履行的作为又与实质撤销之诉的标的的作为有很大区别，行政相对人的权益无法通过撤销之诉得到直接的救济，还需要行政机关履行特定的职责，在这个意义上，拒绝履行是实质意义上的履责之诉。本文就从实质履责之诉的角度，对2016年北京市中、高院全部二审行政裁判进行了逐案梳理和统计分析，发现履责类行政诉讼案件存在以下特点。

（一）案件基础情况

1. 履责类行政诉讼案件总量多、比重大、上升快

2016年北京市中、高院审结二审行政案件5126件（不包含原告撤回

① 参见江必新、梁凤云：《行政诉讼法理论与实务》，法律出版社2017年版，第267页。

② 同上。

上诉的 106 件)，履责类行政诉讼案件 1242 件（不包含不履行信息公开法定职责的案件)，占全部二审案件的 24.2%，比例相对较高[①]，并随着新《行政诉讼法》的实施和立案登记制改革的推进呈现快速上涨的趋势。可见，履责类行政诉讼案件总量较多，在行政诉讼中分量较重，行政机关履行法定职责的合法性成为司法审查监督的重点和难点。

2. 各级各类行政机关均有涉诉，并向授权组织延伸

履责类案件涉诉机关的类型较为丰富，覆盖面较为广泛，具有一定程度的分散性，并呈现不断扩展的趋势。其中包括北京市各级人民政府（乡镇街道人民政府、各区人民政府、北京市人民政府)、县级以上人民政府工作部门（各区政府委办局、市政府委办局、国家部委)，县级以上人民政府工作部门所属的机构（如各区房屋管理局、房屋征收办公室等)。此外，该类案件的被告逐渐从行使行政权力的主体向行使公共权力的主体延伸，社会保险基金管理中心、土地储备中心、北京市法律援助中心、高等院校（诸如清华大学、北京大学、中央美术学院、北京协和医学院等)、中小学校、房屋投资管理公司等行使社会公共管理和服务职能的企事业单位也成为涉诉主体，甚至还包括部分村民委员会、居民委员会等群众自治组织。

3. 涉诉行政机关在分散的基础上相对集中

涉诉行政机关在分散的基础上相对集中，其中居前六位的包括：各级公安管理部门，各区人民政府，各级规划和国土资源管理部门，各级住房和城乡建设管理部门（包含各级住房和城乡建设委员会、房屋管理局等)，各级劳动和社会保障管理部门（包含各级人力资源和社会保障局以及社会保险基金管理中心)，乡、镇、街道人民政府。

由此可见，履责之诉中，各级各类行政机关的二审应诉压力不同。公民、法人和其他组织履责请求多针对乡、镇、街道和区人民政府，北京市人民政府涉诉较少，多在复议双被告案件中作为复议机关出庭应诉。特别

---

① 由于信息公开类案件作为一种单独的案件类型，数量较大且具有特殊性，因此，本文在进行统计分析时，将信息公开类案件排除出履责类案件之外。如果加上信息公开类案件，比例将达到 50%以上。

是区政府涉诉案件占比位居第二，但是其作为一级人民政府，多履行综合协调职能，具体的管理职责大多由所属的职能部门承担。反映出公民、法人和其他社会组织提出的履责请求的针对性、有效性相对不高，实现其预期救济目的的可行性不强。同时也反映出矛盾纠纷的基层化解和具体职能部门化解渠道不够通畅、效果亟待加强。从管理领域看，公安管理部门、规划和国土资源管理部门、住房和城乡建设管理部门、人力资源和社会保障管理部门收到的履责申请较多，可见公民、法人和其他组织请求提供保护和救济的领域多集中于公安、土地、房屋、社会保障等，涉及重大民生事项，关乎人身权、财产权等重大切身利益。

（二）案件所涉类型和领域

1. 涉及的行政管理领域广泛，民生指向、城建指向明显

该类案件涉及的行政管理领域也相对较为丰富，既包含公安、资源、城乡建设、工商等各个传统行政管理领域，同时金融监管、环境保护、科技管理、信息电信等新兴的领域也逐渐有所涉及。据统计分析，居前五位的为下列行政管理领域（见表1）。

表1　案件涉及领域

涉及领域	城乡建设	公安	资源	劳动社保	乡政府
案件数量/件	337	274	130	117	95
所占比例/%	27.1	22.1	10.5	9.4	7.6

一是涉及城乡建设行政管理的有337件，占比达27.1%。既包括城市规划管理、房屋拆迁管理、房屋登记管理，还包括其他城建行政管理。主要是因土地房屋征收拆迁以及腾退引发的行政补偿、查处违法拆迁和查处违法建设等争议；此外，还包括因单纯违反城市规划而引发的违法建设拆除以及住宅房屋所有权、使用权、抵押权登记等。

二是涉及公安行政管理的有274件，占比22.1%。其中不仅包括要求公安机关进行治安管理、消防管理、道路交通管理、户籍管理等传统行政职责，还包括要求公安机关进行刑事侦查、警务督察等不属于行政职责范围的行为，此外还有部分公民、法人或其他组织因土地房屋征收、拆迁或腾退，违法建设的强制拆除以及民事纠纷等向公安机关报警，要求公安机

关履行保护其人身权、财产权的法定职责。

三是涉及资源行政管理的有130件，占比10.5%。包括土地行政管理、林业行政管理以及能源行政管理，其中土地行政管理相对较多，占资源行政管理的绝大多数，达123件。既有要求查处违法利用土地的行为、集体上地确权审批、国有土地许可登记，还有部分涉及征收拆迁腾退项日争议引发的土地利用争议。

四是涉及劳动和社会保障行政管理领域的有117件，占比9.4%。主要涉及人力资源和社会保障部门的退休审批、工伤认定，社会保险等部门的退休金、养老金给付等，以及相关的行政复议决定。

五是涉及乡政府（包括乡、镇、街道人民政府）的有95件，占比7.6%。主要涉及集体土地争议、村务公开、群众自治组织管理等。

上述领域的行政机关与人民群众的距离近、承担与群众切身利益相关的职能多，特别是此类行政管理职能的履行关系行政相对人的土地、房屋、社会保障金等重大的财产权利以及切实的人身权利，与民生息息相关。同时，因土地房屋征收拆迁引发的行政争议也占比较大，关涉首都城乡建设的进程和“疏解整治促提升”工作大局，尤其是棚户区改造项目工程，是优化首都功能、改善民生、推进城市现代化建设的重点工作。因此，履责类案件具有明显的民生指向和城建指向，处理效果的好坏关系重大。

2. 要求履行的职责集中于传统类型，并向新类型辐射

公民、法人或者其他组织诉行政机关不履行的特定行政职责或义务较为丰富多样，涵盖了行政处罚、行政强制、行政裁决、行政确认、行政登记、行政许可、行政复议、行政监督、行政合同、行政奖励、行政补偿、行政救助、行政协助等多种行政管理职责。其中，公民、法人或者其他组织请求行政机关履行特定行政职责或义务的重点在于行政监督、行政复议、处理报警这三个领域，比例均达到10%以上；要求行政机关履行行政登记、行政补偿、行政许可（审批）、行政确认、行政给付的数量居中，在3%~5%之间。基本上都集中在行政机关的传统行政职责领域。此外，另有60余个申请事项无法归入特定的行政行为类型中，属于要求行政机关

履行其他行政职责或义务，占比4.8%。比如要求教育管理部门或教育机构履行招生入学、学籍管理、学位授予等职责，要求行政机关审查修改规范性文件，要求行政机关准予其进行档案信息查询等。这类履责申请无法纳入传统的行政职责范围，其规范性、针对性、有效性相对不足。

（三）案件裁判结果

1. 实体审理率不高，以乡镇街道、区政府为被告的案件尤为突出

在北京市中、高院2016年审结的1242件履责类二审行政案件中，一审裁定驳回原告起诉789件，占全部案件的63.5%；判决驳回原告诉讼请求407件，占全部案件的32.8%；判决全部撤销或部分撤销行政行为，并责令行政机关重新作出处理23件，占比1.9%；判决行政机关给付或者履行法定职责15件，占比1.2%；[1] 判决确认行政行为违法8件，占比0.6%（见图1）。实体审理率为36.6%，行政机关一审败诉率为3.7%。

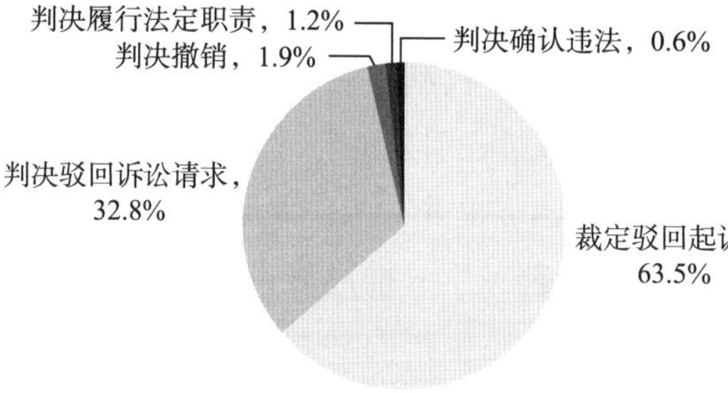

图1 一审裁判方式

此外，按行政机关类别分析，公安机关、规划和国土资源管理部门、住房和城乡建设管理部门涉诉量居前三位。其中公安、规划和国土资源管理部门的实体审理率与平均的实体审理率基本持平，住房和城乡建设部门的实体审理率稍低；按行政机关级别分析，北京市有乡镇街道、区、北京市人民政府三级政府涉诉。其中，乡镇街道政府和区政府的实体审理率相对较低，均不足25%，而北京市政府单独做被告的案件全部为行政复议程序性驳回或不予受理的案件，故实体审理率相对较高。上述数据反映出起

① 为尊重行政机关的首次判断权，多数判决被告针对原告的请求作出调查处理或者重新进行调查处理，而非直接判令行政机关履行原告请求的法定职责。

诉乡、镇、街道和区政府不履行法定职责时的无效案件相对较多，能够进入实体审理，对行政机关是否履行法定职责进行司法审查的比例不高（见表2）。

表2 行政机关类别与审理情况

行政机关	公安	规划和国土资源	住房和城乡建设	乡镇街道	区政府	市政府
涉诉总量/件	267	137	135	105	158	23
裁定驳回量/件	166	86	93	81	121	4
实体审理量/件	101	51	42	24	37	19
实体审理率/%	37.8	37.2	31.1	23.8	23.4	82.6

2. 司法审查从形式化向实质化转向的特点鲜明

二审判决或者裁定驳回上诉，维持原判决、裁定的案件1215件，占比97.8%；依法撤销原判决、裁定，直接改判的案件18件，占比1.4%；指令原审人民法院继续审理的案件9件，占比0.7%。可见，二审改判或者发回重审率为2.1%。但是，在仔细比对一审和二审裁判理由后发现，部分案件二审法院虽维持一审判决、裁定，但是裁判说理部分有所不同。特别是对于一审裁定驳回原告起诉的案件，二审法院或者是在未明示与一审裁判理由不同的情况下，法律语言的表述有所区别，但是适用的法律、法规未变；或者是在未明示与一审裁判理由不同的情况下，适用不同的法律、法规或者以不同的理由裁定驳回原告起诉；或者明示与一审裁判理由不同，但是认为原审裁定驳回原告起诉的结果并无不当，予以维持。

通过二审直接改判和指令原审人民法院继续审理的案件以及部分维持一审裁判的案件可以看出，目前，履责类行政诉讼更加注重司法审查的实质化。具体来说：一是对行政机关的法定职责做更加宽泛的理解，不仅包括法律、法规、规章规定被告应当履行的职责，也包括行政机关在不违反法律、法规、规章规定的前提下通过规范性文件、行政协议、行政承诺等设定或形成的职责，还包括附随于行政机关的现行行为而产生的保护行政相对人合法权益的职责等。二是在行政主体具有法定职责的情况下，则不仅审查行政主体针对行政相对人的申请是否作出了答复，还审查该答复是否正确、合法，其作为义务是否真正履行或者充分履行。三是对起诉条件的审查也更加侧重实质而非形式。例如，被告没有法定职责的，原告虽是行政程序的启动者但与履责事项没有实体性利害关系的，原告基于同一事实和理由反复申请履责的，法院更多采取裁定而非判决的方式处理。

二、履责类行政诉讼案件主要问题分析研究

（一）裁判标准不统一，审理规范化亟待加强

履责类行政诉讼案件裁判标准不统一的情况较为明显，特别是对于某些情况下是应当裁定驳回原告起诉还是应当判决驳回原告诉讼请求仍有争议。在原告不符合起诉条件时，法院裁定驳回原告起诉的理由和法律适用也多种多样。例如，在法院认定行政机关不负有法定职责时，存在如下几种裁判方式：（1）适用《行政诉讼法》第四十九条第三项的规定（有的兼采或者单独采用《最高人民法院关于适用〈中华人民共和国行政诉讼法〉若干问题的解释》第一条第一项的规定），以原告起诉被告履行法定职责没有事实根据为由裁定驳回原告起诉；（2）适用《最高人民法院关于适用〈中华人民共和国行政诉讼法〉若干问题的解释》第一条第十项的规定，以不符合其他法定起诉条件为由裁定驳回原告起诉；（3）适用《行政诉讼法》第四十九条第四项的规定，以被告并无该项行政职责，原告起诉并非人民法院受案范围为由裁定驳回原告起诉；（4）适用《行政诉讼法》第六十九条的规定，经过实体审查后以原告的诉讼请求没有事实根据和法律依据为由判决驳回原告诉讼请求。诸如此类裁判标准不统一的现象还有不少，亟待通过审理规则的明确予以规范化。

（二）审理思路不一致，过渡期色彩鲜明

目前，司法审查正在由形式化向实质化转向，法院对行政机关履行法定职责的司法监督力度不断加大，更加关注实质而非形式，更加关注行政目的的实现。在这种转型的背景下，特别是由于拒绝性答复可以作为撤销之诉的标的，该类实质不履责之诉极易与撤销之诉相混淆，导致个案审理思路的不一致，司法审查实质化转向未能完全实现，过渡期色彩鲜明。

比如，在判决驳回原告诉讼请求时，法院多数情况下适用《行政诉讼法》第六十九条，少数情况下，法院适用《最高人民法院关于执行〈中华

人民共和国行政诉讼法〉若干问题的解释》第五十六条第一款第四项的规定，将其作为其他应当判决驳回诉讼请求的情形。但具体的审判思路有所区别：有的案件采用履责类案件的审理思路，以被告并无法定职责或者已经履行法定职责，原告起诉被告不履行法定职责没有事实根据和法律依据判决驳回原告诉讼请求；有的案件采用作为类案件的审理思路，对涉诉的拒绝性答复进行合法性审查，认定所作拒绝性答复认定事实清楚、适用法律正确，并无不当；有的案件兼采两种思路，将拒绝性答复与行政机关是否履行职责作为两个具有关联性的诉讼标的进行审查，或认定行政机关已经就其申请履行了法定职责，涉诉的拒绝性答复并无不当，或认定行政机关对其申请作出的拒绝性答复并无不当，行政机关已经履行了法定职责（具体采取哪种表述，与当事人提出的诉讼请求及案由相关）。另有个别案件，将行政机关是否履行职责与最终的拒绝性答复作为两个完全独立的诉讼标的，仅审查行政机关是否就原告的申请履行调查处理的法定职责，而对于最终处理决定的合法性要求另案处理。

（三）所载案由不规范，实质履责之诉的意识不足

从案件类型来看，裁判文书中的案由较为复杂多样，形式上极为不统一。归纳起来，裁判文书中所载案由有以下几类：(1) 部分案件严格依照《最高人民法院关于规范行政案由的通知》中不作为类案件案由的构成要素和确定方法的规定，以"诉某行政机关不履行某一特定行政职责或义务"作为案由，如"诉北京市公安局不履行行政复议法定职责"；(2) 部分案件在依照《最高人民法院关于规范行政案由的通知》不作为类案件案由的同时进行简化，省略原告认为行政机关没有履行的特定行政职责或义务，仅以"诉某行政机关履行法定职责""诉某行政机关不（拒绝）履行法定职责""要求某行政机关履行法定职责"作为案由；(3) 部分案件中由于存在行政机关作出的书面拒绝性答复，裁判文书中的案由就直接以该拒绝性答复的名称作为案由，以"诉（不服）某行政机关作出的答复"形式载明，例如，"诉北京市顺义区人力资源和社会保障局《不予认定工伤决定书》""诉中国保险监督管理委员会北京监管局《保险消费投诉办理情况告知书》"；(4) 少部分案件依照《最高人民法院关于规范行政案由

的通知》对作为类案件案由的构成要素和确定方法的规定，以“行政管理范围+具体行政行为”为结构确定案由，如“税务行政复议”“劳动保障行政监察”等，个别案件仅以行政管理范围作为案由，如“土地行政管理”；（5）部分案件并未依照《最高人民法院关于规范行政案由的通知》规定的案由确定方式，而直接以“诉某行政机关不作为”“因某行政机关不作为”作为案由；（6）此外，还有部分案件根据原告的诉讼请求确定案由，以要求确认某行为或者答复违法或者撤销某行为或者答复作为案由。

由此可见，履责类行政诉讼案件的案由较为不规范，并未依照《最高人民法院关于规范行政案由的通知》中关于不作为类案件案由的构成要素和确定方法来确定案由，特别是部分案件采用作为类案件案由的构成要素和确定方法或者直接以拒绝性答复、原告的诉讼请求作为案由，存在与撤销之诉相混淆的潜在风险。就北京市2016年二审行政裁判而言，其中行政机关就行政相对人的申请未做答复的有487件，占全部二审案件的39.2%。该类案件裁判文书中所载案由基本可以归为不作为类案件案由，但仍有个别案件采用作为类案件案由；而行政机关就行政相对人的申请作出口头或书面答复的有755件，占全部二审案件的60.8%，该类案件多数以拒绝性答复作为案由或按照作为类案件确定案由，依照《最高人民法院关于规范行政案由的通知》中规定的不作为类案件确定案由的仅为少数。

三、履责类行政案件的审理规则和裁判标准规范的重构

根据上文统计分析，履责类行政诉讼案件目前存在裁判标准不统一，审理思路不一致等问题，亟需在实操层面上予以明确，因此，本文第三部分就履责类行政诉讼案件审判规范化的视角，对该类案件的审理规则和裁判标准予以重构。

（一）对起诉条件的审查

1. 对履责申请的审查

一般情况下，起履责之诉首要的前提条件是证明收到了原告提出的履责申请。如果根据法律及司法解释所规定的举证责任分配规则，人民法院无法认定或推定被告收到原告提出的履责申请的，应以原告提起履责之诉

不具有事实依据为由，裁定驳回起诉。具体来说，要对履责申请进行以下几个方面的审查。

（1）申请履责的途径和方式应当适当。

第一，原告针对另一行政程序提出的意见涉及履责事项或将履责申请作为另一行政程序的书证提交的，不能认定为独立的履责申请。第二，公民、法人或者其他组织通过专门的信访途径反映情况、提出要求，一般不视为提起履责之诉应当先行提出的适格履责申请；但对于公民、法人或者其他组织向具有法定职责的行政机关提出的明确具体的履责请求，行政机关作为信访事项处理的，不影响公民、法人或者其他组织基于该申请提起履责之诉。第三，原告提出履责申请的途径明显不适当，以至于行政机关无法合理注意到履责申请的，不能视为原告提出了履责申请。第四，向党的相关部门邮寄的申请材料，没有证据证明转至相关行政机关的，不能视为向行政机关提出了履责申请。第五，以行政机关的领导或工作人员为收件人，但通过注明收件人所在单位、邮寄地址属于行政机关住所地、邮件内容等表明邮件属于公务性质而非私人性质，且邮件内容表明是向行政机关提出的，应当视为向行政机关提出了履责申请。此外，即使申请材料存在一定瑕疵，但足以表明是向行政机关提出的履责申请的，亦应当认定原告提出了履责申请。

（2）履责申请的内容应明确具体。

第一，向行政机关提出的履责请求不明确，行政机关难以根据该请求确定具体履责事项的，不应视为适格的履责申请。第二，行政机关以申请材料不齐全或表述不明确等为由要求补正，并以申请人未按要求补正不予答复处理的，应根据不同情形作出相应裁判：一是看法律规范对不按要求补正的法律后果是否作出了明确规定；二是看行政机关要求申请人补正是否适当，即是否确需补正；三是看申请人是否明示或默示接受了视为放弃申请的处理。

（3）原告应证明履责申请已经为行政机关收到。

根据法律及司法解释的规定，原告应当提供证据证明其向被告提出过申请，但原告因被告受理申请的登记制度不完备等正当事由不能提供相关证据材料并能够作出合理说明的除外。实践中，原告多以邮件方式提出申请，行政机关答辩未收到申请材料的案件时有出现：第一，邮单查询记录仅记载邮件已被签收，但未注明邮件签收单位及具体签收人员信息，又缺乏其他证据佐证的，不能证明邮件已送达；第二，原告有证据证明申请材料已由行政机关签收，邮单上虽未证明内件品名，但原告能够作出合理说明，且行政机关不能提供相反证据的，应推定原告的主张成立；第三，原告提供了提出申请的证据，但被告通过收件登记等证据足以证明申请未实际达到被告的，应认定被告未收到原告的申请；第四，提出申请有特定前置程序或期限要求，而原告无法证明已在特定期限或经过特定前置程序提出申请的，不能认定为适格申请。

（4）无须原告提出申请的情形。

第一，行政机关应当依职权主动履行作为义务且该作为义务已经具体化。第二，依申请的行政行为中，他人已通过提出申请启动了行政程序，且被告已将原告纳入行政程序当事人。第三，行政机关在行政程序中已认可他人以原告名义提出申请的，可不受前款限制。

2. 对原告主体资格的审查

提出履责申请的公民、法人或者其他组织并不当然具有提起履责之诉的原告资格。对起诉人是否具有原告资格的判断，要借助对申请人是否具有实体法上的请求权或是否与申请履责事项具有利害关系等方法加以判断。在此过程中，法院往往需要在事实与法律之间往返顾盼。履责类行政案件中利害关系的认定须满足以下条件：（1）应当是直接的利害关系；（2）应当是个别化的利害关系；（3）应当是现实的利害关系；（4）裁判时仍有利害关系；（5）属于法律规范旨在保护的利益。

值得注意的是，不具有请求权的当事人并不因为行政机关对其作出答复就自然取得提起履责诉讼的原告资格。通过对法律规范的解释，行政机关如果作出行政行为时负有考量和保护起诉人相关权利的义务，则相关主体权益就有可能因为行政机关未尽上述义务而受到侵害；反之，相关主体与行政行为不具有利害关系。目前，司法实践中对利害关系的把握较为严格，要求行政职责的履行能够直接为申请人带来利益，或者职责的不履行直接导致申请人的权益受损。

3. 对履责事项是否属于受案范围的审查

原告诉请法院判决被告履行的法定职责，应当属于被告在行政管理中应当履行且对公民、法人或者其他组织的合法权益产生实际影响的职责。原告诉请法院判令被告履行的职责不属于行政职责，或者被告是否履行原告要求其履行的职责对公民、法人或者其他组织的合法权益不产生实际影响的，人民法院应当以原告的诉请事项不属于人民法院行政诉讼受案范围为由裁定驳回起诉。司法实践中，以下情形应当认定不属于上述指向的法定职责：(1）要求行政机关履行制定、修改、废止规范性文件职责。(2）要求行政机关履行内部监督和管理职责（要求履行批准职责问题)。(3）要求行政机关作出属于中间性、阶段性等不成熟行政行为的职责。(4）要求履行行政复议决定或行政裁判直接确定的作为义务。(5）要求履行行政机关作为平等主体应当履行的义务或其他非行政职责。(6）要求履行信访职责。(7）要求履行保护政治权利。(8）明显不具有正当理由反复申请履责。(9）要求行政机关履行与其订立行政协议的职责。(10）要求行政机关履行调解、协调职责。(11）以要求履行政府信息公开职责为名进行咨询、信访或者举报，以及要求公共企事业单位公开的信息并不属于其在提供社会公共服务中制作、获取的信息等非政府信息。(12）要求公安机关履行刑事司法职责。

4. 对起诉时机的审查

(1）履责期限尚未届满就提起诉讼的。

公民、法人或者其他组织应当在行政机关的履责期限届满后提起行政诉讼。行政机关的履责期限包括初始履责期限和依法延期或扣除补正、征求意见等所用期限后的期限。初始履责期限尚未届满就提起履责之诉的，应当裁定驳回起诉。此种情况下，基于原告所称的申请时间，结合法律规定的履责期限，法院即可判断起诉时机是否已经成熟。反之，如果涉及延长期限、扣除期限等问题，需要结合行政机关提交的延期、扣除的证据判断是否还在履责期限内。同时，延长期限和扣除期限也存在违法问题，如果经审查不符合延期、扣除条件，或者未经法定程序办理，则还涉及程序违法的认定，构成拖延履责，因此，需要法院进行相对深入的审查。即便延长期限和扣除期限等均符合法律规定，似乎也以判驳为宜。

（2）履责期限届满后超期起诉的。

第一，对法定履责期限的把握。新《行政诉讼法》将法定履责期限从“60日”改为“2个月”，将另行规定履责期限的法律规范限定于法律和法规，不再包括规章及以下规范性文件。此外，还规定如果存在紧急情况，可以不受2个月履责期限届满的限制。如果规章或规范性文件规定的履责期限超过2个月，即使规章或规范性文件规定的履责期限尚未届满，但新《行政诉讼法》规定的2个月期限已经届满，则起诉时机应认为已经成熟。如果规章或规范性文件规定的履责期限短于2个月，起诉时该履责期限已经届满，但尚未满2个月的，应当认为起诉时机已经届满，且应以规章或规范性文件规定的更短期限作为行政程序合法性的评判标准。

第二，对起诉期限的把握。履责类行政案件区别于以往传统的撤销类行政案件，起诉期限的确定因起算时点、履责期限以及纯粹不作为、拒绝性答复等因素的影响而需要结合不同的情形。一是纯粹不作为之诉的起诉期限。相对人申请行政机关履行法定职责，行政机关在接到申请之日起2个月内不予答复的，起诉期限自2个月届满后起算，期限为6个月，不适用2年的起诉期限。二是紧急状态下请求行政机关履行法定职责的起诉期限。紧急状态下请求行政机关履行法定职责，行政机关不履行的，原告提起诉讼不受行政机关履行期限限制。三是拒绝性答复之诉的起诉期限。行政机关对相对人的履责申请作出答复，相对人不服提起诉讼的，应当按照撤销之诉计算起诉期限，即从知道或应当知道该答复内容之日起计算，期限为6个月，未告知诉权和诉期的，适用2年的起诉期限。四是依职权履责之诉的起诉期限。依职权履责之诉应当以当事人知道或应当知道行政机关不履行法定职责侵害其合法权益之日起算，起诉期限为6个月。五是行政机关只作出中间性答复（如要去补正、对客观情况的描述等）但并无实质性结论的情形，仍以法定履责期限届满之日起6个月作为起诉期限，但行政机关如果在告知中载明了其履责的期限且该期限届满之日晚于法定履责期限届满之日的，以告知的履责期限届满之日为准。

（二）对法定职责的审查

原告诉请法院判决被告履行的职责应当属于被告的法定职责，认定行政机关是否具有法定职责需要注意以下几方面。

1. 厘清法定职责的来源

其一，行政职责既可以源于法律、法规、规章的规定，也可以源于规章以下规范性文件的规定。前提是相关规定具有合法性、有效性与适当性，如果有关行政作为义务的设定存在无效、违法或者明显不当的情形，则不予适用。其二，行政职责不仅源于义务性法律规范，基于职权与职责相统一的原理，也可源于授权性法律规范。其三，行政职责既来源于法律规范的具体规定，也源于法律规范的概括规定。司法实践中，在确定行政机关是否具有针对某项具体事务的作为义务时，根据特别法优于一般法的法律适用准则，应先根据具体规定加以判断，在没有具体规定的情况下，再根据行政机关的概括性职责来判断。其四，行政职责既源于法律规范，也可源于行政行为和行政惯例。常见情形包括：（1）行政协议设定行政职责；（2）行政允诺设定行政职责；（3）行政机关的先行行为带来行政职责；（4）行政惯例带来行政职责。

2. 准确判断法定职责的时间节点

法定职责的时点亦关系到行政机关是否具有相应的法定职责，判断行政机关是否具有相对人申请履行的法定职责，应以其收到相对人申请之时为时间节点。此后行政机关发生的职责变更，不能成为其不作为的正当理由。即行政机关的法定职责在其收到履责申请后发生转移的，即使其实质履责出现阻却因素，也应履行告知、移送等程序性职责。对于时点应当具体情况具体分析：（1）行政机关接到申请时负有职责，在法定履责期间内（含依法延长和扣除的期限）亦有职责，但未及时履责，履责期满后职责转移的，构成不履责违法。但能否判决该机关履行职责，则需要根据具体情况。（2）接到申请时负有职责，在法定履责期间内（含依法延长和扣除的期限）职责发生转移的，未能在转移前履行，可以将履责事项转交承继机关，并向申请人告知。既未自己履行，又未转交，构成不履责。（3）对于职责转移有特别规定，如规定已经受理的事项仍由原机关处理等，则仍应判决原机关履行。转移职责的相关法律规范虽无专门规定，但在实施过程中相关行政机关（如职责转出和受让方通过联合制定相关规定，或者上级机关作出相关规定）通过文件等方式确定衔接办法的，按照办法确定履责机关。（4）接到申请时没有职责，及时告知申请人之后，职责转由自己承担的，无须作出处理。但在告知申请人之前相关职责已转由本机关承担的，应当履责。（如果发现在职责转移前已由原负有法定职责的机关履行完毕的，亦负有程序性作为义务）

3. 明确行政机关是否有管辖权

行政机关是否具有法定职责与是否具有管辖权相关，一般情形下，行政机关应当对履责事项具有事务和层级的管辖权，否则履责程序无法启动。（1）行政机关不具有事务管辖权，即行政机关不具有管理此类事宜的职权。以四中院管辖的各区政府为被告的案件为例，多数原告认为区政府具有管辖区内所有事务的职责，而忽视了各行政机关按照法律规定负有事务相对应的职责。诸如区政府不具有监督管理住宅专项维修资金的法定职责；不具有安排适龄儿童入学的法定职责等。（2）行政机关具有事务管辖权，但不具有层级管辖权。一是对于层级管辖划分标准客观明确的，易于认定被告是否具有层级管辖权；二是对于上下级行政机关均可行使管辖权，但上级机关是否行使管辖权由其自行决定的（如"根据工作需要""认为有必要"等），只要上级机关未明示其自己行使管辖权，则应由下级机关履行相应职责；三是法律规范对上下级行政机关各自管辖权的划分标准系不确定法律概念（如"重大复杂"案件由上级机关管辖等），上级行政机关对此作出的规定或判断具有合理性的，人民法院应予尊重。（3）具有事务和层级管辖权，但不具有原告要求的具有特定指向和内容的职责。比如《义务教育法》第七条第二款规定，县级以上政府教育行政部门具体负责义务教育实施工作，但并不具有保证适龄儿童进入指定小学接受义务教育的法定职责。（4）两个或以上的行政机关对某一事项均具有法定职责，且法律规范对其各自职责范围未做划分的，相对人可以要求其中任何一个行政机关履行职责，即使具有法定职责的两个或以上的行政机关具有上下级隶属关系，上级行政机关的职责亦不因下级机关履行职责而免除。

（三）案件审理程序

1. 对于诉讼请求的审查

履责类行政案件中，诉讼请求可能因行政机关是否作出答复而存在不明确、复杂多样的情形。当行政机关未作出过任何答复，此时，原告的诉讼请求往往是要求履责，而“要求履责”又包括：笼统提出履责、要求履行答复职责、要求履行实质处理职责、同时要求履行答复职责及实质处理职责。当行政机关作出程序性答复时，原告有时既要求撤销答复，又要求履责；只要求撤销答复、只要求作出处理或者只要求履行特定职责。当行政机关作出拒绝性答复时，诉讼请求又与上述情况不一样，原告可能既要求撤销答复，又要求履责；也存在只要求撤销答复、只要求作出处理或者只要求履行特定职责的情形。

因而，在审理履责类行政案件中，法院不仅应当对诉讼请求是否明确进行审查并释明，同时应当准确判断诉讼类型，明确审理思路。当原告笼统提出履责，则诉讼请求可能存在不明确之处，法院应当予以释明并由原告明确履行的具体法定职责或职责内容。在行政机关未作出答复的情况下，原告可以同时要求履行答复职责及实质处理职责还是只能择其一提出诉讼请求，有待研究。对于行政机关作出程序答复或者拒绝性答复的情形时，只要原告的诉讼请求明确，不管原告如何对履责、撤销等予以罗列，均不影响诉讼类型的判断，应以履责之诉进行审理，最终的裁判应当以原告的履责请求能否成立为中心，而非对应原告表述各异的诉讼请求。

2. 追加第三人

《行政诉讼法》第二十九条规定了追加第三人情形，但是其中“被诉行政行为”是作为类案件中行为的表述。对于履责类行政案件中第三人追加问题如何适用该条的规定，应当根据相关法律、法规或者规章的规定，并结合原告提出的履责申请以及被告作出的处理结果或答复，予以判断。行政机关履行法定职责的行为与第三人存在利害关系，则应当追加第三人。

3. 规范性文件一并审查

实践中有一种观点认为，行政机关该作为而未作为是行政不作为，由于行政机关未作出行政行为，不存在行政行为依据规范性文件的问题，因此，也就不存在对行政行为依据的规范性文件进行一并审查问题。这一观点有失偏颇。《行政诉讼法》规定的“行政行为”包括行政作为和行政不作为。根据同一术语在同一法律中具有相同含义的基本原理，《行政诉讼法》第五十三条有关原告可以请求对行政行为依据的规范性文件进行一并审查的规定，同样适用于行政不作为案件。实践中，行政机关经常以规范性文件作为其不具有特定职责或履责条件尚未成就的依据。将行政不作为依据的规范性文件纳入一并审查范围，既是法律规定的应有之义，也是对行政不作为、缓作为和作为不到位进行治理的重要一环。

（四）对履责阻却事由的司法认定

行政作为义务一旦具体化，就推定具备履行条件，除非行政机关能够证明存在客观或法律上的阻却因素导致其无法实际履行。

1. 客观的阻却因素

最具正当性的理由是不可抗力，即不能预见、不能避免且不能克服的客观情况，包括地震、台风、洪水等自然现象，也包括战争、戒严等社会现象。行政主体因不可抗力而无法实际履行作为义务的，构成行政不能作为而非行政不作为，不具有违法性与可归责性。

2. 法律的阻却因素

法律上的阻却因素可源于法律规范对行政作为范围、方式的限制。例如，根据《北京市集体土地房屋拆迁管理办法》第二十六条的规定，房屋拆迁主管机关负有对拆迁行为的监管职责，对于违法拆迁行为应予查处。该规定中的“查处”在文义上显然包含“处罚”在内，如果拆迁人的确实施了违法拆迁行为，被拆迁人也要求房屋拆迁主管机关予以处罚，则应认定行政作为义务已经具体化。然而，由于行政处罚法对行政处罚的设定作出明确的限制性规定，北京市上述规章的规定不能作为行政机关实施处罚的依据。据此，房屋拆迁主管机关不能实施处罚行为。

3. 法律价值上的权衡取舍

基于法律价值上的权衡取舍，在一定情况下也可不履行作为义务。如紧急避险的情形，即指行政主体同时面临两个或以上需要立即履行的行政作为义务，其本身无法同时履行，又无法通过委托或请求协助等其他方式予以履行，不得已选择履行对相对人合法权益或公共利益影响更大的作为义务，而对影响较小的作为义务不予履行。此时，行政机关未履行该项作为义务，也不应认定为违法。当然，为防止行政机关逃避作为义务，对紧急避险应从严认定。

实践中，有时行政机关以执法任务重、执法力量短缺、矛盾风险隐患大等作为未履行或未及时履行法定职责的抗辩理由，这通常不应得到司法认可。行政权的行使无疑有赖于财政、人力等资源的支撑，行政资源之不足也的确会对行政作为义务的履行产生重要影响，毕竟巧妇难为无米之炊。然而，基于以下原因，对个案中行政机关所提上述抗辩理由不宜轻易采纳：第一，这一抗辩理由没有任何实定法依据；第二，立法在配置行政职能、规定行政机关作为义务时，或者行政机关通过行政合同、行政承诺等行政行为自行设定作为义务时，理应考虑到行政资源状况，如果允许行政机关以资源不足为由不履行作为义务，对于遭受损失的行政相对人或利害关系人而言显然是不公平的；第三，认可行政机关提出的资源不足的抗辩理由，不仅不利于督促行政主体合理配置资源并积极创造条件完成职责，且由于法院难以判断资源的充足程度，故也易导致行政机关滥用该理由。

（五）履责类案件裁判方式的选择

1. 裁定驳回起诉的理由与依据

在笔者梳理的全市案件中，裁定驳回起诉的处理结果大多没有问题，但是属于何种不符合起诉条件的情形则存在不一致之处。

（1）实践中，很多法院以撤销之诉审理拒绝类答复，将拒绝类答复作为诉讼标的，如果原告欠缺提起诉讼的请求权，由此行政机关作出的拒绝性答复属于对原告的权利义务不产生实际影响的行为，那么，法院会以该拒绝性答复不属于行政诉讼受案范围裁驳。但由于拒绝类答复案件属于实质履责之诉，而履责之诉的诉讼标的在于原告的履责请求是否成立，行政机关的答复只是诉讼标的的一部分。因此，严格来说，应依照履责之诉的审理思路，从原告的履责请求能否成立的角度进行审查，以原告不具有主体资格裁定驳回起诉。

(2) 对于重复起诉与诉讼标的已为生效判决效力所羁束的区别问题。诉讼类型化背景下履责类行政案件中，如何认定重复起诉亦关系到诉讼请求的识别，诉讼标的理论等相关问题。重复起诉的认定应当依据民事诉讼法司法解释的相关规定，当事人就已经提起诉讼的事项在诉讼过程中或裁判生效后再次起诉，同时符合下列条件的，构成重复起诉：后诉与前诉的当事人相同；后诉与前诉的诉讼标的相同，均为被告不履行法定职责违法并侵害原告合法权益；后诉与前诉的诉讼请求相同，或者后诉的诉讼请求实质上否定前诉的裁判结果。关于诉讼标的已为生效裁判所羁束的认定。在法院作出生效判决后，同一当事人在其后诉讼中对于同一事项不得提起违反该判决内容的主张，法院也不得在其后的诉讼中作出与生效判决内容相抵触的新判决。在履责之诉中，当事人请求保护的权益已为生效裁判所羁束，无新的事实和理由就同一争议再次申请相关行政机关履行法定职责并提起诉讼的，应认定为诉讼标的已为生效裁判所羁束。

(3) 当被告没有法定职责以及管辖权时，则应以原告提起的起诉没有事实根据而予以裁定驳回起诉。但是实践中，存在两种处理意见：一是被告履行的职责明显不属于被告法定职责范围的，人民法院应当以原告提起履责之诉缺乏事实依据为由裁定驳回原告起诉；不属于明显无职责情形的，法院应当判决驳回原告要求被告履行职责的诉讼请求。二是原告诉请法院判决被告履行的职责不属于被告法定职责范围的，人民法院应当以原告提起履责之诉缺乏事实依据为由裁定驳回起诉。对于第一种情形，法院需要区分明显与不明显，具体标准不易把握，容易导致裁判尺度不统一。对于第二种情形，法院需要深入审查才能准确判断被告是否具有法定职责。故司法实践中没有一概采取裁驳方式处理。值得注意的是，没有法定职责的情形下，行政诉讼法与行政复议法的有关规定暂时无法衔接。因为行政复议法将被申请人无职责作为实体驳回而非程序驳回的理由。

2. 判决方式的选择

根据案件的不同情况，履责之诉判决主文的形式可能包括撤销判决、确认违法判决、课予义务判决（包括重新处理判决和履责判决）、驳回诉讼请求判决等。大致可以归纳为以下几种情形。

（1）履行判决的适用情形。

《行政诉讼法》第七十二条规定了课予义务判决，但是是直接判决履行原告所请求的特定职责还是判决被告重新作出处理应当有所区别。根据《最高人民法院关于适用〈中华人民共和国行政诉讼法〉的解释》第九十一条的规定，区别两者的关键在于是否需要被告调查或者裁量。

履行判决适用于以下两种情形：第一，原告请求行政机关履行职责的理由成立，请求应予支持，判决行政机关履行相应的职责。第二，原告请求行政机关履行职责的理由不能成立，但经人民法院审查，其要求行政机关履行特定职责的请求仍然成立的，判决行政机关履行相应的职责。

答复判决适用于行政机关对相关履责事项尚有进一步调查裁量空间的情形。需要注意的是，如果原告在诉讼请求中明确要求判决被告履行特定职责，而人民法院认为因行政机关尚需进一步调查裁量而仅判决行政机关重新处理时，答复判决并非是对原告请求的终局性否定，而只是将该部分争议交还给行政机关重新处理，答复判决即已经包含了在本次审理中已经处理的全部诉讼标的，不能因此加判“驳回原告的其他诉讼请求”。

此外，如果行政机关曾作出了决绝性答复或者告知履责内容的答复，该答复在法院认定行政机关是否充分适当履责时已经进行审查，从明晰法律关系的状态考虑，法院在作出课予义务判决时应一并判决撤销拒绝性答复，不以原告的诉讼请求明确表述为前提。

（2）确认违法判决的适用情形。

根据行政诉讼法的规定，确认违法判决是履行判决和答复判决的补充性判决，如果判决行政机关履行职责已无实际意义时，以确认违法的方式确认不履行法定职责的违法性。同时，出于保护原告合法权益的需要，法院在判决确认违法时，可以同时判决责令被告采取补救措施，给原告造成损失的，依法判决被告承担赔偿责任。

（3）驳回诉讼请求判决的适用情形。

原告申请被告履行法定职责的理由不成立的，人民法院判决驳回原告诉讼请求，但是具体又分为以下两种情形：第一，原告请求行政机关履行的请求不能成立的，且行政机关拒绝履行法定职责的理由正确；第二，原告请求行政机关履行的请求不能成立的，且行政机关拒绝履行法定职责的理由不当。对于第二种情形，人民法院可以在裁判理由中对拒绝性答复的不当之处一并予以指明。

国有土地房屋征收中公共利益合法性审查的因应之道[①]

李振凡*

摘要：公共利益是我国国有土地房屋征收的唯一理由，亦是国有土地上房屋征收制度的合法性前提。司法实践中，由于公共利益概念本身的不确定性和立法规范的可阐释性以及征收过程中存在的用地与征收不同步、征收项目决定主体与启动主体同一、征收补偿与公共利益混同等因素，致使国有土地房屋征收中公共利益合法性审查呈现泛化、虚化、异化等问题。对此，应首先明确国有土地房屋征收中公共利益的合法性审查宜采取“多益平衡”模式，在此基础上，选择较高级别的审查强度，从严格律法主义的形式合法性审查转向实质合法性审查。同时，充分发挥职权探知主义下行政诉讼证据制度的优势，在过程维度引入利益衡量的方法，全方位展现公共利益的实现路径，进而回应被征收人对公益目的的异议，从而实现此类案件办理法律效果、政治效果、社会效果的有机统一。

关键词：国有土地；房屋征收；公共利益；合法性审查；多益平衡

最高人民法院院长张军在全国大法官研讨班上指出，要坚持新时代司法理念，“更加注重裁判说理、辨法析理，努力使司法审判对法律条文的

① 该文作于2024年。

* 李振凡，北京市第四中级人民法院审判管理办公室（研究室）法官助理。

‘文本法’适用，符合包括当事人在内的人民群众感受的‘内心法’”①。行政案件上诉率高、申诉率高的问题长期阻碍行政审判高质量发展，严重影响人民群众对司法公正的获得感和司法公信力。行政征收类案件（尤其是国有土地房屋征收类案件）② 由于影响面广、涉及人数众多，且关涉当事人重大财产权益，当事人之间对立情绪较为激烈，往往会选择穷尽诉讼程序，上诉率、申诉率长期处于较高水平。如何解决好国有土地房屋征收上诉率、申诉率高的突出问题，更好保护人民群众合法权益，监督行政机关依法行使职权，实现行政案件办理政治效果、法律效果、社会效果的有机统一，就成为当前行政审判工作亟须考虑的问题。而公共利益是国有土地房屋征收制度的合法性前提，《国有土地上房屋征收与补偿条例》（以下简称《征补条例》）在立法目的中明确规定，国有土地房屋征收要以公共利益为目的。但公共利益毕竟属于抽象的法律概念，如何认定，在行政法学理论界与行政审判实务界仍存在一定分歧。最高人民法院在 2014 年和 2018 年发布的两批 18 件征收拆迁典型案例中，也尚未涉及行政征收中公共利益的合法性审查标准及路径。本文聚焦国有土地房屋征收公共利益合法性审查中的难题，在对相关案件进行实证分析的基础上，归纳出目前审判实践中存在的形式合法性、主体性、实质合法性三种标准，进而以新时代司法理念为指导，对国有土地房屋征收中的公共利益进行再认识，并从审查模式、强度、重点、方法等方面提出具体的合法性审查步骤，以期实现“行政争议实质化解、老百姓高兴、政府满意”的多赢效果。

一、国有土地房屋征收中公共利益的规范阐释与司法审查分析

（一）国有土地房屋征收中公共利益的规范阐释

在立法起源上，房屋征收中的立法主要是为了促进公共利益。《征补

① 《如何跟上、适应全面依法治国这场深刻革命?》，载最高人民法院官网，https：//www.court.gov.cn/zixun/xiangqing/414142.html，2023 年 12 月 12 日访问。

② 行政征收是指行政主体为了公共利益的需要，依法向行政相对人强制取得财产所有权的行政行为。其中，广义的行政征收包括对动产（税收征收、行政收费）和不动产（房屋、土地）所实施的征收，狭义的行政征收主要是指对房屋、土地等不动产所实施的征收。参见沈福俊、邹荣：《行政法与行政诉讼法学》，北京大学出版社 2013 年版，第 247 页。

条例》在第八条①明确界定了公共利益的情形，同时在第九条②强调了规划和计划的调控作用，并且还规定了规划和计划的制定过程需要广泛征求社会公众的意见。就法规范模式的角度而言，《征补条例》对公共利益的相关规定系采用折中式的法规范模式，即明确具体情形，以保证公共利益条款的明确性和稳定性；设置兜底条款，以保证该条款的灵活性和发展性。其实就监督行政机关依法行政、规制行政机关滥用自由裁量权、最大限度维护被征收人合法权益的角度而言，立法机关通过列举式的立法模式，将所涉公共利益的情形予以穷尽式列举是最为合理和可取的。但由于公共利益概念本身的不确定性、立法技术的滞后性以及文字表述的有限性，完全列举公共利益条款的具体情形成为立法机关"不可承受之重"。因此，立法者转而采取"列举+兜底"的折中式法规范模式，同时赋予司法机关相应的国有土地房屋征收中公共利益的审查及认定权力，即法院具有结合具体个案判断公共利益并进行利益权衡的职责。

（二）国有土地房屋征收中公共利益的司法审查

早在1989年《行政诉讼法》第五条便已规定"人民法院审理行政案件，对具体行政行为是否合法进行审查"，现行2017年《行政诉讼法》第六条规定了"人民法院审理行政案件，对行政行为是否合法进行审查"。可以看出，行政行为的合法性审查是行政审判工作一以贯之的中心任务。就合法性审查的地位而言，《行政诉讼法》在总则部分作出规定，足见"行政行为合法性审查"的原则性、基础性和重要性。正如最高人民法院行政庭法官所言，"合法性审查原则，是行政诉讼的根本原则。无论是起诉行政机关作出的行政行为，还是起诉行政机关不履行法定职责行为，或者起诉行政赔偿、补偿行为，人民法院都要全面贯彻对被诉行政行为合法

---

① 《征补条例》第八条将因国防、外交和由政府组织实施的能源、交通、水利、科教文卫、资源环保、防灾减灾、文物保护、社会福利、市政公用等公共事业以及保障性安居工程建设、旧城区改建等需要列入公共利益的范畴。

② 《征补条例》第九条规定，确需征收房屋的各项建设活动应当符合国民经济和社会发展规划、土地利用总体规划、城乡规划和专项计划；保障性安居工程建设和旧城区改建还应当纳入市、县级国民经济和社会发展年度计划。制定国民经济和社会发展规划、土地利用总体规划、城乡规划和专项规划，应当广泛征求社会公众意见，经过科学论证。

性审查原则”[①]。因此，对于国有土地房屋征收中公共利益的司法审查也应聚焦于合法性审查的范畴。对此，为充分反映国有土地房屋征收中公共利益合法性审查的现状，笔者在中国裁判文书网和北大法宝数据库中，以“行政案件”“行政征收”“《征补条例》第八条”“公共利益”为关键词进行检索，经梳理和分析发现，行政机关和被征收人的首要争议焦点均为被诉行政征收决定是否符合公共利益。针对原告提出的“行政征收决定不符合公共利益需要”的主张，司法实践中主要存在以下三种审查标准。

1. 形式合法性审查标准

形式合法性审查标准是指当一个被诉行政行为经审查符合现有的法律相关规定，与相关法律条文的字面含义一致，不存在明显违反或者抵触的情况，该行政行为就具备形式上的合法性。该审查标准注重行政行为与现有相关法律条文规定的一致性，着眼于被诉行政行为的外在规范性要求，[②]是一种严格律法主义的表现。在行政征收类案件中主要表现为是否符合《征补条例》第八条所规定的情形。例如在“丁某某诉被告义乌市人民政府行政征收案”中，法院裁判认为，涉案项目属于旧城区改建项目，符合公共利益的需要，义乌市人民政府依据《征补条例》第八条的规定，有权对该区块改造范围内的国有土地上的房屋作出征收决定。[③]

2. 主体性审查标准

主体性审查标准是指被诉行政行为需要在充分保障行政相对人正当程序权利的基础上作出，即大部分行政相对人支持被诉行政行为，此时可以认定被诉行政行为具备正当性。该审查标准注重行政行为形成的民主性和可接受性，在行政征收类案件中主要表现为强调尊重被征收人的主体地位，以被征收人前期的征收意愿、征收过程中的征收补偿协议签约率以及后期安置结算率等因素作为判断征收项目是否符合公共利益的主要依据。

---

① 郭修江：《以行政行为为中心的行政诉讼制度——人民法院审理行政案件的基本思路》，载《法律适用》2020 年第 17 期。

② 参见高家伟：《行政行为合法性审查类型化研究》，中国政法大学出版社 2019 年版，第 140 页。

③ 参见浙江省金华市中级人民法院（2020）浙 07 行初 308 号行政判决书。还可参见（2020）苏行终 244 号、（2021）青行终 25 号、（2019）闽行终 201 号等。

例如在“某公司诉岳阳市岳阳楼区人民政府行政征收案”① 中，法院裁判认为，涉案征收项目的征收意愿同意率达 87.76%，证明涉案项目得到大多数被征收人的同意，反映了公共利益。

3. 实质合法性审查标准

实质合法性审查标准是指如果法律规定较为抽象或存在不确定法律概念，行政机关因此享有裁量余地时，仅凭形式合法性的标准进行审查，难以实现维护公民合法权益、督促其依法行政的功能，此时就应对行政行为进行实质合法性审查。② 该审查标准认为对于公共利益的审查应分两个阶段，首先判断征收项目是否符合《征补条例》所规定的情形，如涉案利益冲突较为明显、当事人对立情形较为突出，则需要结合被征收人意愿、征收程序的正当性等进行综合判断。例如在“王某某诉江西省南昌市红谷滩新区管理委员会、江西省南昌市人民政府行政征收及行政复议案”③ 中，法院裁判认为，涉案建设项目的征收系因棚户区改造的需要，依法属于《征补条例》第八条第五项规定的公共利益需要范畴；该棚户区改造项目经属地人大批准已经纳入城市的更新再造工程，具有广泛的民意基础，体现了公共利益的要求；征收范围内，大多数被征收人同意改建方案，且与行政机关签订了补偿安置协议，可视为征收项目符合公共利益需要。

（三）国有土地房屋征收中公共利益合法性审查的现实困境

1. 用地与征收不同步，造成合法性审查的泛化

由于我国的土地性质，实施任何房屋征收活动前，都需要率先取得征收范围内相应土地的所有权或者使用权，随后才可实施征收项目，从事建设活动。但集体土地和国有土地上的征地行为都是将前期的用地行为与后续的征收活动相分离，④ 进而使用地和征收成为两个相对独立阶段。在因

① 参见湖南省高级人民法院（2019）湘行终 2231 号行政判决书。还可参见湖南省高级人民法院（2019）湘行终 2231 号；河南省高级人民法院（2020）豫行终 903 号等。

② 参见高家伟：《行政行为合法性审查类型化研究》，中国政法大学出版社 2019 年版，第 142 页。

③ 参见最高人民法院（2019）最高法行申 8022 号行政裁定书。还可参见吉林省高级人民法院（2019）吉行终 140 号；河南省高级人民法院（2019）豫行终 3890 号等。

④ 参见顾大松：《房屋征收法律制度研究》，东南大学出版社 2017 年版，第 19 页。

公共利益的需要，市、县级人民政府取得土地后，用地阶段即宣告终结。而征收阶段中，具体的征收活动是否按照前期用地阶段的相关过审方案，在法律规范上并未予以明确规定。所以在前期城市发展和更新过程中，由于用地和征收制度设计之间缺乏相对较高的关联度，使土地征收后用作商业开发的违法情形屡禁不止。立法规定的不完善，导致行政征收类案件审理的社会效果普遍不佳，这也是此类案件上诉率、申诉率居高不下的一个重要原因。具体到国有土地房屋征收上，亦无法避免市、县级人民政府因公共利益的需要在收回土地后实施商业开发的行为。从样本案例中也可以看出，“案涉征收项目系用于商业开发而非公共利益”是被征收人提起诉讼、提出上诉、进行申诉的主要理由之一。因此，用地行为与征收活动不同步，一定程度上导致了国有土地房屋征收中公共利益合法性审查的泛化。

2. 启动主体与决定主体同一，造成合法性审查的虚化

《征补条例》在第四条对国有土地上房屋征收活动的启动主体进行了规定，即市、县级人民政府负责本行政区域的房屋征收与补偿工作。第8条对决定主体进行了规定，即市、县级人民政府也是国有土地房屋征收补偿决定的决定主体。启动主体与决定主体的同一性会留给被征收人一种“既当运动员又当裁判员”的印象，使其很难相信法定的公共利益能够在行政程序中得到保障，这也是此类案件上诉率、申诉率居高不下的又一个重要原因。同时上述规定也导致了法院对国有土地房屋征收中公共利益合法性审查的虚化。

3. 征收补偿与公共利益混同，造成合法性审查的异化

虽然《征补条例》第二十七条第一款明确规定“实施房屋征收应当先补偿、后搬迁”，但从行政行为的类型看，征收行为和补偿行为分属两个独立且紧密联系的行政行为，在国有土地房屋征收活动中，对被征收人的补偿行为与公共利益认定之间并不具有必然的联系。不可否认的是，征收范围内大多数被征收人签署补偿协议对于征收项目的高效实施有相当大的促进作用，但大多数被征收人同意征收并不是征收项目符合公共利益的充分且必要条件。实践中，不少省市出台的实施细则还是对具体的征收意愿

进行了规定，比如《重庆市国有土地上房屋征收与补偿条例实施细则》第二十五条规定，因旧城区改建需要征收房屋的，在房屋征收决定做出之前，被征收人预先签订附有生效条件的补偿协议不得低于80%。但笔者认为，这种以民主性为表现的审查标准容易产生对上位法的逃逸，一定程度上造成了国有土地房屋征收公共利益合法性审查中的异化。

此外，从上述梳理的审查标准中可以看出，形式合法性审查标准通常将公共利益定位于符合《征补条例》第八条所规定的情形或满足“四规划一计划”要件，但未进一步进行论证和说明，呈现出简单化、单一化的问题；实质合法性审查标准通常是结合公共利益的基本内涵、本质概念、识别阶段等内容进行判断，但未进一步统一和规范，呈现出差异化、非系统化的问题。①

二、国有土地房屋征收中公共利益合法性审查的反思

（一）国有土地房屋征收中公共利益认定主体的反思

虽然《征补条例》第八条对国有土地房屋征收中的公共利益进行了类型化描述，但其明确清晰的程度相较于其他法律概念还相对欠缺。而且公共利益本身所具有的特征，也增加了立法机关对其概念直接界定的难度。另外，《征补条例》对公共利益的原则性、宏观概括也为行政机关和司法机关在具体适用过程中提供了基本依据。因此，笔者认为，对于公共利益的明确界定，应由行政机关和司法机关共同完成。前者旨在论证征收权行使的正当性以及为征收活动的开展提供必要的前提，并确保公共利益的实现过程始终贯彻比例原则；后者旨在控制征收权的滥用以及对行政争议实质性化解提供支撑，并具体审查公共利益的实现是否遵循比例原则。前者是一种“事前界定”，后者是一种“事后审查”。而且，从司法权的最终属性看，人民法院作为公共利益的认定主体具有适当性。理由不仅在于对公共利益的界定属于其职权范围，而且在于公共利益属于不确定法律概念，在具体争议中，需要法官结合个案进行利益权衡和价值判断，进而克服公

① 参见于凤瑞：《“成片开发”征收决定公益目的的司法审查：比例原则的应用》，载《中国政法大学学报》2019年第5期。

共利益启动主体与决定主体的一致性弊端。

（二）国有土地房屋征收中公共利益的合法性审查标准的反思

1. 形式合法性审查标准

形式合法性审查标准是整体主义方法论在国有土地房屋征收中公共利益合法性审查中的体现。在整体主义方法论下，只能看到诸如公共利益、国家利益等整体利益，并且过度强调社会的整体性而忽视个体的独立性。在公共利益与个人利益冲突时呈现为公共利益优先的模式。进言之，形式合法性审查主要有两个基本的逻辑假定：一是个人利益会在公共利益实现的过程中自然而然地获得满足；二是政府有能力制定和实施正确的行政行为以引导和推动经济社会的发展以及居民居住环境和生活质量的提升。① 但是这两个逻辑假定并不当然自洽。一方面是因为现代社会个人权利意识不断提升，个人的利益诉求不尽相同，任何以为一方的实现必然导致另一方也得以满足的假定已经不能与当下社会发展实际相契合。而且，一定情况下不可避免地仍需以牺牲个人利益为前提，换取公共利益的实现。另一方面，政府虽然是公共利益的代表，其实施的行政行为是否与公益目的相契合，还需要法院进行精细化的合法性审查。而且行政征收决定仍是由具体的个人或有限的集体作出的，人的有限性使得其所做的决策在一定程度上不可避免地存在片面和不周延的问题。

2. 主体性审查标准

主体性审查标准是个人主义方法论在国有土地房屋征收中公共利益合法性审查中的体现。在个人主义方法论下，强调对个人利益的推崇，使得作为整体的社会利益失去了其应有的生存空间。在公共利益与个人利益冲突时呈现为个人利益优先的模式。进言之，主体性审查标准主要存在两个基本的逻辑假定：一是在个人利益实现的过程中，个人利益与公共利益自然而然可以实现均衡；二是行政自由裁量权与依法行政原则、法治原则相悖。② 但这两个逻辑假定也同样会遭到质疑。第一个逻辑假定指向个人利益与公共利益自然均衡的理论假定，这种主张源于古典经济自由主义。基

---

① 参见沈岿：《平衡论：一种行政法认知模式》，北京大学出版社 1999 年版，第 104 页。

② 参见沈岿：《平衡论：一种行政法认知模式》，北京大学出版社 1999 年版，第 96~98 页。

于此，每个人利益实现的过程并不会影响其他人的利益，而公共利益反而会因为每个人利益的实现而自发增长，最终形成个人利益与公共利益相协调的完美状态。即“他追求自己的利益，往往使他能比在真正出于本意的情况下更有效地促进社会的利益”①。但是现代经济系统发展的市场失败理论动摇了这一假定，因为实际市场具有无法自我克服的缺陷。个人利益和公共利益自然均衡的理论预设在许多情况下与现实不符，在另一个侧面也证明了政府对于经济社会的管制是合理的。就第二个逻辑假定而言，当今社会在政府施政的大部分领域，自由裁量权都是不可或缺的。虽然人们并不愿意在非紧急状态下把某些权利让渡给政府，但同时也看到自由裁量权的行使是对法律制度的保障。因此，行政机关所享有的行政自由裁量权可以说在一定程度上是对依法行政原则、法治原则的遵守，而非相违背。

3. 实质合法性审查标准

国有土地房屋征收案件中，无论是公益优先模式，还是个人利益优先模式，都无法达到最优的法律效果和社会效果。结合最高人民法院院长张军在国家法官学院2023年春季开学典礼上提到的双赢多赢共赢的行政审判现代化理念，笔者认为，一元的利益保护模式已经不符合《征补条例》的立法意图和法律精神，宜建立“多益平衡”的审查模式，以法律效果为基础，实现社会效果、政治效果的有机统一。

实质合法性审查标准就是多益平衡模式的一种体现。该审查标准强调对国有土地房屋征收中所涉及的不同利益予以衡平保护，任何一方利益都当然不会处于被优先保护的地位，而是在《征补条例》第一条立法目的“维护公共利益，保障被征收房屋所有权人的合法权益”所确定的前提下，寻求公共利益与个人利益之间的“力学平衡点”，维持二者的动态平衡关系。该模式是行政法理论中平衡论的一种体现，认为应当兼顾公益和私益，既不能将二者对立起来，也不能将二者简单等同。② 即“现代行政法是平衡法这一命题，揭示了行政法在调整特定社会关系的过程中，应追求

---

① ［英］亚当·斯密：《国民财富的性质和原因的研究：下卷》，郭大力、王亚南译，商务印书馆1981年版，第27页。

② 参见罗豪才等：《行政法平衡理论演讲录》，北京大学出版社2011年版，第9页。

行政权与相对人权利，公共利益与个人利益，行政效率与社会公正、对行政权的保障与法律控制等关系之间的平衡，而不是走向其中任何一个极端”①。

三、国有土地房屋征收中公共利益合法性审查的重构路径

合法性审查原则是行政诉讼作为一个独立诉讼类型的主要标志之一，是行政诉讼制度建构的“基石”之一，行政诉讼的所有程序和基本制度都是围绕这一核心原则建立起来的。② 当代行政法中的合法性审查原则在范围、方式、标准等方面都进行了扩展。

（一）审查模式：平衡论指引下的多益平衡模式

国有土地上房屋征收关涉被征收人土地使用权的收回和房屋所有权的剥夺，二者均系作为公民个人的重要财产权利。前期以房地产开发为主要模式的城市房屋拆迁制度，很难平衡被拆迁人财产权保护与商业利益之间的冲突，故而引发了大量的拆迁悲剧。《征补条例》颁布以来，亦关涉公民财产权保护与公共利益需要之间的平衡，其制度伦理也主要表现为被征收人财产权在公共利益需要时如何保护的问题。因此，笔者认为，《征补条例》的制度正义即在于对被征收人的房屋所有权及房屋占有的国有土地使用权实施与国家财产、集体财产相一致的平等保护。

就国有土地房屋征收中公共利益的合法性审查而言，多益平衡模式就是《征补条例》制度正义实现的一种重要方式。具体而言，多益平衡模式其实质是兼顾和平衡公共利益与个人利益，一定程度上是对公共利益优先模式和个人利益优先模式的优化。即公共利益优先模式较为片面地强调公共利益，忽视了个人利益的保障和救济；个人利益优先模式较为片面地强调个人利益，忽略了公共利益的维护。而多益平衡模式旨在寻求公共利益和个人利益之间的平衡路径。换言之，现代行政法不同于传统行政法，过分强调控权而忽视政府在经济社会发展、改善民生方面的重要作用，抑或

① 王锡锌、陈端洪：《行政法性质的反思与概念的重构——访中国法学会行政法研究会总干事北京大学副校长罗豪才教授》，载《中外法学》1995年第3期。

② 参见梁凤云：《行政诉讼讲义》（上），人民法院出版社2022年版，第54页。

过分强调管理而忽视公民个人合法权益保障都是不可取的。正如罗豪才先生把现代行政法表述为平衡法一样，多益平衡模式就是在平衡论的指导下形成的。法院对国有土地房屋征收合法性审查重点从单纯的维护公共利益或保护个人合法权益转变为多元利益的保护，即立足于维护公共利益的根本，同时统筹个人利益的维护，具有较强的合理性。

（二）审查强度：新时代司法理念引导下的高级审查强度

对于行政审判而言，就是要把新时代司法贯穿行政行为合法性审查始终。一般而言，行政行为合法性审查的强度可以分为高、中、低三个等级。高级强度主要表现为行政法官依职能全面调查和重新认定案件事实，不受当事人诉讼主张和举证情况的限制，尤其不受行政机关的调查范围和事实认定结论的限制，从事实和法律等方面重新对事件进行全面审理。中级强度表现为行政法官既审查被诉行政行为的形式合法性，又审查其实质合法性，但尊重原告的诉讼请求。即审查对象和裁判事项限制在原告请求的范围之内；尊让行政机关的首次判断权、初审管辖权和独占判断权，将行政审判程序作为行政程序的后续监督阶段，接受行政程序阶段在事实调查、法律适用等方面的限制。低级强度是指行政法官在审查当事人的诉讼请求和主张方面，主要审查被诉行政行为的形式合法性，原则上以行政机关在行政程序阶段制作的案卷材料为基础开展审查工作，尊重行政机关的专业判断，一般不进行庭外补充调查。①

对于如何确定个案被诉行政行为的审查强度，一般需要结合案件的性质、案件的影响、司法资源条件等方面因素进行考量。就国有土地房屋征收中公共利益的合法性审查强度而言，首先，国有土地上房屋征收案件不仅涉及征收区域内的重大公共利益，而且涉及公共政策制定的合法性、执行的合理性，同时关乎征收范围内公民的基本权利。其次，此类案件往往社会关注程度高、周期长、影响范围广泛，也应当提高合法性审查的强度。基于此，笔者认为，国有土地房屋征收中公共利益的合法性审查应当采用较高级别的强度，即要从事实和法律等方面对是否符合公共利益进行

① 参见高家伟：《行政行为合法性审查类型化研究》，中国政法大学出版社2019年版，第153页。

全面且实质的审理。

（三）审查重点：职权探知主义下公益目的的证据补强

无论是行政程序还是司法程序，对于国有土地房屋征收中公共利益的认定都具有一定的裁量性，而裁量的过程实质上是一种利益均衡的过程，各方利害关系人通过诉求对抗、妥协、谈判、和解、协商等方式，争取自己利益的最大化，并最终达到利益均衡的状态。我国行政诉讼证据制度倾向于职权探知主义，即法院进行证据调查不限于当事人主张的事实和提供的证据的范围，未经当事人提出的事实作为裁判基础的情况较为常见。在具体的国有土地房屋征收公共利益合法性审查中，可分三步。第一步严格依据《征补条例》第九条的规定，审查涉案项目是否符合“四规划一计划”的要求，并围绕公共利益的受益主体是否为特定多数与利益内容是否确定两个方面，判断被诉征收决定是否符合《征补条例》第 8 条公共利益的需要。如果被征收人对涉案项目是否符合公共利益存在异议，则进入第二步，要求被告对征收决定目的、公共利益的具体情形、征收房屋的必要性以及征收决定的作出程序等事实做出说明并承担举证责任。第三步根据被告所补充的证据，依托庭审的程序性保障，运用利益衡量的方法，对涉案项目是否符合公共利益作出综合性判断。这种路径以实体解释论证征收项目是否符合公共利益为主，程序解释补强论证为辅。

同时需要说明的是，在第二步过程中，如果被告并未提供征收项目符合公共利益的证据或者仅提供相关职能部门出具的复函，法院应当不予支持。旧城区改建未纳入市、县国民经济和社会发展年度计划，市、县人民政府主张房屋征收决定确有必要的，应当提供所涉项目已经同级人民代表大会常务委员会批准纳入变更后的国民经济和社会发展年度计划的证据。

（四）审查方法：利益衡量视域下比例原则的严格遵循

国有土地上房屋征收决定并非像传统行政行为（如行政处罚、行政许可等）内涵单一具体（对应行政处罚决定、行政许可决定），而是既包含“四规划一计划”的公共政策事项，还包括征收补偿方案论证和征求公众意见等诸多具体的行政行为。因此，笔者认为，可以借助利益衡量的方法对国有土地房屋征收中公共利益的合法性进行全面审查，以新时代司法实现公共利益维护和公民合法权益保障的统一。[①] 首先，法官作为诉讼案件的居中裁判者，必须面对各方当事人之间纠纷背后所体现的利益冲突。按照利益法学的观点，法官需要先明确个案所涉及的不同利益，然后对这些利益加以比较，并且根据实定法所确定的应当率先保护的利益或者其认为应当率先保护的利益得出价值判断，对这些相互冲突的利益进行衡量，进而决定何为受到价值判断标准所偏爱的利益。[②] 这实质上体现为法官平衡个案利益后进行裁判的思考方法，即利益衡量的方法。其次，公法领域必然涉及公共利益与个人利益、集体利益乃至国家利益的关系，对个案的处理是否公正往往反映所处时代的价值取向，也会影响社会法治观念的完善。正是公法的这个特征，使利益衡量的方法在行政案件司法审查中显得更为重要。[③]

运用利益衡量方法审查国有土地房屋征收项目是否符合公共利益时，首先需要明确行政项目所涉及的利益以及发生冲突的利益是什么。显然，其中被征收人个人财产权益是遭到损害的，而且个人的合法财产权益和公共利益都受到《征补条例》保护。其次，征收主体需要实质性提出并论证正当化损害被征收人合法权益的理由，比如生效裁判中所提到的为了改善区域居住环境、提升区域经济社会发展等。最后，需要借助适当性、必要性、均衡性原则对不同的利益进行衡平。其中：适当性是指所采取的损害前一种利益的被诉行为必须能够实现所追求的后一种利益的目的或至少有助于该目的的达成；必要性是指不存在任何其他能造成更小损害而又能同等达成目的的行为来取代被诉行为；均衡性是指所要达到的利益与为实现这一目的而对相冲突利益造成的损害之间是否均衡。只有同时满足上述“三性”原则，被诉征收决定才可认定符合公共利益。通过上述步骤，可将国有土地房屋征收中公共利益的判断转化为一个客观化的利益衡量过程。

---

① 参见程琥：《行政审判现代化与行政争议实质性解决》，载《法律适用》2023年第2期。

② 参见吴从周：《概念法学、利益法学与价值法学：探索一部民法方法论的演变史》，中国法制出版社2011年版，第193页。

③ 参见章剑生：《论利益衡量方法在行政诉讼确认违法判决中的适用》，载《法学》2004年第6期。

（五）审查辅助机制：过程论视角下个案社会效果的实现进路

除前述合法性审查过程的实质考量因素之外，当事人在个案诉讼过程的感受、裁判文书的社会可接受程度等均是解决国有土地房屋征收类案件上诉率、申诉率高问题中需要着重考量的因素。

首先，应当保障当事人对自身诉求的充分主张。法院的庭审实质化改革，旨在突出庭审在证据判断、事实认定、利益衡量上的作用，消除庭审虚化的现象。在此背景下，国有土地房屋征收案件中的所有当事人都享有平等、全程参与庭审活动的权利，可以从个人利益的角度陈述案件事实、主张利益、表达意见。具体而言，在案件开始阶段，原告可以通过起诉书及相关证据、被告可以通过答辩状及相关证据表达自身的利益诉求，为自身利益获得优先保护做铺垫。在开庭审理阶段，各方当事人可以结合证据当面向法官主张自己的利益诉求。在后续审理阶段，各方当事人还可以通过提交补充意见的方式，进一步陈述和主张自己的利益诉求。①

其次，对于法官而言，诉讼程序是对案涉利益逐步形成选择共识、增强内心确认的过程。在对国有土地房屋征收案件开庭审理的过程中，可以清晰了解、全面把握公共利益实现的现实性和个人利益保护的迫切性，从而得出初步的权衡结论。在此过程中，一方面，法官应当保持中立，依法独立行使审判权，避免受到内外部各方面的干扰，平等对待各方当事人，对他们提出的利益主张进行分析，以确保涉案利益选择的公正性；另一方面，应当充分发挥合议庭在多元利益平衡上的制度优势，相较于承办法官个人而言，合议庭可以更加全面、完整地对案情做出评价。此外，可以充分发挥人民陪审机制在多元利益平衡上的补充作用，把社会公众的利益评价、利益倾向传递给法官，确保法官作出的裁判结果与公民朴素的公正观相一致，实现法律效果基础上社会效果的最大化。

最后，加强裁判文书对案涉公共利益合法性审查的说理。最高人民法院在《关于深入推进社会主义核心价值观融入裁判文书释法说理的指导意见》（法〔2021〕21号）中明确规定，在涉及重大公共利益、社会关注的

---

① 参见［德］托马斯·莱赛尔：《法社会学导论》，高旭军等译，上海人民出版社2011年版，第193页。

案件中，要加强社会效果的说理。其实，司法裁判本身需要建立在尊重社会共识的基础上，法官应当以司法裁判为载体，与以案涉当事人为表现的“民意”展开对话，呈现出司法的人民性，努力实现法官与社会公众的“同频共振”。[①] 换言之，在个案具体的裁判文书中，法院需要把各方当事人的利益主张、案件所涉及的不同利益、各种利益的表现形式和位次关系等进行铺陈，以增强多元利益平衡的客观性和裁判文书的妥当性与可接受性。[②]

四、国有土地房屋征收中公共利益合法性审查的具体适用

司法实践中，许多国有土地房屋征收案件可以参照上述审理思路，对案涉争议的公共利益进行铺陈分析，以增强裁判过程、裁判文书的认可度和可接受性，进而回应被征收人对公益目的的异议，达到案结事了政通人和的目的。其中较为典型的案例如“郭某某诉宁波市鄞州区人民政府房屋行政征收案”[③] 和“某教育考试院诉某区政府房屋征收纠纷案”[④]。

在“郭某某诉宁波市鄞州区人民政府房屋行政征收案”中，郭某某认为涉案地块不属于公共利益项目，先后向一审法院提起行政诉讼、二审法院提出上诉、最高人民法院申请再审。最高人民法院经审理认为，国有土地上房屋征收决定影响众多被征收人合法权益，事关建设项目的顺利推进和社会和谐稳定，人民法院对征收决定的审查，应当按照《征补条例》的规定依法进行，即应当首先审查建设项目是否基于公共利益需要、建设活动是否符合一系列规划。其次，对案涉征收决定的合法性审查应当兼顾个人利益（被征收人合法权益）和公共利益（建设项目顺利推进），选择多益平衡的审查模式。同时考虑到案涉征收决定所涉被征收人众多，加之公共利益属于典型的不确定法律概念，因此在判断建设项目是否符合公共利

---

① 参见胡田野：《论“三个效果”有机统一的司法理念与裁判方法》，载《中国应用法学》2022 年第 3 期。

② 梁上上：《利益的层次结构与利益衡量的展开——兼评加藤一郎的利益衡量论》，载《法学研究》2002 年第 1 期。

③ 参见最高人民法院（2017）最高法行申 4693 号行政裁定书。

④ 参见北京市第四中级人民法院（2021）京 04 行初 32 号行政判决书。

益的需要时，应当采取较高的审查强度。一方面，尊重立法判断，即只有立法明确列举的建设项目才属于公共利益的需要；另一方面，对于立法规范不明确或者可能存在认识分歧的，则宜考虑通过正当程序予以补强，比如地方人大及其常委会、绝大多数被征收居民同意的建设项目，可以认为征收项目符合公共利益的需要。具体而言，首先，案涉项目已根据《征补条例》的规定，在举证期限内提交了符合属地国民经济和社会发展规划、符合城乡规划（专项规划）、符合土地利用总体规划的证明等证据材料，可以证明案涉项目事先已被纳入国民经济和社会发展年度计划。其次，案涉征收办就案涉项目征询了被征收人的征收意愿，征收意愿同意率达99.4%，相关公证处也对征询工作进行公证，达到了被征收人对案涉征收项目公共利益目的有异议时通过正当程序对公益目的进行补强的效果。因此，可以认定案涉项目符合公共利益的需要。

在“某教育考试院诉某区政府房屋征收纠纷案”中，由于原告系某市政府主办、某市教委直管的高等师范学校，因此不仅存在个人合法权益与公共利益之间的冲突，而且存在不同性质公共利益之间的冲突，即教育公共利益与区域经济社会发展公共利益之间的冲突。该案原告向法院提起行政诉讼时认为，征收范围内的校舍房屋系公共教育建筑物，而非棚户区，被诉征收决定作出既损害公共利益也损害原告自身的合法权益，存在明显不当。对此，生效裁判首先确定《征补条例》所保护的原告的何种合法权益受到损害，即原告教育设施的所有权以及教育设施所在地的使用权。其次，确定被告用以正当化其损害行为（征收行为）的理由。通过涉案项目房屋征收工作的请示、发改委关于涉案项目开发核准的批复、规自委关于涉案项目四至范围情况的复函等可以看出涉案项目的相关情况。在此基础上，区征收办和区发改委又组织国土、规划、财政等相关部门就涉案项目进行了公益性论证会并形成会议纪要，在确定被诉征收决定具有公共性的事实基础上，与《征补条例》第八条的规定进行比照，确定涉案项目属于第二项、第三项、第四项规定的情形。同时，经与涉案项目立项批复、建设用地规划等前置性审批材料进行比较，审批材料中所确定的建设主体、规模、位置等内容并无明显不一致的情形，而且涉案项目的补偿方案也已经审计、财政等部门审核，诉讼中原告也未提出涉案项目与同类建设项目在投资总量、规模上的异议，具备合理性。此外，被诉征收决定作出前先后就涉案项目的公益性、评估机构的选择、社会稳定风险、补偿方案等广泛征求公众意见且经过多轮科学论证。涉案项目的补偿方案在经过多方论证的基础上，面向被征收人进行意见征求，并对意见征求情况和补偿方案修改情况进行了公示。相关部门出具的资金情况说明，能够确保资金足额到位、专款专用，符合公平性。最后，适用“三性”子原则考察征收项目公益目的是否正当。涉案项目征收系因基础设施建设、公共事业、保障性安居工程建设需要，而非商业利益、特定利益集团的利益，且对涉案项目范围内房屋所有权人，房屋建筑面积、认定面积、不予认定面积进行公示，并作出涉案项目非住宅产权调换房源的说明及建设工程规划许可证附件，以确保原告后续补偿权益，符合适当性原则。涉案征收过程严格保障被征收人及单位的各项权益，征收范围与立项规划保持一致，符合必要性原则。涉案项目被纳入某区国民经济和社会发展计划，以证明无法通过其他方式实现改善民生的目的才动用国家的征收权，符合均衡性原则。

五、结语

在国有土地房屋征收公共利益的合法性审查中，法院应当立足于但不局限于《征补条例》等实在法规定，要从个案裁判对经济发展、社会进步、官民和谐可能造成影响的角度，摒弃现行征收规范中片面、过时的内容，补充现代实质法治的鲜活内容，综合地发现适合于个案裁判的法律规范，综合考量规范合法性、社会公平性、经济合理性与政策导向性等方面的因素，以法律效果为基础，着力实现行政诉讼案件办理“三个效果”的有机统一，以适度的新时代司法拓展行政行为合法性审查的深度和广度，最终实现双赢多赢共赢、案结事了政通人和的最好审判效果。

土地房屋损害赔偿时点的确定①

李世邦*

土地房屋行政赔偿是行政机关在未作出补偿决定或者签订补偿协议的情况下，对土地房屋实施收回拆除等侵权行为引发的赔偿纠纷。行政侵权行为因事实行为、公共利益维护而被确认违法后，由于土地无法返还和房屋灭失等客观因素，赔偿方式只能选择支付赔偿金。赔偿金用于填补土地房屋的直接损失，即行政侵权行为对土地房屋的侵害所造成财产价值量实际减少，② 故赔偿金的确定需要计算某一时点土地房屋的原有价值。由此可见，赔偿时点直接影响行政赔偿诉讼中最终赔偿金的计算标准。《最高人民法院关于审理行政赔偿案件若干问题的规定》（法释〔2022〕10号）（以下简称《行政赔偿规定》）第二十七条，将“损害发生时”作为违法行政行为造成财产损害的赔偿时点，但在土地房屋的行政赔偿案件中，如何对“损害发生时”具体解释和适用？“损害发生时”并不是一个客观固定的时点，司法实践中仍需结合个案进行具体衡量。因此，如何在土地房屋行政赔偿案件中，对“损害发生时”予以进一步的具体化、客观化，是本文研究的核心问题。

一、司法实践中对土地房屋损害赔偿时点认定的分歧

国家赔偿法自1994年制定施行以来以及2010年、2012年修改的过程

① 该文作于2022年。

* 李世邦，北京市第四中级人民法院行政审判庭法官助理。

② 江必新、梁凤云、梁清：《国家赔偿法理论与实务》（下卷），中国社会科学出版社2010年版，第879页。

中均未对行政赔偿的损害时点作出规定，由于不同时点的不动产市场价格波动较大，土地房屋行政赔偿时点的认定存在较大分歧。在立法缺失的困境下，基于行政赔偿诉讼的司法最终原则，[①] 赔偿时点的认定又是司法裁判不可回避的难题。笔者经过检索、梳理中国裁判文书网中涉及土地房屋的行政赔偿裁判文书，土地房屋赔偿时点的认定可归纳为4种类型。

一是侵权行为发生之时。[②] 该观点认为，参照《最高人民法院、最高人民检察院关于办理刑事赔偿案件适用法律若干问题的解释》第十九条的规定，以“侵权行为发生之时”作为赔偿时点具有合理性。

二是赔偿决定作出之时。[③] 该观点认为，如果房屋征收决定的公告时间与征收补偿时间间隔过长，市场行情发生变化，以公告之日的市场价格进行补偿不能确保被征收人获得足额补偿。在违法强制拆除房屋的情形下，以“赔偿决定作出之时”作为赔偿时点，符合房屋征收补偿的立法目的。

三是确认行政行为违法之时。[④] 该观点认为，以强制拆除行为被确认违法之时参照房屋征收补偿标准来确定行政赔偿方式和具体数额，能够保证当事人得到的赔偿不低于其依照征收补偿方案可以获得的征收补偿。

四是赔偿诉讼之时。[⑤] 该观点认为，房屋作为一种特殊的财物，市场价格波动较大，为了最大限度保护当事人的权益，房屋损失赔偿时点应当以赔偿诉讼中法院委托评估时为准，符合公平合理的补偿原则。

上述4种观点存在较大分歧，但都具有一定的合理性。因为该4个时点的认定均是遵循公平赔偿理念对赔偿损害时点作出的认定，而且这4个时点可以形成时间轴：侵权行为发生、赔偿决定作出、确认行政行为违法、行政赔偿诉讼。那么，其间赔偿请求人和赔偿义务机关的立场存在何种差异？立场差异对赔偿时点的认定有何影响？反过来研究，不同赔偿时点对当事人双方有何影响？

---

① 熊俊勇、周觅：《行政赔偿诉讼中的司法最终原则》，载《法律适用》2020年第10期。

② 参见北京市高级人民法院（2019）京行赔终40号行政赔偿判决书。

③ 参见辽宁省高级人民法院（2015）辽行终字第00300号行政判决书。

④ 参见安徽省高级人民法院（2018）皖行赔终56号行政赔偿判决书。

⑤ 参见最高人民法院（2015）行提字第20号行政赔偿判决书。

二、土地房屋损害赔偿时点的客观化路径分析

由于国家赔偿法关于赔偿时点的立法缺失，以往的司法实践中，土地房屋赔偿时点的认定主要受抽象公平赔偿理念的约束，司法裁判在赔偿时点认定过程中秉持的立场往往是不确定性的自由裁量。《行政赔偿规定》第二十七条构建了赔偿时点认定的一般规则，但是，相较于“侵权行为发生之时”，司法实践对“损害发生时”的认定呈现出主观、任意性。《行政赔偿规定》第二十七条作出规定之前，主要是参照民事侵权制度有关赔偿时点的规定，凸显赔偿时点的认定具有较大的司法裁量性和主观不确定性。例如，认定“国有土地被划拨时”“无法返还房屋时”作为对“损害发生时”的具体解释。

（一）“损害发生时”客观化所遵循的原则

借鉴理论上的惩罚性原则、完全赔偿原则、有利于受害人原则对“损害发生时”予以客观解释，是否可以避免抽象公平赔偿理念的空泛和不确定性，从而使得赔偿时点的认定更具有操作性和正当性？

1. 完全赔偿原则

完全赔偿原则属于民事赔偿中关于财产损失赔偿适用的原则，主要是指损害赔偿数额的确定以财产损失的价值为客观标准，损失多少，赔偿多少。[①] 完全赔偿原则强调实际损失与赔偿的一致性，但财产的实际损失计算必须以赔偿时点的市场价格为前提，故完全赔偿原则并不能解决赔偿时点的认定问题。

2. 惩罚性赔偿原则

该原则近年来在消费者权益保护、环保公益诉讼等民事赔偿领域探讨较多，主要是指“侵权人给付被侵权人超过其实际受损害数额的金钱赔偿”。[②] 简言之，就是损失赔偿额等于实际损失加上惩罚金额。[③] 该原则强调对赔偿义务机关的惩戒、制裁以及遏制功能，但是惩罚性原则适用的前

① 杨立新：《侵权责任法》，法律出版社 2018 年版，第 182 页。

② 黄薇：《中华人民共和国民法典侵权责任编释义》，法律出版社 2020 年版，第 64 页。

③ 沈岿：《国家赔偿法原理与案例》，北京大学出版社 2017 年版，第 411 页。

提是财产实际损失的确定，因而如同完全赔偿原则一样，惩罚性赔偿原则也无法为赔偿时点的认定提供指导。除此之外，更为重要的是，在行政赔偿中对行政赔偿义务机关适用惩罚性赔偿原则，可能会对国家赔偿法所确立的既有秩序造成巨大冲击，尤其是行政机关的承受能力以及相应的法律效果、社会效果都不可预估，因而惩罚性赔偿原则并不适合。

3. 有利于受害人原则

哪个赔偿时点计算的赔偿金额对受害人有利，就应当确定该时点为赔偿时点。该原则也属于单向维度，无法量化“有利”的程度，过分倾向于受害人而忽视了赔偿法律关系中的利益平衡。

(二)“损害发生时”所蕴含的规制属性

仅从以往的司法裁判来归纳赔偿时点规则，具有局限性。因为司法内部立场分析主要是结合司法裁判案例以及案例中的具体事实，但“受制于当事人主张及争议焦点问题的拘束，裁判范围比较狭窄，无法触及行政案件背后的政策争议和利益博弈”。[①] 从司法功能的社会学考察来看，行政诉讼呈现出多中心主义的特点，[②] 故如果仅从司法内部立场予以分析，则具有局限性。土地房屋行政赔偿案件中，赔偿时点往往与土地房屋所承载的市场价值直接挂钩，意味着基准时点的认定关系土地房屋的利益纠葛，具有复杂性。以往征地拆迁纠纷焦点集中在暴力征地拆迁，即政府侵犯权利人的财产权益，呈现出单向思维模式。而实践中，随着征地拆迁行为的规范化，征收拆迁决策者与土地房屋权利人之间更加显露出双向利益博弈甚至是一种“共谋博弈”的趋势。[③] 这种博弈呈现多阶段性，从行政侵权行为实施到赔偿诉讼纠纷的解决，“行政机关作为先行者的优势以及最终的报价权使得其在征收拆迁博弈中掌握优势”。[④]

---

① 章志远：《行政法案例研究方法之反思》，载《法学研究》2012 年第 4 期。

② 汪庆华：《政治中的司法：中国行政诉讼的法律社会学考察》，清华大学出版社 2011 年版，第 23 页。

③ 杨清望：《农地征收中权利侵蚀的法律规制——以湖南省 H 市“地方政府—被征地农民的博弈为例”》，载《法学》2017 年第 3 期。

④ 赵骏、范良聪：《补偿博弈与第三方评估》，载《法学研究》2012 年第 3 期。

1. 行政侵权行为实施阶段

行政机关在土地房屋征收拆迁过程中作出的行政决策会从多方面因素进行考虑。为了提高整体征收拆迁行政效率，对于没有达成补偿协议的个体，如果等待协商解决补偿问题，将会拖延整个征收项目的运行。强制行为所冒违法风险成本远低于项目推进的效益。基于成本收益的异化考量，行政机关不考虑违法的后果，使用强制手段征收土地或者房屋。权利人基于对行政机关公信力的信任以及高额补偿的期待，在征收拆迁补偿过程中与行政机关协商补偿而不急于搬迁，最终导致双方均没有按照正当的法律程序协商搬迁补偿事宜，行政机关强制征收或拆迁。

2. 行政行为诉讼阶段

权利人的土地被强制征收或房屋被拆除之后，对强制行为或决定提起行政诉讼。诉讼阶段中，行政机关与权利人仍然会就土地房屋的补偿进行协商解决。对权利人而言，时间拖得越久，随着市场价格的上涨，对其是有利的。对于行政机关而言，诉讼阶段为其和解提供了充足的时间，加之立法关于赔偿时点的规定缺失，虽然市场价格上涨，但行政机关认为法院对赔偿时点的认定倾向于“侵权行为发生时”。综上，行政诉讼只是双方的博弈手段，最终的目的仍然是补偿或者赔偿数额如何确定。但是，诉讼中行政机关为了息诉，一般会给予高于补偿方案的数额。权利人不接受和解方案，期待利益最大化，双方协商和解的概率较小，法院最终判决确认行政行为违法。

3. 行政赔偿程序阶段

国家赔偿法对行政赔偿程序作出了明确规定。行政赔偿程序是指行政赔偿请求人就赔偿范围、方式和金额向赔偿义务机关提出赔偿请求，双方协商处理赔偿问题的行政程序。针对土地房屋的征收拆迁行为被法院确认违法后，大部分权利人会选择行政赔偿程序予以解决。该程序的设立目的是尽快解决赔偿争议，使赔偿请求人及时获取赔偿，但实践中，赔偿程序已经成为当事人获得行政赔偿的梗阻。[①] 赔偿义务机关自行作出的决定中赔偿金额均低于请求人的请求金额，该阶段双方仍然协商补偿事宜，但是

① 上官丕亮：《国家赔偿法研究述评》，法律出版社 2017 年版，第 211 页。

博弈的空间逐渐在减少。赔偿请求人的赔偿期待较高，赔偿义务机关无法接受，赔偿义务机关更愿意通过赔偿诉讼来解决赔偿问题。最终，权利人也不服行政赔偿决定，向法院提起赔偿诉讼。

4. 行政赔偿诉讼阶段

行政机关认为应以"侵权行为发生之时"作为赔偿时点计算损失，权利人则认为应以土地房屋的最高市场价值时点为赔偿时点计算损失，双方的博弈对立达到最大化，和解可能性降至最低，等待法院的裁判。

一言以蔽之，行政侵权行为的获益目的和权利人不合理的赔偿期待之间的博弈才是赔偿时点认定出现分歧的主要客观原因。行政机关和权利人的立场因所处阶段不同呈现的特点和博弈的后果均不同，基于此，赔偿时点的认定客观上具有规制属性，选取何时点需要考量对侵权行政行为获益和不当赔偿期待予以规制，方可实现公平的赔偿理念。

（三）规制视角下"损害发生时"的客观化

土地房屋行政赔偿案件在司法实践中为何审理起来如此疑难棘手？深层次的原因在于：现代社会的异质化程度越来越高，经济多元、利益主体多元，利益表达机制也日趋多元，对法律事实客观性越难以达成共识，疑难案件由此产生，作为处理利益冲突、公正裁判的法院在社会中发挥的作用将更为重要，通过纠纷解决的方式对社会利益纠纷予以规制。① 而以往的司法裁判更加注重的是个案中行政相对人权益的救济和维护，而忽视了土地房屋行政赔偿案件中潜在的社会风险。这种风险主要是指侵权行为发生的概率、可能性，侵权行为对公共利益产生的影响如何，侵权行为是否引发群体性事件等。这种社会风险既存在于土地房屋侵权行为发生之前的征收拆迁决策、实施中，也存在于侵权行为发生后，包括后续的行政诉讼中。例如，《国有土地上房屋征收与补偿条例》第十二条规定："市、县级人民政府作出房屋征收决定前，应当按照有关规定进行社会稳定风险评估。"该规定也反映出征收拆迁中的社会风险。因此，在土地房屋案件中，行政诉讼发挥的功能不止是对行政相对人的救济，还应对潜在的社会风险

① 侯猛：《中国最高人民法院研究——以司法的影响力切入》，法律出版社2007年版，第57页。

予以考量并作出处理。这本质上是一种诉讼规制，相较于行政执法行为而言，属于事后的规制。

那么在土地房屋行政赔偿中，规制视角下对于"损害发生时"客观化的解释探索是否可行？需要指出的是，其实规制视角在民事侵权责任领域亦有所适用。该视角在弥补被侵权人损失的基础上，强调司法裁判通过适用侵权责任法的相关规则发挥预防风险的规制功能。司法裁判通过赔偿责任的确定"为侵权行为'定价'之后，潜在加害人根据其自身成本—收益衡量将减少侵权风险行为的发生"。具体而言，如果现有赔偿标准计算下的赔偿数额反而激励了潜在的侵权加害人，同时被侵权人不愿意通过诉讼救济自身权益，也就是起诉率降低，那么，侵权行为的风险就会大大增加，司法的预防功能大大降低。为了降低侵权行为的发生概率，达到最佳的预防目的，有学者提出通过确定"最佳的损害赔偿数额"来实现规制侵权行为的目标。这个"最佳的损害赔偿数额"可以是多种方式确定，如通过提高赔偿数额，或者通过侵权行为发生概率的计算，也可以确定侵权行为逃脱赔偿责任的因素等。①

规制视角也契合国家赔偿法的性质，国家赔偿法本质上也是对于侵权行为造成损害进行赔偿的法律关系，不过与民事侵权法律关系的区别在于，公法上的侵权行为是因公权力活动所引起。故国家赔偿责任是一种公法上的风险管理，② 国家赔偿法亦具有对公法侵权行为的预防规制功能。司法在行政赔偿诉讼中通过对土地房屋侵权行为的赔偿责任及赔偿数额予以认定，亦可达到维护受害人的合法权益，预防不法征地拆迁行为对权利人的侵害，同时规范征收拆迁秩序的规制目标。进一步而言，赔偿时点的认定既能够弥补受害人的实际损失，同时也能够降低违法拆迁行为发生的概率，降低受害人的不当赔偿期待，及时解决赔偿纠纷，避免土地房屋的损失在客观上无限扩大。这种客观化内涵在正当性上恰好符合《行政赔偿规定》第二十七条第二款所呈现的公平赔偿理念。

---

① 宋亚辉：《社会性规制的路径选择——行政规制、司法规制抑或合作规制》，法律出版社 2017 年版，第 1 页。

② 高家伟：《论国家赔偿责任的性质》，载《法学杂志》2009 年第 5 期。

三、“损害发生时”的法律解释与认定规则

土地房屋赔偿时点认定应当避免空泛地适用抽象的公平理念，而应当遵循赔偿时点的客观化内涵。认定规则的确立需要在对民事侵权责任制度与国家赔偿制度的纵向、横向梳理基础上，运用行政法法律解释方法，以达到行政赔偿的法秩序内部自洽。

（一）“损害发生时”的体系化解释

1.《民法典》有关损害赔偿时点规范的参考和借鉴

从类比解释的角度考虑，《行政赔偿规定》第二十七条所规定的“损害发生时”与民事侵权制度的“损失发生时”具有高度类似性，有必要从民事侵权制度的规范逻辑考察。侵权责任法立法之初对“损失发生时”的解释是侵权行为引发直接损失之时，① 在民法典编纂过程中，对于赔偿时点如何加以规定，有不同意见认为“损失发生时”的基准时点没有考虑侵权行为发生后的市场价值波动问题，不能使被侵权人回归到侵权行为未发生的应有状态。② 但立法机关仍然确定“损失发生时”为基准时点，主要考虑：一是“损失发生时”最容易固定和掌握；二是法官可以结合具体案情，运用其他合理方式予以自由裁量；③ 三是民事赔偿中，从侵权行为发生到诉讼立案再到作出裁判结论，其中有诸多时点，必须确定一个时点作为一般规则，否则将会引起司法裁判的混乱。故《民法典》第一千一百八十四条对于赔偿时点的规定所追求的价值取向是容易掌握和固定，且必须确立一个具有一般适用性规则的时点。从民法理论的研究层面考察，市场波动因素是赔偿基准时点所不可回避的问题。民法学界意识到侵权行为发生时至纠纷解决之时，财产的市场价值会发生波动，以侵权行为发生时为损害认定时点将有失公允，为此，有学者提出应对价格变动的基准时点认

① 王胜明：《〈中华人民共和国侵权责任法〉条文解释与立法背景》，人民法院出版社 2010 年版，第 78 页。

② 王泽鉴：《损害赔偿》，北京大学出版社 2017 年版，第 16、79 页。

③ 黄薇：《中华人民共和国民法典侵权责任编释义》，法律出版社 2020 年版，第 63 页。

定可以纠纷裁判时点作为基准时点。① 综上，《民法典》有关赔偿时点的制度追求的价值原则上为客观固定性，例外为市场等其他特殊因素引发的个案裁量性。

2. 土地房屋行政赔偿的特殊性

行政赔偿与民事侵权赔偿在实体上虽然相似性较大，但是在参考民事侵权制度有关赔偿时点的规定时，还应当结合研究行政赔偿以及行政赔偿诉讼的特点作出认定。

（1）行政赔偿须先经过行为违法的确认程序。根据最高人民法院《行政赔偿规定》第二十一条的规定，赔偿请求人单独提起行政赔偿诉讼的条件之一为“加害行为为具体行政行为的，该行为已被确认为违法”。也就是除行政诉讼一并提起赔偿诉讼外，侵权行政行为被确认违法系提起行政赔偿诉讼的前置条件。② 而民事侵权诉讼中，起诉人可以就侵权行为直接提起赔偿诉讼。因而行政赔偿诉讼相较于民事赔偿诉讼而言，增加了行政侵权行为的诉讼程序。客观上，赔偿时间段更长，也就意味着时间节点更多，如行政侵权行为诉讼提起时、行政行为被确认违法时等。

（2）行政赔偿存在先行行政赔偿程序。《国家赔偿法》第九条规定：“赔偿义务机关有本法第三条、第四条规定情形之一的，应当给予赔偿。赔偿请求人要求赔偿，应当先向赔偿义务机关提出，也可以在申请行政复议或者提起行政诉讼时一并提出。”赔偿义务机关对赔偿请求人提起的赔偿申请应当予以处理，这意味着在行政行为被确认违法后，赔偿权利人有权先向行政赔偿义务机关提起赔偿程序，之后再提起行政赔偿诉讼程序。那么，土地房屋损失的救济时段将拉长，同样时间节点又有所增加。

（3）土地房屋不动产具有特殊性。③ 不同于动产，土地房屋作为不动产的赔偿数额较高，加上市场价格的变动具有不确定性，赔偿数额的多少对于赔偿权利人影响很大。对于行政赔偿义务机关而言，赔偿数额的确定

---

① 徐银波：《论计算财产损失的基准时间——对〈侵权责任法〉第19条的反思》，载《北方法学》2015年第1期。

② 蔡小雪：《行政行为的合法性审查》，中国民主法制出版社2020年版，第295~299页。

③ ［英］卡罗尔·哈洛：《国家责任——以侵权法为中心展开》，涂永前、马佳昌译，北京大学出版社2009年版，第117页。

也至关重要，一是金钱的给付须经过行政机关内部会议研究、批准以及财务的审计等，而且还涉及行政责任的追究。二是涉及城镇化政策的落实执行、征收拆迁项目进度的推进、行政机关公信力的维护。因而，土地房屋行政赔偿诉讼往往涉及复杂的利益纠葛。

综上，公法赔偿不同于私法赔偿。行政赔偿属于公权力侵权行为引发的赔偿，土地房屋行政赔偿诉讼也是较为特殊的赔偿诉讼类型，人民法院作出司法裁判可能更加慎重，因而土地房屋赔偿诉讼中，对于赔偿时点的认定相较于民事侵权制度具有很大的特殊性。

（二）“损害发生时”的一般认定规则

基于上述解释，笔者认为，“损害发生时”仍需进一步与某一具体时点进行比较分析，从而构建“损害发生时”的一般认定规则，以期为《行政赔偿规定》第二十七条在司法实践中的适用提供参考。

1. 司法实践中 4 个赔偿时点的比较分析

借鉴民法规则以及结合行政赔偿诉讼的特殊性，笔者对不同赔偿时点加以比较分析。（见表 1）

表 1　赔偿时点的对比分析

赔偿时点	分析理由	是否确立为一般规则
侵权行为发生时	该时点未考虑侵权行为发生至赔偿纠纷解决时市场价格或价值的波动。而且该时点的确立容易纵容违法征收拆迁行为发生，给行政机关带来“激励”效应。	否
确认行政行为违法时	该时点具有客观确定性，客观上容易固定和判断。同时考虑到了侵权发生至确认违法时市场价格波动。而且从逻辑解释角度分析，只有在行政侵权行为被确认违法之后，方可定性损害的发生。	待定
赔偿决定作出时	行政赔偿义务机关可能怠于作出赔偿决定，因而该时点不具有普遍适用性。	否

续表

赔偿时点	分析理由	是否确立为一般规则
行政赔偿诉讼时	该时点具有客观确定性，也考虑到了侵权行为发生至赔偿纠纷解决时市场价格或价值的波动。但是，可能变相引导赔偿权利人拖延赔偿争议化解。	待定

综上分析，“确认行政行为违法时”和“行政赔偿诉讼时”均具有客观确定性，也不同程度考虑了市场价格波动等因素，但是二者如何择其一，仍需精细化地比较哪一个时点更加符合土地房屋赔偿时点的客观化内涵。

2. 赔偿时点的规制违法征收拆迁作用

从行政机关的视角分析，行政决策更加注重土地征收、房屋拆迁的效率以及公共利益的实现，故行政机关很可能异化分析比较违法成本和收益。从诉讼策略的考量，侵权行为发生时的基准时点促使行政机关为了推进征收拆迁效率，采取先征收拆迁后补偿、赔偿的模式。确认违法判决对于行政机关的影响犹如隔靴搔痒，如果认定的赔偿责任无法予以威慑和规制，最终的赔偿判决可能会对行政机关违法征收拆迁产生“激励”效应。[①]由此可以看出，损失赔偿基准时点的认定不只是时间点的简单选取，而应以实现规制侵权获益行为为目标。据此考量，笔者认为“确认行政行为违法时”和“行政赔偿诉讼时”都在“侵权行为发生时”之后，能够达到降低违法征收拆迁的规制目的。相较之下，“行政赔偿诉讼时”对于赔偿义务机关的规制影响更大。

3. 赔偿时点的利益平衡功能

在行政赔偿多阶段的博弈过程中，土地房屋市场价值不断增长的情况下，赔偿纠纷拖得越久，赔偿请求人的赔偿期待会越来越高，赔偿纠纷解决的及时性大大削弱。在标准不统一或是同案不同判的情况下，如果赔偿

① 章剑生：《私有财产征收中的行政赔偿——许水云诉金华市婺城区人民政府房屋行政强制及行政赔偿案评析》，载《法律适用》2020年第4期。

时点认定使当事人的不当赔偿期待落空时，将极有可能引发上访、闹诉的风险，不利于社会秩序的稳定。因而赔偿时点的认定亦是对不当赔偿期待及土地房屋损失不断扩大的负面效果规制。显然，“行政赔偿诉讼时”不利于及时解决赔偿纠纷，反而促使赔偿请求人利用此基准时点将赔偿纠纷拖延至赔偿诉讼中解决。

综上所述，“确认行政行为违法时”作为“损害发生时”一般认定规则适用下的具体时点，将有利于法院在处理该类件时实现统一标准下的矫正正义，有利于促使赔偿请求人与赔偿义务机关及时地解决赔偿纠纷，既有利于减少违法征收拆迁，也有利于将土地房屋的客观实际损失降至最低，最终有利于保障赔偿请求人的赔偿权益不低于其应当获得的安置补偿权益。

社会主义核心价值观融入行政裁判文书的说理研究[①]

——基于对136份行政裁判文书的实证分析

于玮宁[*]　王同鑫[**]

摘要：社会主义核心价值观是当代中国精神的集中体现，凝结着全体人民共同的价值追求。社会主义核心价值观融入行政裁判文书的说理，既对行政审判产生引领作用，增强司法裁判的公信力和权威性，同时也是法院践行社会主义核心价值观的重要途径。本文通过搜索整理了136份文书样本，在对案例进行逐一分析的基础上，提出核心价值观融入行政裁判文书存在的问题并探析内在原因，借鉴国外制判模式和我国的本土断案决狱文化，在现有的规范体系下对核心价值观融入行政裁判文书进行细化和定位，通过"理论—个案—适用"之间的良性互动，以期完善核心价值观融入行政裁判文书的路径。在行政裁判文书说理中倡导诚信、公正、法治等理念，行政裁判文书会成为培育和弘扬社会主义核心价值观的沃土，从而最终达到"内化于心、外化于行"的作用。

关键词：社会主义核心价值观；行政裁判文书；说理；法律方法

诉讼不可避免地包含着道德性维度，从而始终存在着产生特殊形式公

---

① 该文作于2022年。

* 于玮宁，北京市第四中级人民法院行政审判庭法官助理。

** 王同鑫，北京市第四中级人民法院审判管理办公室（研究室）法官助理。

共不正义的风险。

——德沃金

社会主义核心价值观是当代中国精神的集中体现，凝结着全体人民共同的价值追求。把社会主义核心价值观融入法治建设，是坚持依法治国和以德治国相结合的必然要求。社会主义核心价值观融入司法裁判是法治建设的应有之义，是增强裁判文书释法说理的重要手段。2021 年最高人民法院印发《关于深入推进社会主义核心价值观融入裁判文书释法说理的指导意见》，对法官运用社会主义核心价值观释法说理提出了更高的要求。然而，裁判文书说理与社会主义核心价值观融入问题还处于割裂状态，为此，我们以行政裁判文书为研究对象，以期为社会主义核心价值观深度融入行政裁判文书的说理提供参考。

一、司法现状：核心价值观融入行政裁判文书的数据分析

为分析目前行政裁判适用社会主义核心价值观的现状，笔者以“社会主义核心价值观”为关键词在“中国裁判文书网”平台上的“行政案件”进行全文检索，共检索到 445 份裁判文书。针对上述样本，以“社会主义核心价值观”为关键词在裁判文书网平台中“理由”板块进行高级检索，将样本明确在裁判文书说理和裁判依据范围，筛除重复文书后共得到 136 份样本。进而对该样本裁判文书进行实证分析，呈现以下特点。

（一）援引数量较少，但呈增长态势

截至 2022 年 2 月 12 日，在中国裁判文书网上公开的行政裁判文书总数为 3,074,069 份，而法官在判决理由部分适用社会主义核心价值观的仅有 136 份，占比 4‱，可见行政法官引用社会主义核心价值观的比例较小。且社会主义核心价值观融入行政裁判文书的裁判时间分布在 2014 年以后，具体表现为 2014 年 2 份、2016 年 2 份、2017 年 8 份、2018 年 25 份、2019 年 30 份、2020 年 40 份、2021 年 35 份（见图 1）。社会主义核心价值观融入行政裁判文书线性（数量）总体呈上升趋势，裁判时间与裁判数量基本呈正相关态势。其中引用价值观进行行政裁判前十的省、自治区、直辖市分别是：北京市 26 份，湖北省 13 份，山东省 11 份，安徽省、湖南省各

10 份，江苏省、广东省各 9 份，江西省、四川省各 7 份，河南省 6 份（见图 2）。在行政裁判文书总量不断上涨的趋势下，一个省份的行政法官引用社会主义核心价值观的裁判却只有十位数或者个位数，在行政裁判文书中援引社会主义核心价值观进行说理的案件不具有普遍性。

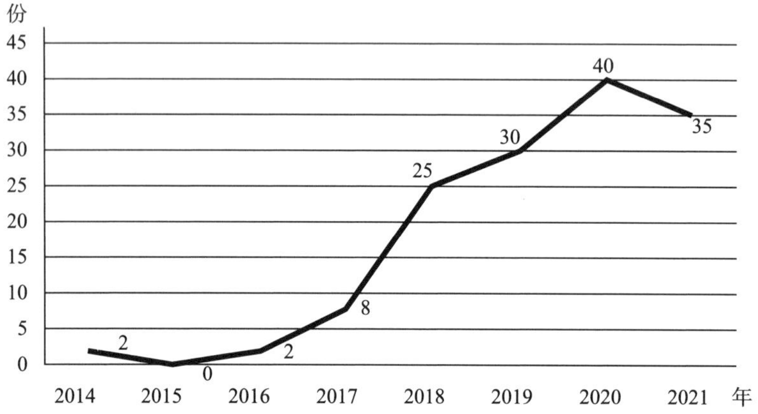

图 1　行政裁判文书援引社会主义核心价值观的趋势

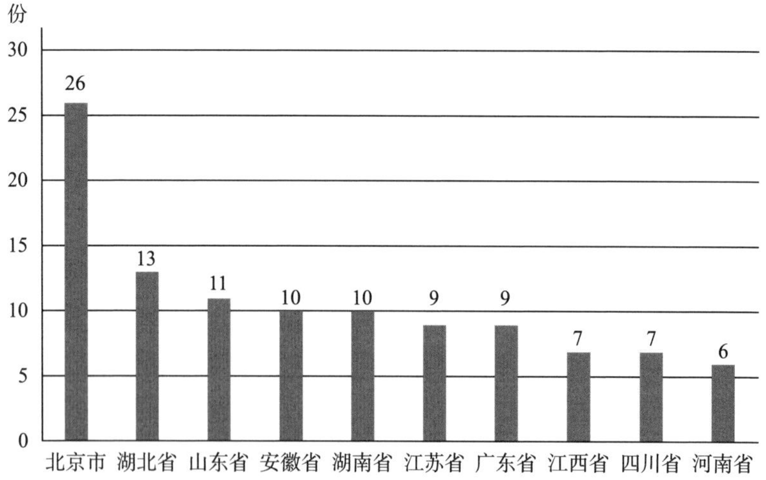

图 2　行政裁判文书援引社会主义核心价值观前十的省、自治区、直辖市

值得注意的是，2013 年 12 月，中共中央办公厅印发《关于培育和践行社会主义核心价值观的意见》；2016 年后，最高人民法院印发《关于加强和规范裁判文书释法说理的指导意见》，中共中央办公厅、国务院办公厅发布《关于进一步把社会主义核心价值观融入法治建设的指导意见》，进一步为社会主义核心价值观融入司法裁判提供裁判指导与政策支持。尽管对于社会主义核心价值观融入裁判文书已经有了制度性文件，但司法实践对此的反馈与回应却并不热忱。

（二）案件类型分布较广，涉及多个社会领域

通过对样本数据进行分析，136 份裁判文书主要集中在行政确认（41 件，含工伤资格或待遇认定 34 件）、商标申请驳回复审行政纠纷（14 件）、行政协议（14 件）、行政处罚（14 件）、行政给付（10 件）、行政补偿（7 件）、行政强制（8 件）和不履行法定职责（12 件）等案件中（见图 3）。社会主义核心价值观融入行政裁判文书所涉及的案件不仅包括单方行政行为，也包括双方行政行为。而且案件涉及城建、劳动和社会保障、交通管理等各个领域，充分说明了“诉讼不可避免地包含着道德性维度”，社会主义核心价值观作为社会主义核心价值体系的根本性质和基本特征存在于各个领域。

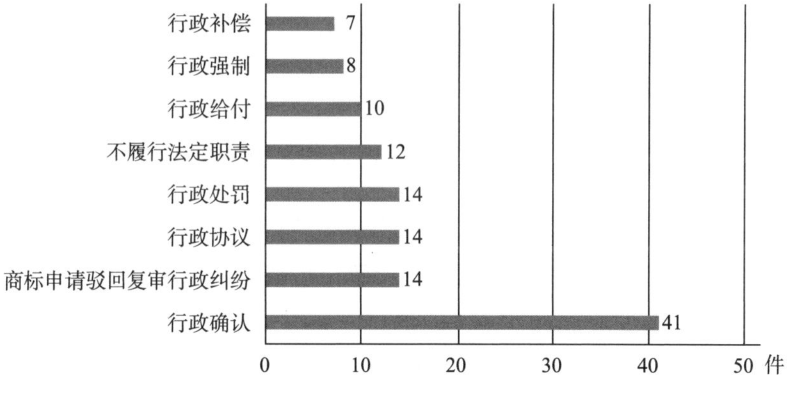

图 3　行政裁判文书援引社会主义核心价值观的案件类型分布

（三）内容指向不明，价值观说理不充分

从 136 份行政裁判文书所援引的社会主义核心价值观的内容来看，其中裁判文书援引国家层面价值的有 18 份，其中援引“文明”核心价值观的有 5 份；引用“和谐”的有 13 份。援引社会层面价值的，其中“法治”6 份；“平等”6 份；“公正”6 份。援引个人价值层面的，“诚信”50 份；

"爱国"1份;"敬业"5份;"友善"5份。还有一些裁判文书(63份)中直接援引"社会主义核心价值观"字眼,并未对该案例涉及具体的价值观内容进行释明,如在"杨某东与凌源市公安局交通警察大队、朝阳市公安局交警支队一审行政判决书"[①] 中,法院认为"综上,本院为弘扬正气,促进提高公民的交通安全意识,维护社会主义核心价值观,实现法律效果与社会效果的统一……";在"李某玉、李某等与武汉市江夏区城市管理执法局卫生行政管理(卫生)一审行政判决书"[②] 中,法院认为"为了维护社会公共利益,培育和弘扬社会主义核心价值观,加强社会法治和道德建设……"。行政裁判文书原因核心价值观还存在价值指向不明的问题,如有法院认为,"……如职工提前到岗或主动加班,在工作岗位上发生事故,用人单位或人社部门以职工提前到岗或主动加班为由不予认定工伤,则与全社会倡导的爱国、敬业、诚信、友善的社会主义核心价值观不符,不利于弘扬社会正能量……",提前到岗或主动加班明显应该在"敬业"层面进行价值判断,与"诚信""友善"相挂钩有强行牵连之嫌。除此之外,样本中大量裁判文书对于价值层面的问题并未展开分析,缺乏事实和规范要素之间的论证,呈现出核心价值观和裁判文书未完全融合的"二分式"结构。

二、原因分析:核心价值观融入行政裁判文书说理的困境

针对目前核心价值观融入行政裁判文书所凸显的问题,探求其背后的主客观原因,方能理解核心价值观和行政司法裁判"二分"式说理背后的逻辑,从而寻求切合当下的应对之策。

(一)理念偏差:传统法律工具主义和法条主义的影响

我国是制定法的国家,司法裁判是适用法律的过程,我国的司法裁判主要是基于对法概念之解释和对法规范之逻辑推理(主要是三段论的演绎推理)而做出的。[③] 这种在审判案件中严格适用法律规范是对制定法规则

① 参见辽宁省凌源市人民法院(2019)辽1382行初51号行政判决书。

② 参见湖北省武汉市江夏区人民法院(2017)鄂0115行初51号行政判决书。

③ 参见苏力:《也许正在发生——中国当代法学发展的一个概览》,载《比较法研究》2001年第3期。

的坚守,[①] 深深受到“法律是目的的手段”这种工具主义理念的影响，必然重视法律方法论的作用。这种法条主义的审判方法是以案件事实和法律规定为出发点，通过找法、分析案件争议焦点，在法律条文和案件事实之间建立联系，最后得出确定的结论。法条主义注重法律条文的解释，追求最大可能地保证法律的完整性和准确性，实务中体现在裁判文书里就是严格地进行法律推理、强调逻辑论证，这的确能够保证案件最大限度地以法律的名义作出裁判。但过度强调逻辑推理，可能会导致机械主义、教条主义等。案件的裁判不能仅仅把运用法律条文当成对条文的解释、抠字眼等机械的法律推理过程，更需要融进法律价值，把社会主义核心价值观融入司法可以克服法律工具主义和法条主义的缺陷。实务中，法官在裁判时还是倾向于确保判决的可预测性、确定性，因此要求法官们将核心价值观融入文书的说理中，不仅需要研究融入的方法，还需要研究社会主义核心价值的内容，并在具体的裁判中实现价值与方法的有机结合，这样才能让法官们克服法条主义过度机械的弊端，扩展裁判思维，考虑社会效果和法律效果的统一，运用核心价值观进行有效说理。

（二）价值偏好：行政诉讼审查的特殊性

传统行政诉讼的目的更加注重行政诉讼的监督和救济功能，即监督行政机关依法行使职权从而保障行政相对人的合法权益，在诉讼过程中注重行政行为的合法性审查，包括对行政行为作出过程中的职权依据、遵循程序、法律适用、证据情况进行审查。根据行政法中的“法律保留”原则，法无授权即禁止，行政法官只需要对照法律法规和事实进行比对，即可得出结论。传统的行政诉讼审理方式，更多的是行政行为合法性审查，缺少对行政相对人的回应。

新修改的《行政诉讼法》将解决行政争议纳入行政诉讼目的，并将之前的“维持判决”变为“判决驳回原告诉讼请求”，并新增了给付判决和确认违法判决，“明显不当”也成为撤销判决的理由。除此之外，拓宽了行政案件的受案范围，行政行为不再只是单方的具体行政行为，还包括双

① 参见刘雷：《论社会主义核心价值观融入司法裁判的路径研究——基于实证分析的整全性考量》，载《法律方法》2021 年第 2 期。

方行政行为即行政协议。这样的判决审理方式要求对原告的诉讼请求进行回应，对“明显不当”的行政行为需要法官运用自己的社会经验和法学素养对行政行为的不当进行合理性审查。但是，很多法官尚未从“撤销判决”的审理模式中转变，更多的是对行政行为的一种批判性审查，缺少了与当事人的对话，而更偏向于一种简约化、僵硬化的说理。而且在裁判文书的具体制作中，往往只会容纳一种裁判观点，并不会添加其他法官的不同意见，这也降低了法官说理的积极性和文书制作的难度。

（三）动力不足：对社会主义核心价值观的理解不充分

首先，法官对社会主义核心价值观中的十二种价值观的内涵、适用标准的理解比较粗浅，没有形成将核心价值观写进文书的习惯。个别适用的文书中表述也不尽相同，一般多为宣示性、宽泛性的说理，不会结合具体的案情进行详细的阐述。早在 2015 年最高人民法院就出台了《关于在人民法院工作中培育和践行社会主义核心价值观的若干意见》，之后陆续出台了《关于加强和规范裁判文书释法说理的指导意见》《关于深入推进社会主义核心价值观融入裁判文书释法说理的指导意见》等，对于将社会主义核心价值观融入裁判文书说理具有重大的理论价值和实践意义。但是实务中各法院对法官的相应培训和指导较少，将社会主义核心价值观融入裁判文书说理的裁判思维如何培养、方法如何细化具体化没有统一的标准，各法官大多也是“一家之言”，对于社会主义核心价值观的理解仍然浮于表面。其次，法官实际上仍然面临“案多人少”的问题，审判压力大、事务性工作多，导致法官没有较多时间去深刻学习并领悟社会主义核心价值观的内涵和逻辑，在制作裁判文书时为了完成结案任务指标绩效，不会仔细琢磨案情与社会主义核心价值观的连接点和切入点，不会考虑如何将社会主义核心价值观融入裁判文书以增强说理效果，因此即使引用了核心价值观也存在泛泛而谈的问题。

三、比较研究：行政裁判文书的修辞和说理

社会主义核心价值观融入行政裁判文书，归根结底还是裁判文书的说理问题。判决说理改革历来被视为司法改革清单中一块“难啃的硬骨头”，

最高人民法院亦反复强调增强裁判文书的说理性，提高裁判文书的质量。[①]行政裁判文书的改革不仅需要借鉴国外的先进庭审制度和制判模式，而且需要从我国的本土断案决狱文化中汲取营养。

（一）我国古代判词说理情况

裁判文书，在我国古代一般称为“判词”。先秦——汉代是古代判词的产生期，明清是判词的成熟期。我国古代的判词大多呈现情理化的特征，古代法官在遇到疑难案件通常以情理作为衡平的手段，实现情理法的融合，同时运用了大量的修辞手法增强判决的说服力，以实现劝导息讼的司法效果。[②] 如在传统的民事诉讼中，以无讼和中和为价值取向，多对当事人加以道德教化。尤其是明清两代的判词，更是运用大量的修辞手法，增强了判词的说服力。这与我国古代所秉持的价值取向是相对应的，正如美国的沃拉所说，“法律并不超脱。县令心里始终牢记的是儒家思想……维护儒家的道德秩序显然比抽象的法律条款更为重要”。[③]

虽然古代判词与当代的裁判文书所呈现出严谨的公文性、事务性特征相悖，但是其所产生的很强的感染力和说服力，并在一定程度上实现判词定分止争的司法目的与当代的裁判文书的价值追求却并不冲突，在此意义上而言，古代判词所采用的文学性批判语言以及儒家情理文化的融入对当代裁判文书具有积极意义。

（二）大陆法系裁判文书说理情况

大陆法系国家，多遵循法条主义的裁判，其背后是分析法学、实证主义法学理论，注重对制定法和法律规则的实证分析和规范体系的建构，主张法律规范和法律价值应当划清界限。[④] 如法国的裁判文书说理简单概括，尤其是“最高法院想法设法使判决书的内容缜密而紧凑，附带性论述一概

① 参见王聪：《我国司法判决说理修辞风格的塑造及其限度——基于相关裁判文书的经验分析》，载《法制与社会发展（双月刊）》2019 年第 3 期。

② 参见王方玉：《中国式法理思维探析——法、理、情的融合》，载《河北法学》2014 年第 5 期；尤陈俊：《儒家道德观对传统中国诉讼文化的影响》，载《法学》2018 年第 3 期。

③ ［美］R. 沃拉：《中国：前现代化的阵痛》，辽宁人民出版社 1989 年版，第 26 页。

④ 参见刘雷：《论社会主义核心价值观融入司法裁判的路径研究——基于实证分析的整全性考量》，载《法律方法》2021 年第 2 期。

排除；当判决基于某一理由应予撤销，其他理由便弃之不顾。另外，那种游离于正文之外的闲文渔笔从来不能在最高法院的封决书中发现，在下级法院的判决书中也很难找到；并且也不涉及案件的背景、法律史、法律政策或比较法。”[①] 法国的裁判文书呈现出一种“权威—命令”式的风格，在适用和解释制定法上，遵循“大前提—小前提—结论”的三段论，采取形式演绎的方式，所呈现的结果是结论性的。这种风格与我国目前公文性、事务性的裁判文书相近似。

（三）英美法系裁判文书说理情况

英美法系国家，实行的是判例法制度，采取遵循先例的原则。正是由于这一制度，英美法系法官在撰写裁判文书时，一方面，需要寻找类似判决，遵循其约束力；另一方面，在那些有新意的案件中，法官始终有某种创一造规则的考虑。他们所面对的不仅是纠纷解决的问题，而且有一规则之治的问题。他们所关注的不仅是个案本身是否得到了良好、恰当的处置，而更多的是这个判决对于未来司法的意义。[②] 法官试图通过裁判文书同当事人、律师、其他法院和整个社会进行联系和沟通，靠近美国这一极的英美法系具体、开放、生动、细致，呈现一种“论辩—对话式”风格。[③]

（四）小结

我国的行政裁判文书说理情况，更多的是遵循法国式的写作风格，但是在社会主义法治体系和中国特色社会主义法律文化不断发展的过程中，受到人民司法大众化、民主化理念的主导，判决被要求尽可能使用通俗的语言，尽可能详细地进行论证说理，让普通百姓看得明白，需要借鉴英美法系的论证风格。在这样的司法环境要求下，法官并不应在判决理由只奉行对利益差异进行法言法语评判的例行公事，还应承担行内沟通与行外沟通的合理兼顾。因此，社会主义核心价值观与司法裁判的结合，还需要对古代判词说理和儒家传统文化融入的情况进行理性正视，这也是是对刚性

---

① ［德］K. 茨威格特：《比较法总论》，潘汉典等译，贵州人民出版社1992年版，第228页。

② 参见刘莉、孙晋琪：《两大法系裁判文书说理的比较与借鉴》，载《法律适用（国家法官学院学报）》2002年第3期。

③ 参见张志铭：《法律解释的操作分析》，中国政法大学出版社1999年版，第209~214页；陈林林：《裁判的进路与方法》，中国政法大学出版社2007年版，第34~35页。

法治的一种人性调和，是建设中国特色社会主义法治文化的应有之义。

四、解决路径：社会主义核心价值观融入行政裁判文书的机制

2016年中办国办联合下发《关于进一步把社会主义核心价值观融入法治建设的指导意见》，明确将社会主义核心价值观融入立法、执法、司法、守法全过程。2018年中共中央印发《社会主义核心价值观融入法治建设立法修法规划》，要求推动核心价值观入法入规，从源头上保证社会主义核心价值的引领和塑造。这为社会主义核心价值观融入司法裁判提供了正当性依据和政策指向。同时，通过与法律条文对比，社会主义核心价值观的三个层面、十二个方面的价值内容多数已经转换成法律的基本原则。① 比如《民法典》第四条、第六条、第七条关于平等、公平、诚信原则规定；《广告法》第七十四条、《教育法》第六条、《国家安全法》第二十三条等。对于行政裁判文书而言，不仅需要加强对社会主义核心价值观融入的重视，也需要遵循行政审判的逻辑规律和司法原理，理解核心价值观各层面的具体内容，把握法治精神和法治原则，不断完善融合的机制路径，以实现核心价值观与行政裁判文书的良性互动。

（一）完善配套措施，提高法官适用核心价值观释法说理的主动性

"当一个社会全面实现形式上的规则治理的时候，法治的重心必定要转到司法之上，而司法的重心又会转向方法，而方法成功的关键在于法官。"② 社会主义核心价值观融入行政裁判文书的首要条件就是法官自身必须牢固树立社会主义核心价值观、具备丰富的法律专业知识，并在裁判文书中能够主动适用核心价值观进行释法说理。首先需要加强法官的学习培训，法官既要了解核心价值观的基本内容、不同层面的内在逻辑，也要准确运用法律解释方法、法律论证方法、法律推理方法等来认定案件事实，并与核心价值观相结合进行司法裁判。提高法官适用社会主义核心价值观

① 参见周尚君、邵珠同：《核心价值观的司法适用实证研究》，载《浙江社会科学》2019年第3期。

② 胡桥：《现代大陆法系法律方法的嬗变轨迹及其背后》，载《政治与法律》2008年第11期。

的自觉性，更为重要的一点在于法官自身要改变固有的、形式化的写作思路。法官应独立行使审判权，但是在制作裁判文书时可以加入主观能动性，将裁判文书作为自己创作的作品，以法理为尺度，以社会主义核心价值观等价值判断来佐证，充分运用社会主义核心价值观来有效回应案件的争议焦点，结合庭审举证质证、法庭辩论等来阐明被诉行政行为的程序、职权依据、法律适用等问题，辅之以适当的语言修辞，尽可能地完善这个作品。其次，法院应结合司法责任制改革的相关配套措施，出台具体的激励措施，比如在绩效考核中进行细致的量化加分，以提高法官在裁判文书中适用核心价值观的主动性。目前的绩效考核主要考核的是办案的数量和效率，案件质量则主要体现在是否有发回重审。裁判文书释法说理的质量并不是考核指标，这也很大程度上抑制了法官释法说理的积极性，也不利于社会主义核心价值观融入裁判文书。法院应定期整理、汇编优秀的裁判文书进行推广学习，充分发挥典型案例的引导和教育作用，强化社会主义核心价值观的导向作用，通过个案审理引领社会风尚。同时，可以借助司法大数据的分析和评估技术，针对社会主义核心价值观融入裁判文书的范围、类型、效果、存在的问题等进行深入分析，促使法官们不断提高适用核心价值观进行释法说理的能力。

（二）合理解读内涵，提升核心价值观各层面价值适用的融贯性

社会主义核心价值观共24个字、十二个方面的内容，基本内容包括富强、民主、文明、和谐，自由、平等、公正、法治，爱国、敬业、诚信、友善的国家、社会和个人三个层面。这三个层面的价值要求共同构成了一个不可分割的有机整体，统一于中国特色社会主义建设实践①，统一于法治中国的路径，凝聚中华民族的价值共识②。就行政裁判而言，“法治”应该是行政裁判所体现的首要价值，对于“法治”价值观的审查体现在对行政行为的合法性审查上，结合正当程序原则、依法行政原则等来强化“法

① 参见黄巧莲：《法治视野下社会主义核心价值观培塑的三个维度》，载《福州党校学报》2018年第4期。

② 参见习近平：《决胜全面建成小康社会夺取新时代中国特色社会主义伟大胜利》，载《人民日报》2017年10月19日，第1版。

治”“诚信”的价值，以此推进法治政府和诚信政府建设，进而将“法治”这一价值要素牢牢根植于国家治理体系之中。新修订的《行政诉讼法》第1条新增“解决行政争议”这一立法目的，体现了立法机关进一步强化行政诉讼制度化解行政纠纷功能的明显意图。裁判虽不是人民法院解决行政争议的唯一方式，但却是极为重要的一种方式，是定分止争的基石。与此相应，行政裁判文书说理应始终贯穿“化解纠纷、构建和谐”这条主线，力争做到事清理明、利益平衡、案结事了。除此之外，行政裁判文书还应该结合具体案件中所涉及的价值观从法理、事理、情理进行论证。在收集的136份裁判文书中，存在将不同层面的核心价值观进行错位适用、混淆适用的情况，比如，前文提到的将员工提前到岗或主动加班与“诚信”“友善”的价值观相挂钩有强行牵连之嫌。笔者认为这种适用的情况不利于对于核心价值观的精确解读，也不利于实现通过司法裁判文书宣扬核心价值观的目的。行政裁判文书说理不可能面面俱到，行政法官应该结合行政审判制度的功能定位，立足于国家治理体系和治理能力现代化，具象于依法行政、信赖保护、实质性化解行政争议等内容，进一步强化规则引领和价值导向，真正使社会主义核心价值观融入于科学立法、严格执法、公正司法、全民守法的各个环节。①

（三）梳理案件类型，形成类型化的核心价值观行政文书应用模式

构建类型化的核心价值观行政文书应用模式可以增强核心价值观融入行政裁判文书的可操作性和统一性，使社会主义核心价值观各层面价值的内涵与法律、案件事实的融合趋于明晰。结合行政审判监督行政机关依法行政、推进法治政府建设的功能定位，应重点将法治、公平、诚信、和谐、敬业、友善等价值融入行政裁判文书中。对核心价值观融入行政文书进行类型化研究，并非是一种逻辑上、理论上的推演与建构，而是从本国司法实践中具体发生过的判例出发的一种实证研究与判例研究。② 笔者对前述136份裁判文书进行考量后，将社会主义核心价值观融入行政裁判文书的类型主要归结为以下三类：第一，在工伤行政确认、劳动和社会保障

① 参见赵锋：《社会主义核心价值观融入行政裁判文书说理》，载《人民法院报》2021年5月14日，第5版。

② 参见于飞：《公序良俗原则研究》，北京大学出版社2006年版，第134页。

行政给付类案件中，将案件事实与“爱岗”“敬业”“平等”等价值相结合。在“李某某与某市人力资源和社会保障局不服工伤认定案”中，法院指出“我们要对王某某同志这种工作态度和爱岗敬业精神称赞，以此弘扬社会主义核心价值观，营造一个人人爱岗敬业、努力勤奋工作的良好社会氛围，不能让好人吃亏。”① 在“安徽某保洁公司和合肥市某区人事劳动局等劳动和社会保障行政管理案”中，法院指出“案涉工伤认定符合社会主义核心价值观中‘平等’的价值取向，符合《劳动法》《工伤保险条例》等法律法规倾斜保护处于弱势低位劳动者权益的精神，亦是实质平等的应有之义。”② 第二，在行政协议、征收房屋、征收土地以及行政补偿类案件中，重点考虑“诚信”“平等”“公正”等价值要素。在“刘某某诉淮北市某区政府征收安置补偿案”中，法院指出“根据逻辑推理规则，上述人员同样并非‘常住’于该村，而再审申请人却将其列为被安置人员，将合法外出务工人员排除在核查人口范围之外，显属同等情形区别对待，不符合‘平等’、‘公正’的社会主义核心价值观的要求。”③ 在“郑某某诉郑州市某区政府行政协议案”中，法院指出“诚信不仅是公民个人应当具备的品格，更是行政机关应当具备的精神，不仅是中华民族的传统美德，更是社会主义核心价值观的内在要求。中原区政府的两次违约行为是不讲诚信的表现，不仅不利于诚信政府、诚信社会的建立，也不利于社会主义核心价值观的传承和弘扬。中原区政府的失信行为在客观上形成了三次诉讼，不仅增加了当事人的诉累，也造成了司法资源的极大浪费。”第三，在行政处罚、行政强制类案件中，重点考虑“和谐”“友善”“公正”等价值。在“谭某某与恩施某县公安局行政处罚案”中，法院指出“上诉人与第三人因相邻关系即口角相向，拳脚相加，既与社会主义核心价值观所倡导的‘和谐、友善’不符，更是与法律法规相悖。”④ 在“唐某某诉长沙市某区住房和城乡建设局行政强制案”中，法院指出“行政机关应当秉持公平公正的理念依法行政，谨慎处理好公共利益与公民利益之间的平衡，切实保障好公民的合法权益。区住建局本应通过其他合法有效的方式

---

① 参见黑龙江省鸡西市中级人民法院（2017）黑03行终66号行政判决书。

② 参见安徽省合肥市中级人民法院（2021）皖01行终228号行政判决书。

③ 参见最高人民法院（2018）最高法行再46号行政判决书。

④ 参见湖北省恩施市人民法院（2014）鄂恩施中行终字第00079号行政判决书。

处理涉案房屋的安全隐患问题，但却采取了违法强拆的方式，对本案纠纷的产生负有不可推卸的责任。”①

上述尝试对社会主义核心价值观融入行政裁判文书的类型化并不意味着穷尽，只是对目前裁判文书适用核心价值观的粗浅归纳。类型化可以在一定程度上避免法官“为了用而用”的粗犷适用，即部分法官只引用“社会主义核心价值观”字眼而不涉及核心价值观的具体层面的内容和分析。行政法官应找到纠纷的源头，立足于实质化解行政争议的理念，准确适用法律，并援引诚信、公正、平等等社会主义核心价值观的具体内容进行分析，以核心价值观来拓展行政裁判的说理维度，补强行政裁判文书的事理、情理与法理融合，从而最大限度彰显社会主义核心价值观的导向。

（四）强化释法说理，实现核心价值观的实质融入

为了提高核心价值观融入行政裁判文书说理的充分性和可接受性，有必要采用一定的法律方法来强化释法说理，结合社会主义核心价值观将法律背后的价值取向阐释透彻，实现核心价值观的引领作用。首先要增强说理论证的层次性。行政案件的争议焦点是行政文书中需要重点阐明的问题，法官需通过法律论证和传统三段论的逻辑来得出裁判结果。适用核心价值观时，需要把核心价值观融入三段论的全过程，既要将核心价值观作为大前提的漏洞填补和价值指引，也要运用核心价值观对具体案件事实进行考量，防止个案的说理不充分（见图4）。

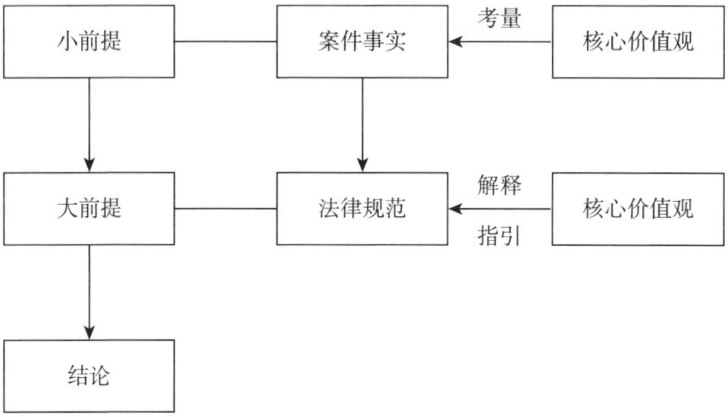

图4　结合社会主义核心价值观释法说理示意

① 参见湖南省高级人民法院（2020）湘行终609号行政判决书。

法官在适用核心价值观时，要把正式法源放在法律推理的首要位置，法理始终是裁判文书说理的重点。但如果遇到不确定法律概念时，比如工伤案件中常见的对于“48 小时”的认定，就存在进一步解释的空间，此时社会主义核心价值观裁判可以有效地提供裁判指引，法官可以利用文义解释、目的解释、体系解释等法律解释方法，明确核心价值观载明的价值维度与法律规范内在目的之间的意义关联①，展现核心价值观下该词语的客观含义，建构起案件事实与核心价值观具体价值内容的勾连，提升运用核心价值观说理的充分性。在“黄某某诉某县人力资源和社会保障局工伤认定案”中，法院指出“如果简单机械地以 48 小时之内‘临床死亡’作为认定工伤的标准，将会使患者家属在选择继续抢救亲人还是获得工伤赔偿的问题之间产生严重的价值冲突，这显然是不人道的，也是违背当今社会主流价值观的。被告简单地以黄某某经抢救后在 48 小时之外‘临床死亡’不符合视同工伤的情形为由不认定其为工伤，有违立法目的、立法精神和公平原则，不利于保障劳动者的合法权益。”②

其次，为了增强行政裁判文书的可接受性，法官们可以运用法律修辞方法或者将核心价值观体现在“法官后语”“法官寄语”部分。目前核心价值观融入行政裁判文书的一个很显著的问题是援引泛化、“政治化”，有很明显的“背书”效果，没有将核心价值观实质融入裁判文书说理中，比如有法院在援引核心价值观的文书中指出“为落实社会主义核心价值观，促进民主、文明、和谐、平等、公正、法治、友善社会建设，本院建议，崔某某依法补足所需材料，按照法定程序提出宅基地申请。”③“法律修辞是在其他法律方法的基础上，依照法律体系的规范性和案件的具体语境对当事人进行的劝导和论辩。”④裁判文书在注重法律语言来表达的同时，也应注意语言的通俗化，特别是在援引核心价值观的具体内容时，可以运用一定的修辞方法融入人情伦理来提高文书的说理性和可接受性。“法官后

① 参见于洋：《论社会主义核心价值观的司法适用》，载《法学》2019 年第 5 期。

② 参见广西壮族自治区平果县人民法院（2018）桂 1023 行初 25 号行政判决书。

③ 参见湖北省襄阳市中级人民法院（2020）鄂 06 行终 24 号行政判决书。

④ 陈金钊：《解决“疑难”案件的法律修辞方法——以交通肇事连环案为研究对象的诠释》，载《现代法学》2013 年第 5 期。

语”多体现在民事和刑事的裁判文书的尾部，在行政文书中较为少见，行政法官也可以借鉴“后语”的思路在文书的尾部进行判后释明、延伸说理，尤其是在当事人对政府或者法院存在不满抵触情绪或者重大典型案件中，将立法目的、法律背后蕴含的价值取向以社会主义核心价值观为媒介向当事人进一步解读，以达到事清理明、案结事了、实质性化解行政争议的目的。

五、结语

习近平总书记强调：“要用法律来推动核心价值观建设。各种社会管理要承担起倡导社会主义核心价值观的责任，注重在日常管理中体现价值导向，使符合核心价值观的行为得到鼓励、违背核心价值观的行为受到制约。”① 社会主义核心价值观融入行政裁判文书的说理，对行政审判产生引领作用，增强司法裁判的公信力和权威性，同时也是法院践行社会主义核心价值观的重要途径，我们要充分认识到把社会主义核心价值观融入司法适用的重要性和紧迫性。尽管目前核心价值观与行政裁判文书的融合尚存在一些不足，但只要加大研究力度，不断完善融合的路径，充分发挥行政审判的特色和优势，在行政裁判文书说理中倡导诚信、公正、法治等理念，行政裁判文书会成为培育和弘扬社会主义核心价值观的沃土，从而最终达到“内化于心、外化于行”的作用。

① 习近平：《用法律推动核心价观建设》，载人民网，http：//politics. people. com. cn/n/2014/0226/c70731-24469340. html，2022 年 2 月 18 日访问。

行政审判类型化案件要素式审判机制研究[①]

——以京津沪渝地区政府信息公开案件为样本

孙嘉琳[*]　王同鑫[**]

摘要：大城市病不仅表现在交通等方面，亦呈现在司法领域。行政案件数量的增长，加重了审判系统运转的负荷，影响了审判质效。本文以京津沪渝地区政府信息公开案件为样本，结合此类案件的特点及民商事领域审判机制的创新，以行政审判与要素式审判机制的耦合关系和正向作用作为本文的论证基点，探索构建行政审判中类型化案件的效率化审判机制，实现繁简分流，为提高审判效率建言献策。

关键词：行政审判；信息公开；要素式审判

建设一个什么样的城市，如何规划、建设和管理特大城市等一系列重大问题，需要一系列的制度安排。[②] 同样，在大城市发展过程中，司法审判质效亦面临种种挑战。就拿行政案件而言，立案登记制的实施，全国各级法院受理的行政案件数量激增，行政案件立案难问题得到基本解决，但案多人少、审判效率走低等问题却始终未能解决。近年来，在民商事审判领域中，各级法院纷纷探索实行了要素式审判机制，在提升了审判

---

① 该文作于2019年。

* 孙嘉琳，北京市第四中级人民法院行政审判庭法官助理。

** 王同鑫，北京市第四中级人民法院审判管理办公室（研究室）法官助理。

② 参见黄石松：《运用法治思维提高首都城市治理能力》，载《前线》2016年第9期。

效率的同时也促进了庭审改革以及文书改革。尽管民事审判与行政审判有所不同，但是在民商事审判要素式审判机制改革的启发下，构建类型化案件的审判机制、实现繁简分流，未尝不是缓解此类问题的有效之道。

一、实证观察：京津沪渝地区行政案件探究

（一）京津沪渝地区行政案件数量分析

自2015年新《行政诉讼法》颁布实施以来，行政案件数量较以外有了大幅增长。其中，信息公开案件作为新行政诉讼法规定的可以适用简易程序的案件，在行政案件中仍占有较大的比例。笔者在中国裁判文书网①，以“行政案件”“北京市、天津市、上海市、重庆市”“信息公开”“2018年”“2017年”“2016年”等为关键词进行检索的案件为样本进行分析，以探究构建类型化审判机制、实现繁简分流的现实可能性。（见图1、图2）

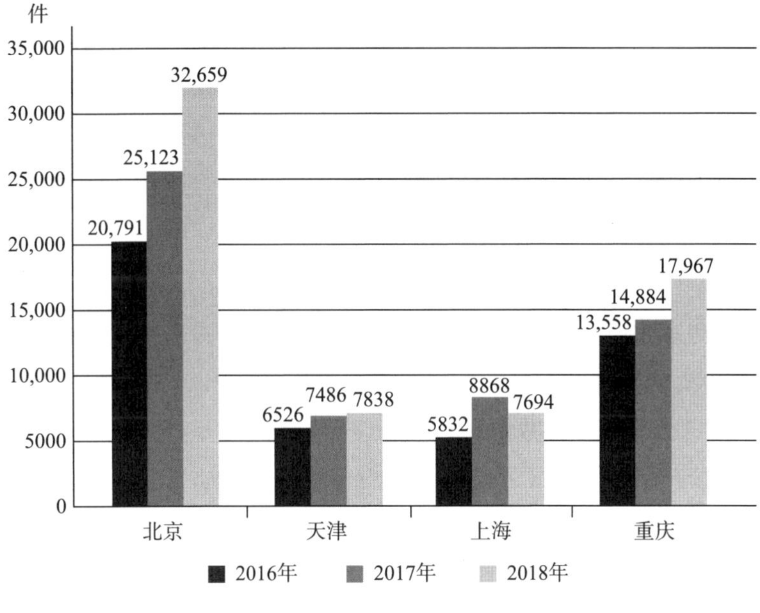

图1 2016—2018年京津沪渝地区行政案件总量

① 访问截止日期为2019年9月10日。

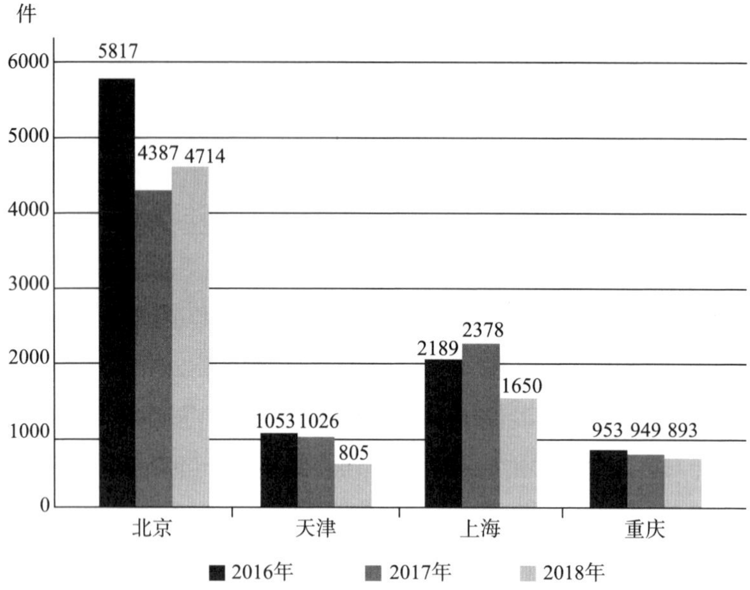

图 2　2016—2018 年京津沪渝地区信息公开案件总量

上述检索方式仅反映了中国裁判文书网中公开的 2016—2018 年京津沪渝地区行政案件和信息公开案件的数量，不排除有未上传、未公开的情形，实际案件数量应该大于此。但结合图 1、图 2 来看，行政案件数量近三年不断增长，政府信息公开案件数量虽然呈下降趋势，但是在案件总量中仍旧占有一定的比例。

（二）京津沪渝地区信息公开案件特点

通过对京津沪渝地区行政案件进行分析，可以看出信息公开类案件呈现以下特点：

1. 信息公开案件类型化突出

信息公开案件属于案由比较明确的行政案件，原告一般起诉要求撤销信息公开告知书（或者不存在，或者不公开）。在法院立案审查阶段，便可以明确其诉讼案由，且不像要求行政机关履责类案件，尚需要对其不作为的行政行为进一步进行判断。信息公开案件属于认定事实清楚、权利关系明确，且争议不大的案件，从立案阶段就有明确的指引，可以将其进行类型化划分。

2. 信息公开案件占比较高

信息公开类案件在行政案件中类型化突出，且占有很大的比例，如2018年北京市信息公开案件数量占行政案件总量的14.4%。信息公开案件基数较为庞大，同时，该类案件在裁判文书上已经有较多的既存裁判文书，其涵盖同类案件可能发生的各种形式，有较大的要素样本库。如将信息公开案件通过简易程序进行处理，势必减轻员额法官的工作压力，将司法资源倾向于疑难复杂案件，亦能够提高审判质效。

3. 信息公开案件具备要件的可提取性

信息公开类案件具有典型性，可以根据行政机关的检索方式和答复方式，将案件审理中的关键要件进行提取。如申请的信息是否属于政府信息；政府是否具有制作、保存或者获取信息的职责；是否履行了适当的检索或者查找义务；是否履行了法定的告知义务；是否以适当的方式进行了公开等。通过个案数据的筛选，提出可以反复适用于信息公开案件审理中的要件形成要素表。要素的提取数量可根据案件类型的复杂程度来进行设置，做到既保证类案的通性又为个案的个性留下空间。

4. 适用审理程序的灵活性

新《行政诉讼法》第八十二条规定了政府信息公开案件可以适用简易程序，同时，该法第八十四条亦规定人民法院在审理过程中，发现案件不宜适用简易程序的，裁定转为普通程序。信息公开案件可以根据其难易程度实现简易程序向普通程序的转化，其适用的程序具有灵活性，可以据此进行繁简分流，实现审判机制的创新适用，且不对审判程序造成影响。

二、他山之石：要素式审判机制在民商事案件中的实践考察

审理案件是智力和体力相结合的复杂劳动，案件数量的增多，意味着智力和体力的投入的加大。传统破解这种困境的主要做法就是增加劳动力的数量，即增加法官数量。实现繁简分流、分工合作是近年来司法改革中的重要工作。通过实现类案审理，既可以参照以前的审判思路，亦能够提高审理的熟练程度，提高审判效率。其中通过提取类案审理中必备的事实要素，简化无争议的要素审理程序，即所谓的“要素式审判模式”，便是

创新之举。

近年来，在民商事审判领域中，各级法院纷纷探索实行了要素式审判机制，在提升了审判效率的同时也促进了庭审改革以及文书改革。

（一）要素式审判方式的历史沿革

要素式审判方式，主要是对固定案情的基本事实要素进行提炼，就各要素是否存在争议进行归纳，并围绕争议要素进行庭审及制作裁判文书，简化审理流程，提高审判效率，实现简案快审。我国要素式审理理念最早是完善劳动人事仲裁工作制度，提高仲裁科学管理能力的产物，① 为了实现裁审对接，2012 年，深圳地区法院率先将要素式审理形式引入法院审判模式，其主要呈现模式为要素式文书②。2013 年深圳市劳动人事争议仲裁委员会制定《要素式办案规则》，在仲裁领域进一步推行了要素式审理。此后，广东、浙江等地区的法院也出台了推动民商事裁判文书的改革实施方案。2014 年 12 月，最高人民法院发布《关于进一步加强新形势下人民法庭工作的若干意见》，在完善审判管理中提出“探索在小额诉讼和其他适宜的简易案件中，使用表格式、令状式、要素式等简易文书，加快审理进程。”2016 年 9 月，最高人民法院发布《关于进一步推进案件繁简分流优化司法资源配置的若干意见》，强调除复杂案件、新类型、具有指导意义的简单案件，加强说理；其他简单案件可以使用令状式、要素式、表格式等简式裁判文书，简化说理。此后，全国各地区法院以要素式裁判文书为切入点在民商事案件领域展开了要素式审判机制的改革和探索，并有所成效。

（二）要素式审判方式的表现形式

要素式裁判文书是各地区法院在进行要素式审判机制改革过程中的首要改革方式，随着审判机制改革的逐渐深入，诉讼要素表、要素式庭审、要素式争议归纳法等多种审理机制也逐渐被运用到案件审理过程中（见表 1）。

---

① 2012 年 2 月，人社部与中央编办、财政部联合发文《关于加强劳动人事争议处理效能建设的意见》（人社部发〔2012〕13 号）。

② 2012 年 5 月 1 日，深圳市中级人民法院出台《关于一审民事裁判文书简化改革的若干规定》将民事裁判文书简化种类分为令状式、要素式、表格式。

表 1　政府信息公开案件审结数量对比

	发布文件	要素式审判形式
深圳市中级人民法院	2012 年 5 月 7 日《深圳市中级人民法院关于一审民事裁判文书简化改革的若干规定（试行）》《简案快办标准化流程指引》	1. 诉讼要素表 2. 要素式裁判文书范本 3. 要素式庭审
广东省高级人民法院	《关于推行民事裁判文书改革促进办案标准化和庭审规范化的实施意见》（粤高法发〔2013〕12 号）	1. 诉讼要素表 2. 要素式裁判文书范本（一般型、插入表格型、附表格型）
浙江省高级人民法院	《关于民商事案件简式裁判文书制作指引》（浙高法〔2014〕176 号）	1. 诉讼要素表 2. 要素式裁判文书范本
江苏省高级人民法院	《金融借款合同纠纷案件要素式审判工作指引》（苏高法电〔2018〕22 号）	1. 案件要素表 2. 明确表格式、令状式、要素式判决书适用范围（无范本）
北京市高级人民法院	《北京法院速裁案件要素式审判若干规定（试行）》（京高法发〔2018〕135 号）	1. 案件情况要素表 2. 要素式裁判文书范本

1. 诉讼要素表

诉讼要素表是根据类型化案件中固定案情的基本要素进行提炼，形成的一个可以反复适用于类案审理的表格。诉讼要素表具有全面性、可视性、反复适用性等特点，其作为格式化样本，通过个案当事人的填写即能够呈现个案的基本事实。（如，北京法院诉讼标的额在 50 万元以下买卖合同纠纷案件情况要素表见表 2）

表 2　北京法院诉讼标的额在 50 万元以下买卖合同纠纷案件情况要素表

重要声明

1. 为了帮助您更好地参加诉讼，保护您的合法权利，特发本表。

2. 本表所列各项内容都是法官查明案件事实所需要了解的，请您务必认真阅读，如实填写。

3. 由于本表的设计是针对普通买卖合同纠纷案件，其中有些项目可能与您的案件无关，对于您认为与您案件无关的项目可以填“无”或不填。对于本表中有遗漏的项目，您可以在本表中另行填写。

4. 您在本表中所填写内容属于您依法向法院陈述的重要内容，您填写的项目表副本，本院将会依法送达给其他诉讼参与人。

请填写以下内容：

一、合同效力：____（有效或无效），依据为____。

二、签订买卖合同的时间：____年__月__日。合同约定签订买卖合同的地点：____。

三、是否约定管辖条款或管辖协议：否□，是□____。

四、合同约定买卖标的物情况、价款和价款支付方式：货物____；数量____；总价款____，分__期支付，第__期，第__期，第__期。价款支付方式为：____。

五、合同约定的交货时间：____年__月__日，交货地点____，交货方式____。

六、合同约定的质量标准及检验方式：否□，是□____。

七、合同约定的质量异议期限：否□，是□____。

八、合同约定的违约金计算方式：____。

九、合同约定的解除条件：____。

十、合同标的交付情况（时间、地点、数量）：____。

十一、合同价款的实际支付情况：______。

十二、合同标的有无质量争议：______。

十三、违约金计算公式：______。

十四、对合同约定违约金标准有无异议：____。

十五、需要说明的其他事项__________________。

请对上述内容重新核对，确认后签名。

当事人（签章）：

××××年×月×日

注：参见《北京法院速裁案件要素式审判若干规定（试行）》。

诉讼要素表的产生是依托于大量的类案裁判文书，旨在尽可能提炼覆盖所有可能性的要素，因此在不同的类案中可提取的要素数量和种类也是不同的，故其表现形式为一类案一表格，在民商事案件中的各方当事人所填写的诉讼要素表通常是一致的。

诉讼要素表发挥作用是基于当事人自认理论，其填写的诉讼要素表中的内容即视为其对所填内容的自认，这也是开展要素式庭审以及要素式裁判文书产生的基础，因此当事人有效填写诉讼要素表，则是要素式审判发挥作用的重要前提。

2. 要素式庭审

要素式庭审是指法庭根据各方当事人庭前填写的诉讼要素表，对诉讼要素表当中无争议的部分予以确认，对争议部分按照要素进行举证质证的审理方式。要素式庭审比普通庭审的环节少，对无争议的要素部分予以简单确认后带过，着重对争议焦点问题进行审理，能够极大地提高庭审效率。如南京市秦淮区人民法院少年家事庭，其利用《子女抚养裁判要素审查表》，将此类案件平均庭审时间缩短 80%。①

要素式庭审以诉讼要素表为依托，其审理方式更具有条理性，对于各方当事人而言，能够清晰地看到庭审所审查的每一个焦点问题，能够看到法官心证的过程；对于法官而言，依照诉讼要素表进行审理，能够更全面的审查案件事实，防止遗漏案件争议焦点，形成类案处理的逻辑方式，这种庭审方式对于初任法官的成长也有很大的裨益。

3. 要素式裁判文书

《北京法院速裁案件要素式审判若干规定（试行）》第一条第二款对要素式裁判文书所下定义为：“对于某些能够概括出固定要素的案件，在撰写裁判文书时不再按照传统的裁判文书格式分开陈述原告诉称、被告辩称、本院查明和本院认为部分，而是围绕着具体的案件要素，陈述原、被告意见及列明证据和法院认定理由及依据的法律文书。”在其他法院出台的文件中对要素式裁判文书的定义基本相同。

---

① 参见赵兴武、隋文婷：《一张表格破解涉抚养权案难题》，载《人民法院报》2018 年 12 月 3 日，第 4 版。

由此可看出，要素式裁判文书在文书模式上有所简化，以诉讼要素表所认定的基本要素为主要展现方式，法官根据案情需要选择本案所需用的要素，可以采用夹叙夹议的写作方法，对争议要素进行主要论述，也可以进行综合论述裁判理由。此种裁判文书方式能够动态展现庭审的过程，使裁判文书对当事人而言更加简洁清晰、一目了然。(见图 3)

×××人民法院

民事判决书

（20××）××法××初字第××号

原告：×××。

委托代理人：×××。

被告：×××。

委托代理人：×××。

原告与被告……（写明案由）一案，原告于××年××月××日向法院提起诉讼，诉请：1、……；2、……；3、……。本院受理后，依法适用××程序，于××年××月××日公开（不公开）开庭进行审理，现已审理终结。

案件相关情况

双方有争议的事项为第×项、第×项，其他事项双方无争议（有争议部分的写法可参照第七项）。

一、入职时间：________。

二、工资标准：________。

三、工伤保险办理情况：________。

四、受伤时间：________。

五、住院起止时间：________。

六、拖欠医疗费数额：________。

七、尚需假肢安装费用：________。

原告主张及证据：________。

被告答辩意见及证据：________。

法院认定及理由：________。

八、工伤认定情况：________；

九、伤残等级鉴定时间：________；

十、伤残等级：________；

十一、受伤后至劳动能力鉴定前工资发放数额：________；

十二、双方解除或终止劳动关系的时间及原因：________（填写劳动合同期满或劳动者申请辞职）；

十三、××省上年度职工月平均工资：________。

十四、需说明的其它事项：________。

十五、用人单位需支付的工伤待遇名称及数额：________。

十六、仲裁请求：________。

十七、仲裁结果：________。

裁判理由与结果

本院认为，……（综合阐述裁判理由）。依照××（法条）的规定，判决如下：

一、……；

二、……；

案件受理费××元，由××负担。

如未按本判决指定的期间履行给付金钱义务，应当依照《中华人民共和国民事诉讼法》第二百五十三条之规定，加倍支付迟延履行期间的债务利息。

如不服本判决，可在判决书送达之日起十五内，向本院递交上诉状，并按对方当事人的人数提出副本，上诉于浙江省××市中级人民法院。

审判员（或合议庭成员）×××

××年××月××日

书记员　×××

图 3　浙江省高院发布的工伤案件通用要素式民事判决书格式范本

4. 其他探索创新模式

四川省高院联合成都中院、成都龙泉驿法院以及技术研发团队对道路交通事故纠纷建立了要素式审判信息化系统，该系统主要包括庭审笔录信息的抓取和自动识别、统一裁判规则、一键计算损失数额、自动生成裁判文书等。[①] 该系统能够有效节约道路交通事故纠纷案件审判时间，并根据系统中录入的要素表一键生成法律文书，完整度达 80%，其赔偿金额计算正确率 100%，使文书制作时间大幅缩短。

（三）要素式审判方式的适用类型

各地区法院在探索适用民商事案件要素式审判时所适用的案件类型并

① 参见曾学原、王竹：《道路交通纠纷要素式审判探索——从四川高院的改革实践出发》，载《中国应用法学》2018 年第 2 期。

不完全一样，但其涵盖的主要类型化案件基本一致。（见表3①）从表3中可以看出，要素式审判适用的案件类型集中于权利义务关系明确、争议不大、类型化突出、可以适用简易程序或普通程序的案件。

表3 要素式审判在各地区适用的案件类型分布

	适用案件类型	适用程序
广东省	1. 劳动争议案件； 2. 交通事故案件； 3. 延期交房、延期办证案件； 4. 涉及抚养费、赡养费案件，履行离婚协议等婚姻家事案件； 5. 其他适宜用要素式裁判文书裁决的民事案件	简易程序或普通程序
浙江省	1. 劳动争议案件； 2. 机动车交通事故责任纠纷案件； 3. 房屋买卖合同案件； 4. 涉及抚养费、赡养费、履行离婚协议等婚姻家事案件； 5. 其他适宜用要素式裁判文书裁决的民商事案件	简易程序或普通程序
北京市	1. 诉讼标的额在50万元以下的买卖合同纠纷； 2. 诉讼标的额在50万元以下的民间借贷纠纷； 3. 信用卡纠纷； 4. 金融借款纠纷； 5. 追索物业费、供暖费的物业服务合同纠纷，供用热力合同纠纷； 6. 机动车交通事故责任纠纷； 7. 家事纠纷，包括婚姻家庭、继承、赡养、抚养、扶养等纠纷	1. 适用速裁程序的案件 2. 多元调解不成但事实清楚、权利义务关系明确、当事人争议不大的普通民商事案件

① 表格内容提取自《关于推行民事裁判文书改革促进办案标准化和庭审规范化的实施意见》粤高法发〔2013〕12号；《关于民商事案件简式裁判文书制作指引》浙高法〔2014〕176号；《北京法院速裁案件要素式审判若干规定（试行）》（京高法发〔2018〕135号）。

三、理论检视：行政审判实行要素式审判机制的理论证成

（一）行政审判特点与要素式审判理论的耦合关系

1. 理论基础的契合——当事人自认

给予要素式审判支撑的核心理论之一是当事人自认规则，[①] 当事人通过对诉讼要素表中的内容进行填写，或对于对方填写的要素予以肯定或否定达到对其陈述内容的认可，以此作为法院审理的依据。当事人自认规则最早是在民事诉讼中确立的，是指当事人对其不利事实予以承认的声明或者表示。而后出台的《最高人民法院关于行政诉讼证据若干问题的规定》对此项规则也有描述。（见表 4）

表 4　当事人自认规则在民事诉讼和行政诉讼中的规定对比

项目	民事诉讼	行政诉讼
规定的文件条款	《最高人民法院关于民事诉讼证据的若干规定》（法释〔2001〕33 号）第八条 《最高人民法院关于适用〈中华人民共和国民事诉讼法〉的解释》第九十二条	《最高人民法院关于行政诉讼证据若干问题的规定》（法释〔2002〕21 号）第六十五条、第六十六条、第六十七条
自认的阶段	诉讼中	庭审中
自认的方式	明示的自认、默示的自认	明示的自认
除外条款	涉及身份关系的案件排除在自认范围之外	未规定（行政诉讼审查的是被诉行为的合法性，不产生对身份关系的直接确认或变更）
代理人承认的效力	代理人在其权限内所作的承认有证据上的约束力	在代理权限范围之内代理人承认构成自认（但有相反证据足以推翻的除外）

从表 4 中可以看出，《最高人民法院关于行政诉讼证据若干问题的规

① 参见林遥：《民商事类型化案件要素式审判机制研究——以 C 市法院民事庭审优质化改革情况为样本分析》，载《法律适用》2018 年第 15 期。

定》对当事人庭审自认行为予以肯定，且诉讼要素表是在庭审过程中主要开展的依据，法官亦会对要素表上的内容在开庭时予以确认。由此可以认定的是，首先，对于行政行为的相对人而言，其在诉讼要素表中对行政行为相关要素进行认可的行为是可以作为认定相关事实的依据。其次，行政诉讼是审查被诉行政行为合法性的问题，由行政机关对被诉具体行政行为合法性承担举证责任，因此在行政诉讼上的自认是一种法律行为，它能够作为一种证据或证据方法使用,[①] 于被告而言，其自认则意味着对作出相关行政行为合法性的阐述论证。需要说明的是，法院审查行政行为的合法性，不以原告方的认可而改变审查的认定，即原告方对被诉行为某些方面不持异议，但经法庭审查认定其违法，那么即使原告方对此方面认可也不影响法庭对其违法性的认定。综上，要素式审判在行政诉讼领域的开展是契合其理论基础的。

2. 两造恒定的裨益

两造恒定意味着行政诉讼中的诉讼主体地位一定是“民告官”，所审查的一定是被诉行政行为的合法性。那么在这种情况下，一方面，审查的被诉行政行为模式是固定存在的，对其合法性的标准也是具有统一基础性标准的，具备一定的稳定性；另一方面，行政诉讼的一方主体一定是可以明确且固定存在的，方便诉讼要素表的发放以及保证一方有效的填写。

因为诉讼要素表在要素式审判中起到至关重要的作用，其是要素式庭审的核心，是要素式裁判文书的框架，那么其在审判活动中发挥的效用越大，则带来的效果越好。而行政诉讼两造恒定的原则为诉讼要素表的运用起到很大的推动作用。

3. 要素的可提取性高——行政行为合法性及类案审查

（1）行政诉讼审查的是行政行为的合法性。

行政诉讼主要是对行政行为的合法性进行审查，合法性审查主要包括对程序要件的审查和实体要件的审查。审查行政行为是否符合程序要件，包括行政机关是否具备法定的职责权限、作出的行政行为是否遵循了法定

---

① 参见蔡小雪：《行政诉讼自认规则的理论与适用》，载《法律适用（国家法官学院学报）》2002年第12期。

的步骤和程序等；审查行政行为是否符合实体要件，包括作出行政行为所依据的事实是否清楚、证据是否充分、内容是否合法适当等，而这些细化的审查要件便可以提取为要素。

在行政案件中，实体法律规制的具体内容亦为要素的提取提供便利。行政案件审查内容一般情况下都有明确的法律依据作为支撑，为要素的可提取性增加了选择条件。通常情况下进入实体审理阶段的行政案件都有明确的被诉行政行为存在，其都有对应的实体法律规制标准，可提取的要素存在明确的依托。人民法院在对这些行为进行审查时，对其是否合法的衡量标准为行政实体法上的明文规定，那么在这种情况下，审查的要素可以从单一案件的被诉行政行为中提取，也可以从法律规制的具体内容中进行提取，这样提取汇总的要素表亦可以反作用于被诉行政行为的审查。

（2）类型化案件可形成固定审理思路。

由于行政行为被明确进行了细致的分类，因此，在行政案件审理的过程中，被起诉的行为也被细致分类，并明显地进入具体的案件类型中。(见图4①)

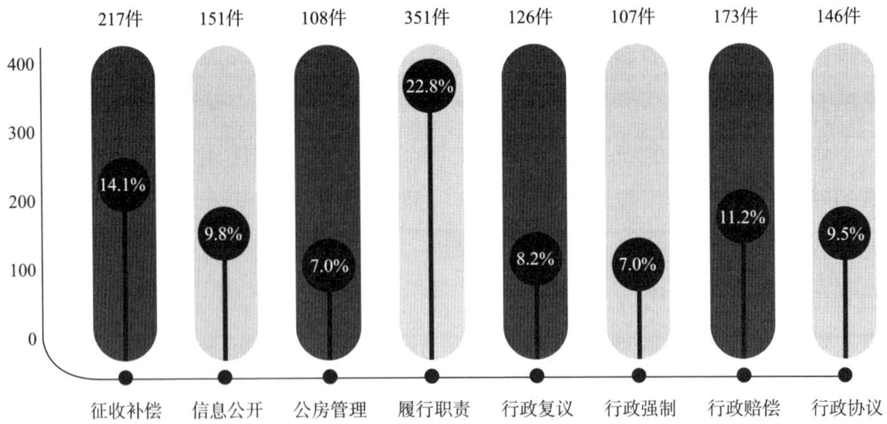

图4　2018年B市某中级法院一审行政案件主要类型分布

在这种情况下，法官在审理某些特定类型的案件过程中，就会形成固定的类案审理思路，其也为要素的提取提供了很大的便利。法官审查行政

① 图4中数据摘自《2018年度B市某中级人民法院司法审查报告》。

行为的合法性时所考虑的因素会因某类型的案件特有的因素而影响，其所审查的要素也就会固定化，如在审理征收补偿类案件中，对征收补偿决定的公示、评估行为、评估机构的资质、送达行为、报请作出征补决定的请示等要素是审查每一份征收补偿决定时均要考虑的要素。那么法官在审理这种类型的案件时就会形成类案审理思路，而将这些思路进行提取，即成为这类案件的一个固定审查要素，形成的这份要素表对今后案件的审理亦能起到指引性作用。

（二）要素式审判机制对行政审判的正向作用

1. 要素式审判机制对民事诉讼的正向作用同样作用于行政诉讼

在民事审判中，适用要素式审判机制对其有正向作用，包括但不限于：提升诉讼效率（庭审效率+结案效率）、促进庭审改革和文书改革、指引当事人有效开展诉讼行为①。那么在行政诉讼中，要素式审判机制对民事诉讼同样发挥正向作用。

首先，适用要素式审判机制可以提升类案的审判效率。行政诉讼中的类案有相对简单的信息公开案件，也有复杂的征收征补案件，但无论是哪种，适用要素式审判方法都能够让审判人员在审理过程中依照要素表进行审理，对争议焦点着重审理，有利于快捷推动庭审，简化裁判文书制作，从而达到缩短审理期限。

其次，适用要素式审判机制能够有效地完善庭前机制，庭前当事人对诉讼要素表的填写能够有效推进庭审，而将这一部分内容提取至庭前阶段，更能够锻炼法官助理的能力。同时，适用要素式裁判文书，在减少对无争议问题论述的同时，也能够加强对焦点问题进行论述，提高文书的制作水平，增强行政案件裁判文书的阅读效率。

最后，要素式审判机制能够有效提升当事人对行政案件的诉讼能力以及理解度。由于行政诉讼是对被诉行政行为合法性进行审查，它涉及行政执法主体资格、行政程序、滥用职权等问题，而在诉讼中很多原告及律师对行政诉讼的审查内容并不熟悉、不明白，对有些证据与其诉讼请求之间

---

① 参见林遥：《民商事类型化案件要素式审判机制研究——以C市法院民事庭审优质化改革情况为样本分析》，载《法律适用》2018年第15期。

有何种利害关系都难以分清，而借助诉讼要素表，可以有效的向原告方展示法院所审查其起诉的被诉行为所考虑的要素有哪些，最直观的向其展现诉讼内容，从而提高其应诉水平，使当事人对所判内容更为清晰、明了，也有助于当事人对行政判决的息诉服判。

2. 适用要素式审判有助于敦促行政机关依法行政

法官在适用要素式审判方式时，能够借助要素表对被诉行政行为的合法性进行全面的审查，防止遗项漏项。而在这个过程中，行政机关作为一方当事人，通过填写诉讼要素表并根据诉讼要素表进行应诉活动有助于其自身审查自身作出行政行为的合法性。就理论上而言，行政机关作出行政行为应该按照法律的规定，即法无授权即禁止，但是正是因为一些行政机关在作出行政行为时的法制意识不够强，导致其出现了违法事项，一方面法院的判决能够对行政行为的合法性进行论证释明，另一方面通过要素式审判的诉讼活动，也能够让行政机关对自身行为进行法律的对照检查，从而督促行政机关依法行政，促进法治政府的建设。

四、模式创新：要素式审判机制在行政审判中的建构

（一）明确要素式审判机制适用目的

在民商事审判中，适用要素式审判方式的主要目的是为了简化审理流程，提高审判效率，实现简案快审。笔者认为，在行政审判中，其适用目的除提高审判效率外，还应将保障对行政行为的全面审查加入在内，其既是此审判模式的适用目的，也是此审判模式的适用意义。

（二）确认要素式审判机制在行政审判中的适用范围

行政审判中适用要素式审判审理的案件应为有明确的行为指向、行为载体的行政作为类案件。

1. 就审判方式上而言，予以裁定驳回起诉的案件不宜适用要素式审判方式

在行政审判中，通常情况下予以裁定驳回起诉的案件是不符合法定起诉条件的案件，其并未进入实体审理阶段。这些案件的情况是各不相同的，因此法官需要在个案中发现其不符合起诉条件的具体因素，在既有审

查起诉条件的框架下进行判断。换言之，行政法规定的几项起诉条件可以将其视为更为概括性的审查要素，其在行政案件的审查过程中具有普适性，故而不需要另辟蹊径再设要素进行审查。而我们所要设定的要素审查，则需要更细致一些，使其在类案中具有普适性。

2. 从审查阶段来看，在立案时能明确具体案由、行为指向的案件适宜适用要素式审判方式

在立案阶段，法官对当事人的起诉进行形式上的审查，此时会对案件的类型进行初步的判断，那么通常情况下，有明确具体行为存在的案件可以对应明确的案由，那么这种案件可以很容易的进行归类识别，因此宜适用要素式审判方式，此种判断方式有利于从立案阶段识别出适用要素审判方式的案件。

3. 就案由类型化而言，可以明确行政主体的行政作为类案件适宜适用要素式审判方式

根据《最高人民法院关于规范行政案件案由的通知》（法发〔2004〕2号）对行政诉讼案由的分类，作为类案件、不作为类案件、行政赔偿类案件中宜适用要素式审判方式的案件应该被包含于作为类案件中。因为不作为类的案件原告起诉时的要求通常表现为“诉××机关不履行××法定职责”，那么在这种情况下，法官需要对该机关是否具有其被诉法定职责进行审查，尽管有履责类案件的审理思路，但由于各机关的履责内容和方式均不相同，法院在审查此类履责类案件时并不具备可以细化模式化审查的具体要素，因此，此类案件不适用履责类案件。同理，行政赔偿类案件也是由于个案与个案之间的明显特殊性使其并不能够有效提出可重复适用要素，故其也不适宜要素式审判方式。

那么在作为类案件中，只有具有明确的无争议的行政机关作出的行政管理行为适用要素式审判方式。因为如果原告起诉了某机关的作为类行为，但却没有足够的证据证明是该机关作出，那么其仍停留在审查起诉条件阶段，故应被排除在外。此外，行政复议作为一种救济类的手段，其审查内容根据原行为的变化而变化，除程序上的规定外，没有可以共同适用

的要素，那么由此产生的案件也不应适用要素式审判方式①。

4. 综合考虑案件的受案数量确定适用要素式审判机制的类案

在确定适用要素式审判机制的类案类型时，要以受案数量多的案件为切入点和主要适用对象，首先，受案数量较多的类案是我们急需提高审判质效的案件类型；其次，正是因为其受案数量多，其在类案中产生的既有判决的样本量就足够大，那么就为该类案件的要素提取提供相对较全的样本库，可以尽可能地保证样本库的完整性。

（三）建立行政审判类型化案件的要素提取模式

1. 法律法规规章提取模式与案例提取模式

（1）法律法规规章提取模式产生地域性区别。

对于行政机关而言，其在行使公权力时应遵循“法无授权即禁止”的原则。那么法律法规就是衡量行政机关作出行政行为是否合法的基本标杆。因此，从法律条文中提取法官所审查的要素是最为基础和标准的。从法律条文中提取类案要素时应注意的是，由于行政法规的特殊性，各地区会根据各地区的具体情况在不抵触上位法的情况下进行更为细致的规定，出台地域性的行政规章、规范性文件，而各地域的行政机关在作出行政行为时也会以此为依据，因此，在提取要素时也应当将其作为参考的依据。而由此产生的直接影响就是，各地区的某同类型化案件在适用某些相同要素审查时的要点会不尽相同或者会产生不同的要素点，故而以法律法规提取模式提取要素时，以地区为单位，出台分别适用各地区的类案诉讼要素表较为合理。

（2）案例提取模式有普遍适用性。

诉讼要素的提炼应当以类案的案例为基础。由于行政机关在作出同类行政行为时也会因为具体的情况而产生不同的效果，故而其可能发生的各种情形会在案例中得到具体的体现。因此，丰富的案例库仍然是要素提取所依据的主要素材，其提取的要素对于类案也会产生普遍适用性。

① 复议维持类的案件应除外，因为法院本质上审查的是原行为，但能否适用要素式审判方式也应看原行为是否可以适用要素式审判方式。

2. 程序要素与实体要素分离模式

在要素式审判中可以根据法院审查行政诉讼的方式适当将要审查的要素进行分离，即程序要素和实体要素。以要审查的具体行政行为的程序要求作为程序要素，如在信息公开案件中相对人申请的时间，行政机关作出登记回执的时间，答复告知书作出的时间以及是否送达等。以要审查作出的行政行为的实体内容作为实体要素进行分开审查，主要包括作出行政行为认定的事实和依据的法律。由此，可以对案件的待审查因素作出更为细致的划分，节省审查时间，提高审判效率。

（四）在行政审判中要素式庭审的展开和要素式裁判文书的制作

1. 完善要素式庭审的准备工作——诉讼要素表和要素式庭审提纲

为保障要素式庭审的高效进行，庭前指导当事人有效填写诉讼要素表则是最为重要的。正如前文所述，行政审判适用要素式审判的类案均为进入实体审理阶段、有明确的无争议的行政机关作出的行政管理类案件，所以，诉讼要素表是围绕被诉行政行为的合法性进行展开的，因此，主要需要由被告方行政机关进行填写。考虑到行政机关的举证义务，此诉讼要素表可以在行政机关举证期限届满后进行邮寄送达，并要求其进行填写，在填写的诉讼要素后方索引至其已提交的具体某项证据，在填写完毕后，法官助理可在庭前将诉讼要素表的副本送达给原告，让其对行政机关进行填写的内容表示认可或不认可，以此来整理争议的焦点问题，准备庭审。与诉讼要素表配备的就是要素式庭审提纲，其提纲内容应当与诉讼要素表的内容相吻合，这样准备一方面有利于庭审的记录，另一方面为裁判文书的制作厘清思路。

2. 要素式庭审根据诉讼要素表进行展开

适用要素式审判方式的行政案件围绕诉讼要素表进行展开，需要法官先对双方无争议之事实进行确认，即对行政行为的作出过程中的哪一部分内容是予以认可的，而后，围绕双方争议之要素进行双方审查，为提高效率，此环节仍需采取质辩合一，由于仍是对行政行为的合法性进行审查，且被告在其所填要素部分已指向其提交的证据，若原告对此有异议的，仍需举证证明。如此，可以省略一些双方重复举证证明相同事实的环节。

3. 行政审判要素式裁判文书的制作

行政审判要素式裁判文书的制作应结合民商式要素式裁判文书和行政判决书的特点进行综合考量。

其一，应保留的部分，包括当事人信息、案由、受案经过、被诉行为内容。

其二，改进的内容，包括当事人的诉、辩称，认定的事实和本院认为部分。要素式裁判文书旨在突出争议焦点部分，那么其可以在原告诉称部分列明其诉讼请求；接下文列明双方无争议且本院查明属实之要素部分，对无争议部分不分述明三方意见；后文分述争议要素部分原被告双方的观点以及本院认定的观点和依据，此种夹叙夹议的撰写方式，避免在原被告诉称和经审理查明、本院认为部分重复叙写被诉行为的内容，亦有助于原、被告对法院释法析理过程有了一个明确的认识，提高审判文书的说理程度，让行政诉讼的双方当事人更易于理解、接受判决。

其三，此种方式也有助于二审法官进行审理。上述要素式裁判文书的简写更突出了审理焦点，有助于引导二审法院引导当事人明确其不服一审判决的具体哪些要素，并可以在一审文书之思路上进行二审文书的撰写，即对上诉人的主要不服要素点进行明确上诉人、被上诉人、一审法院的意见，并论述二审法院观点。

综上所述，行政审判要素式审判操作流程可以进行如下模式开展（见图 5）。

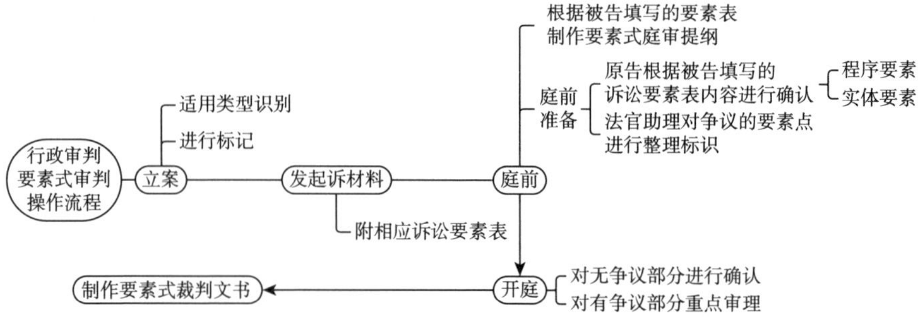

图 5　行政审判要素式审判操作流程

五、结语

在提高行政诉讼案件审判质效的大环境下，促进行政审判机制改革是大势所趋，民商事案件要素式审判机制已经为行政审判提供了良好的改进思路，那么在此基础上，融合行政审判的特点进行探索，必定能建立出适合行政审判的要素式审理机制，从而做到促进行政审判效率与质量的提高，为解决大城市案件数量激增发挥功效。

机制探索

守住一个阵地　紧盯两个关键
关注三个维度　延伸多种职能

——北京市第四中级人民法院行政案件跨区划管辖改革工作报告

2014 年年底，根据党中央的统一部署和最高人民法院的部署要求，北京市第四中级人民法院（以下简称北京四中院）依托铁路中级法院相继成立，成为全国首批跨行政区划的试点法院。履职十年以来，北京四中院紧紧围绕中央决策部署，在“跨”字上做文章、在“特”字上下功夫，在“专”字上显风采。积极探索行政案件跨区划集中管辖改革，作为跨行政区划法院试验田的改革亮点突出，发展成效显著。

守住一个阵地，始终立足跨区划法院功能定位

北京四中院不断优化行政案件管辖格局。自建院以来集中管辖以北京市各区政府为被告的第一审行政案件。经最高人民法院指定，自 2017 年 10 月 26 日起管辖审理天津铁路运输法院审理的环境保护行政案件上诉案件，标志着北京四中院依托跨区划法院职能定位服务保障京津冀协同发展战略，在“跨”字上迈出更加坚实的一步。随着 2018 年 9 月北京互联网法院成立，北京四中院管辖涉互联网行政案件的上诉案件。截至目前，北京四中院案件管辖改革不断深化，行政审判格局持续优化，行政案件已经形成以北京各区政府为被告的一审行政案件、天津环保行政案件的上诉案件、涉互联网行政案件的上诉案件共同组成的行政案件管辖格局，审级相对完整，初步建立起“普通案件在行政区划法院审理，特殊案件在跨行政区划法院审理的诉讼格局”。

紧盯两个关键，保障诉权与严格监督相结合

自挂牌履职以来，北京四中院率先实行立案登记制，严格按照相关法律和司法解释规定的受案范围和法定程序受理各类行政案件，依法保护当事人的诉权，积极引导诉讼群众依法理性解决行政争议，行政案件立案率从建院前的不足1/3上升至90%以上，做到有案必立、有诉必理。依托智慧法院建设，不断完善行政案件登记立案程序，简化立案环节，创新立案方式，努力为群众提供便捷高效的诉讼服务。同时，及时公开立案程序，推行权利告知、风险提示、诉讼引导等措施，方便人民群众依法顺利行使诉权，将保护人民群众合法权益贯穿行政诉讼全过程。另外，坚决防范和治理恶意诉讼、滥用诉权问题，有效规制个别当事人长期缠诉闹访、扰乱诉讼秩序的行为，排除审判程序推进中的各种人为障碍。例如北京四中院处理“金某撕毁庭审笔录案”时，及时采取强制措施予以制止和惩戒，有效维护了法庭秩序，彰显司法权威，并入选人民法院报“保障法官履职，维护司法权威”典型案例。

北京四中院利用新行政诉讼法修改拓展司法审查广度、深度与强度的契机，严格司法审查标准，坚决纠正违法行政行为，通过行政案件的审理，统一、改进甚至树立行政机关在行政裁决、行政复议、行政执法、行政应诉中的标准和规则。履职以来，行政机关在作出实体判决的案件中，年平均败诉率为18.7%。如在“沈某诉某区政府行政复议决定案”中，对于区政府超出法定期限作出行政复议决定的行政程序轻微违法的情形，严格依照新行政诉讼法的规定判决确认被诉行政行为违法；在“刘某诉某区政府没收物移交批准案”中，对于区政府并未在形式上违反法律法规的明确具体规定，但是却明显不当的情形，依照新行政诉讼法增设的“明显不当”审查标准，判决撤销被诉行政行为。通过严格的司法监督倒逼政府依法行政，促使政府依法办事意识和水平明显提升。

关注三个维度，审判质量、效率和效果显著提升

北京四中院紧紧抓住司法责任制改革这个“牛鼻子”，继续深化内部挖潜，推行专业化审判，组建“一审一助一书”的新型审判团队；加强行政审判队伍建设，培养了一大批行政审判高层次人才，被市高级人民法院授予“北京法院行政审判特色人才高地”称号；做到“繁案精审、简案快审”，行政法官办理一审行政案件从建院前年均50件上升至改革后年均200余件，法定审限内结案率100%，行政案件的平均审理周期不足法定审限一半；充分发挥行政法官专业会议作用，近年来共召开行政法官会议近200次，就一系列重大疑难复杂法律问题展开研讨，统一裁判尺度。在严格司法审查基础上，摒弃就案办案、机械办案思维，将行政争议实质性解决贯穿于审判全过程，近年来释法说理达5万余人次，有超过10%的案件通过协调和解方式解决，人民群众在行政审判中的获得感、幸福感、安全感明显增强，出现了“三降一升”，即实现行政案件上诉率、改判发回率、申诉率下降，服判息诉率上升的良好发展势头。高效审理涉大兴机场、丰台火车站等重点工程项目行政案件，开展“法治冬奥”等府院联动工作，妥善处理“立马水泥厂关停案”入选人民法院为京津冀协同发展提供司法服务和保障参考性案例。跨域受理天津环保行政上诉案件，服务京津冀协同发展战略实施，审结“倪某诉天津市生态环境局环保行政管理案”被评为全国法院年度环境资源典型案例。

延伸多种职能，着力助推法治政府建设

北京四中院积极构建司法与行政良性互动机制，连续九年对社会公开发布行政审判年度报告和典型案例，并创造性地为十六区政府发布司法审查报告及建议书，发挥个性化“法治体检表”作用，司法建议回函率100%；持续推进行政机关负责人出庭应诉，构建行政机关负责人出庭应诉的“四中样本”，负责人出庭应诉的案件数量不断增多，实现行政机关工作人员出庭率100%，16区政府负责人出庭率100%，彻底改变“告官不见官”的局面，“关键少数”以上率下、带动区域整体法治水平提升的作用得到进一步发挥；积极参与各区政府常务会议会前讲法工作，选派资深行政法官向各区政府常务会议通报涉诉情况并以案释法，实现16区政府常务会议会前讲法全覆盖；被上级机关确定为北京市依法行政教育基地，充分利用行政案件数量较多、类型较为丰富、社会关注度较高等特点，着力将行政案件庭审打造成全民共享的法治公开课，充分发挥“审理一案、教育一片”效果，有超过 6000 多名省部级、厅局级领导干部、行政执法人员到法院旁听案件。2017 年 12 月 14 日，司法部、全国普法办会同最高人民法院组织落实普法责任制部际联席会议成员，来院旁听一场行政案件庭审，并以落实“谁执法，谁普法”责任制、推动领导干部尊法学法守法用法为主题，现场召开座谈会，100 余位部级和局处级干部在院共上法治宣传教育课；十年间，积极申报并承担最高人民法院、司法部、工信部、中国法学会、国家信访局、北京市人大、市科委、市法学会等 10 余项司法调研重大课题；获得各类奖项 100 余个，荣获第四届“中国法治政府奖”。

十年来，在中央、市委的正确领导和最高法院、市高级法院的正确指导下，通过全院干警的共同努力，跨区法院改革不断向纵深推进，四中院作为跨区法院管辖审理行政案件逐渐积累了一些司法实践经验。但是，综合工作实际，我们认为跨区划法院管辖审理行政诉讼案件仍然存在一些亟待解决的突出问题，体现在以下方面：

一是案件管辖类型较为单一。北京四中院受理的以区政府为被告的行政案件，案件类型限制在房屋征收、信息公开、履职、公房承租、行政复议等传统领域，涉重大环境资源保护和食品药品安全、公益诉讼等特殊类型行政案件并未纳入。

二是回应群众多元司法需求能力有待提高。北京四中院履职期间虽在有效摆脱地方保护和行政干预，实现司法公正方面卓有成效，但受到管辖范围及其他限制，尚不能完全满足广大人民群众日益多元的司法需求。

三是与行政综合执法改革、行政复议体制改革不相协调。随着街道乡镇管理体制改革的不断深化，行政执法重心逐渐下移、力量下沉。另自新行政复议法实施以来，北京市行政复议职责由区级以上人民政府统一行使，因不服复议决定引发的行政诉讼案件量预期将大幅增长。作为对行政执法进行合法性监督的行政诉讼，也应该及时回应行政执法、行政复议体制改革的现实需求并作出相应调整。

基于以上分析认识，为了完善跨区划法院管辖审理行政案件，推动跨区划法院进一步发展，提出以下建议：

一是建议把设立跨区划法院改革与行政案件跨区域集中管辖改革相结合。根据中央的改革精神，设立跨区划法院的最初定位是排除地方保护主义对审判工作的干扰、保障法院依法独立公正行使审判权，构建普通案件在行政区划法院审理、特殊案件在跨行政区划法院审理的诉讼格局。而行政案件跨区域集中管辖是2014年修正的《行政诉讼法》规定的一项重大改革措施。行政案件较之其他案件更容易受到地方保护和行政干预，应当属于跨区法院重点管辖的案件，跨区法院也需要通过管辖行政案件维持正常案件规模。因此，建议将设立跨区划法院改革与行政案件跨区域集中管辖改革有机结合，协同推进，避免分别进行可能导致的行政审判力量分散削弱，已经设立的跨区划法院资源闲置等问题。

二是建议进一步理顺跨区划法院的管辖范围和案件类型，进一步促进四中院作为跨区划法院的典型意义和示范价值。中央深改组审议通过的《设立跨行政区划人民法院、人民检察院试点方案》及《最高人民法院关于全面深化人民法院改革的意见》将重大行政案件、跨地区的行政案件作为跨行政区划人民法院行政案件的管辖标准，符合上述标准的具有典型意义的重大行政案件，如涉及京津冀地区重大环境资源保护、食品药品安全、公益诉讼行政案件，将之纳入北京四中院行政案件管辖范围符合中央及最高院对跨行政区划法院的管辖定位。

三是建议建立与跨区划法院及行政审判工作相适应的考核评价机制。落实司法责任制的关键在于建立起一套科学有效的审判工作考核评价机制。跨区划法院的职能定位是审理重大特殊案件，法院规模不大，实现扁平化管理，精简效能，实现司法资源优化配置。同时行政案件存在重大敏感案件多、请示汇报多、协调处理难等实际情况，在现行的考评体系下比照一般民事案件进行赋分评价不能全面体现行政审判工作的特性。因此，建议建立起一套有别于传统考核标准，适应跨区划法院建设与发展的考核评价机制。

北京四中院发布行政案件司法审查年度报告情况（2015—2023年）

2015年度

2016年3月31日，北京四中院召开新闻发布会公开发布2015年行政案件司法审查年度报告和10件典型案例，并就行政机关如何进一步提高预防和化解行政争议能力，切实推进法治政府建设提出建议。

2015年，北京四中院行政审判工作呈现出五个方面的鲜明特点：一是严格落实立案登记制，行政诉讼救济渠道更加畅通，行政案件数量大幅上升。2015年北京四中院共受理以区政府为被告的一审行政案件1397件，是2014年全市法院受理的该类行政案件总量216件的近7倍。二是行政案件涉及领域广泛，涉民生案件和新类型案件占比较大。三是行政相对人通过法治渠道维护自身权益的意识日益强烈，行政机关应诉能力不断增强，律师在行政诉讼中的积极作用日益凸显。四是坚持严格监督与有效协调相结合，有力促进行政机关依法行政和行政纠纷实质性解决。2015年审结的行政案件中，判决行政机关败诉的案件占全部实体判决案件的25.24%。五是切实贯彻“谁执法，谁普法”原则要求，立足职能积极开展法治宣传教育，推进法治国家、法治政府、法治社会一体建设。

北京四中院发布的行政案件司法审查报告通过详实的数据和案例分析了当前行政执法和应诉工作取得的主要成效和存在的主要问题，并提出了进一步有效预防和化解行政争议，促进依法行政、建设法治政府的六点建议。一是进一步提高运用法治思维和法治方式深化改革、推动发展、化解矛盾、维护稳定的能力。二是坚持严格规范公正文明执法，进一步提高行政执法的权威性与公信力。三是强化高素质法治专门队伍建设，进一步夯实法治中国首善之区建设的组织与人才基础。四是进一步加强行政复议工作，充分发挥行政复议化解行政争议的主渠道作用。五是进一步落实行政机关负责人出庭应诉制度。六是依托司法与行政良性互动，进一步推动行政争议在法治轨道上多元化解决。

作为全国首批跨行政区划人民法院和整建制司法改革试点法院，北京四中院行政审判工作取得较好成效。一是在摆脱地方保护与行政干预，提高司法公信力方面取得明显成效。二是在深化司法体制改革，创造可借鉴可复制经验方面取得明显成效。三是在推进行政审判专业化，提升行政审判质效方面取得明显成效。四是在实质化解行政争议，密切官民关系，防范风险方面取得明显成效。

2016 年度

2017 年 4 月 27 日上午，北京四中院召开新闻发布会，向社会公开发布《2016 年度行政案件司法审查报告》，介绍了该院 2016 年度行政案件审理工作的基本情况，并发布涵盖新类型、政府信息公开、行政复议、要求履行法定职责以及房屋征收拆迁等在内的行政诉讼十大典型案例。

北京四中院自成立以来严格落实立案登记制，行政案件数量持续增长，2016 年新收一审行政诉讼案件 2893 件，达 2015 年案件数量的两倍多，复议机关作为共同被告等新类型案件增幅明显，该院通过发挥行政审判职能促进行政争议多元实质化解、助力法治政府建设方面成效显著。

该报告共分四部分，分别从 2016 年该院审理行政案件的八个基本情况，发挥行政审判职能、助力法制政府建设的十大措施，从行政审判看当前依法行政工作取得的明显成效和存在突出问题两个方面，以及进一步增强预防和化解行政争议能力、推进法治政府建设的六条建议，对当前行政审判和依法行政的全貌进行了梳理分析。

新闻发布会上，北京四中院通报了该院 2016 年审理行政案件的基本情况。2016 年北京四中院全面深化立案登记制改革，畅通行政诉讼救济渠道，共新收涉诉一审行政诉讼案件 2893 件，是 2015 年该院行政案件数量的2倍多，其中登记立案案件和审结案件都较上年增长四成以上。全部案件中有近七成的一审行政案件发生在与民生相关的行政管理领域，有近九成的一审行政案件集中在政府信息公开、行政复议、要求履行法定职责、征收拆迁、公房管理等重点领域。其中，政府信息公开案件所占比重明显下降，复议机关作为共同被告案件增幅较大，涉行政协议、请求一并解决民事争议、要求附带审查等新类型案件层出不穷。

该院在审理中发现，行政机关在严格规范行政行为、妥善化解行政争议、行政应诉规范化建设等方面均取得了明显成效，败诉率回落，争议协调化解案件增多，特别是北京四中院的积极推动下，全年庭审实现了行政机关工作人员出庭率100%，全市16个区政府负责人出庭应诉覆盖率100%。同时，在一些重点领域也存在一些亟待改进的突出问题，需要行政机关切实做到六个“进一步”：进一步增强以人民为中心的发展理念，努力实现保障民生与依法行政的有机统一；进一步加强行政执法规范化建设，切实提升行政执法的权威性和公信力；进一步加强乡镇政府服务能力建设，着力提升依法行政水平；进一步强化程序意识，注重执法效率和程序规范；进一步完善行政争议多元化解机制，充分发挥行政复议在预防和化解行政争议上的主渠道作用；进一步推进行政机关负责人出庭应诉工作，形成推动法治政府建设合力。

北京四中院面对行政案件持续攀升、新难问题不断出现、审判难度日益加大、人员相对不足的复杂情况，紧紧围绕“努力让人民群众在每一个司法案件中感受到公平正义”目标，坚持司法为民、公正司法，充分发挥跨行政区划法院行政审判职能优势，通过全面深化立案登记制改革、坚持公正审结行政案件、加大民生改善、绿色发展、产权保护等案件司法保障力度、紧抓关键少数以上率下作用、坚持公开阳光司法、切实增强人民群众获得感、深化依法行政与公正司法良性互动机制以及提升行政法官队伍综合能力素质等十个方面的创新举措，严格贯彻新行政诉讼法，依法保障当事人合法权益，有效解决行政争议，积极助力法治政府建设，为京津冀协同发展和建设国际一流和谐宜居之都提供有力司法保障。

2017 年度

2018 年 7 月 5 日上午，北京四中院召开新闻发布会，向社会公开发布《2017 年度行政案件司法审查报告》及十大典型案例。

发布会上，北京四中院通报了该院 2017 年审理行政案件的基本情况。2017 年该院进入审理程序的一审行政案件达 1544 件，比 2016 年的 1530 件有小幅上升，通过案件审理该院不断完善行政诉权保护机制，促进和推动人民群众通过法治渠道解决争议、寻求救济的意识和能力进一步增强。受理案件中，房屋土地征收拆迁腾退等涉民生案件占比持续攀升，学区划分、配售经适房等新类型案件不断出现，同期政府信息公开类案件则呈现大幅下降，仅占 9%。在涉诉区域中，东城、西城、海淀、朝阳 4 区涉诉案件占一审行政案件总量同比降低，占比 62.6%。原告主动撤诉率和息诉服判率双双大幅提升，原告主动申请撤诉的案件达到 269 件，是 2016 年的近 3 倍，行政诉讼实质化解行政争议作用彰显。行政机关败诉案件中，直管公房管理类案件占比最大，达到 28.9%。

北京四中院在依法履行行政审判职责、助推法治政府建设过程中采取了诸多行之有效的举措，包括推动领导干部和一线执法人员旁听案件庭审进行法治教育，法官积极参与各区政府常务会议会前讲法，打造全民共享的法治公开课。

白皮书显示，2017 年各区政府在运用法治方式推动工作、规范公正文明执法、源头预防和实质性解决、借助行政诉讼改进执法工作等方面的意识和能力进一步增强。

行政机关负责人出庭应诉长效机制在北京四中院的积极推动下得到逐步深化。同时，行政机关在依法行政和行政应诉工作中仍存在因作出的行政行为不合法或未依法履行法定职责而败诉的案件占比较大，预防争议和实质化解争议的意识不强、效果不理想以及对行政应诉规范化建设重视不够、行政应诉工作质量不高等突出问题，亟需行政机关引起重视。

为规范行政执法行为、加强依法行政工作，北京四中院给出了四个“进一步”的建议：进一步增强运用法治思维和法治方式解决行政执法难题的自觉性和主动性；进一步提升行政活动全过程和各方面严格依循法律的能力和水平；进一步完善行政争议源头预防和在行政程序中实质性解决制度机制；进一步发挥行政应诉在建立健全依法行政长效机制中的重要作用。

发布会上还同时发布了以某水泥有限公司、某矿业有限公司诉房山区政府要求撤销企业关闭通知案为蓝本拍摄的微电影《向法官的蓝天使命》，真实还原北京四中院为京津冀协同发展、生态环境建设以及社会稳定做出的不懈努力。会后，北京四中院还将向16区政府分别发送司法审查分报告，以切实发挥个性化“法治体检表”的作用。

2018年度

2019年5月9日上午，北京四中院召开新闻发布会，公开发布《2018年度行政案件司法审查报告》及十大典型案例。

发布会上，北京四中院通报了北京四中院2018年审理行政案件的基本情况。2018年，北京四中院进入审理程序的一审行政案件达1539件，与2017年基本持平。受理案件中，诉不履责类、行政协议类和行政强制类案件大幅上升，行政复议类案件占比连续两年下降。案件涉及领域逐年拓宽，天津环保行政上诉案件、涉互联网行政上诉案件等新类型案件已经出现，涉民生案件占比仍然较高，其中因重大工程项目建设、城乡环境整治、居民住房改善等进行土地房屋征收拆迁腾退引发的涉民生案件占比达70%。从本市各区涉诉情况看，东城、西城、朝阳、顺义4区涉诉案件合计占一审行政案件总量的64%。行政机关实体败诉案件中，行政复议类案件占比高达37%，行政复议工作制度化、规范化仍有较大提升空间。

据介绍，2018年北京四中院为进一步发挥行政审判职能作用，采取了诸多行之有效的举措，包括积极探索服务保障首都经济社会发展机制，着力构建行政争议多元实质化解机制，全面深化司法与行政良性互动机制，探索创新行政案件远程审判工作机制，主动落实“谁执法，谁普法”责任机制等。

白皮书显示，2018年各区政府重视行政争议化解、严守法律底线、打造阳光政府、建设服务型政府的意识和能力进一步增强，行政执法的规范化水平进一步提升。行政机关更加重视行政应诉工作，行政机关工作人员出庭率连续四年保持100%，行政机关负责人出庭应诉长效机制进一步深化。同时，行政机关在行政执法和行政应诉工作中，仍存在作出的行政行为认定事实不清、主要证据不足，未遵循法定程序，预防争议和实质化解争议的意识不强，对行政应诉规范化建设重视不够、行政应诉工作质量不高等问题，亟需行政机关在今后的执法及应诉中予以重视。

为进一步规范行政执法、加强依法行政、推进法治政府建设，北京四中院在白皮书中提出六点建议：一是进一步增强行政机关工作人员运用法治思维和法治方式能力。二是进一步提高基层行政执法水平。三是进一步加强行政执法规范化建设。四是进一步加大行政争议实质性化解力度。五是进一步加大政务公开、政府信息公开力度。六是进一步增强主动接受司法监督意识。

2019年度

2020年6月29日上午，北京四中院召开新闻发布会，公开发布《2019年度行政案件司法审查报告》及十大典型案例。这是北京四中院自建院以来，第五次发布行政审判白皮书暨典型案例。

发布会上，北京四中院通报了北京四中院2019年审理行政案件的基本情况。2019年，该院进入审理程序的一审行政案件达1593件，比2018年的1539件增加54件。受理案件中，政府信息公开类案件和行政复议类案件大幅上升，案件数量分别同比增涨185%、174%。要求履行职责类案件、房屋征收与补偿类案件、行政协议类案件有所下降。环保行政上诉案件和互联网行政上诉案件逐渐增加，被诉行政行为的类型更加丰富。涉民生案件占比仍然较高，其中因房屋征收拆迁腾退、公有住宅租赁管理、环境整治、农村土地管理及村务公开监督引发的案件数量较多。从本市各区涉诉情况看，东城、朝阳、房山、西城4区涉诉案件合计占一审行政案件总量的64%。其中，东城涉诉521件，与2018年基本持平，案件量第一；朝阳涉诉271件，同比增长50.6%，案件量第二；房山涉诉169件，同比增长

173%，案件量第三；西城涉诉案件 166 件，同比下降 17.4%，案件量第四；石景山涉诉 116 件，同比增长 63.4%，案件量第五；海淀涉诉案件连续三年持续下降，2019 年排在第六位。丰台涉诉案件量连续三年不断上升，顺义、平谷、昌平、密云、怀柔、通州等区涉诉量均有所下降。

白皮书显示，2019 年各区政府推进法治政府建设、依法行政的情况总体较好，但部分案件也反映出行政执法中存在调查取证意识和能力有待增强，对履行职责认识存在偏差，执法规范化有待加强，对合理行政认识不够充分等问题，行政应诉工作存在准备不够到位，行政应诉水平和答辩能力还需增强，参与诉讼化解行政争议的积极性有待提高等问题，亟需行政机关在今后的执法及应诉中予以重视。

为进一步规范行政执法、加强依法行政、推进法治政府建设，北京四中院在白皮书中提出五点建议：一是进一步提高依法行政水平，为高标准建设法治中国首善之区提供法治保障；二是进一步完善多元化行政争议预防化解机制，促进行政争议源头治理和实质解决；三是进一步加大复议监督力度，充分发挥行政复议解决纠纷主渠道作用；四是进一步提高行政应诉能力，健全完善行政应诉工作机制；五是进一步构建司法与行政良性互动机制，形成法治政府建设合力。

2020 年度

2021 年 8 月 10 日上午，北京四中院召开新闻通报会，公开发布《2020 年度行政案件司法审查报告》。这是北京四中院自建院以来，第六次发布行政审判白皮书。

白皮书显示，该院 2020 年将“抓防疫、攻主业、守底线”作为行政审判工作主线，推进线上线下庭审相结合，强化审判管理，全面抓好以北京市各区政府为被告的行政案件及天津环境保护行政上诉案件、涉互联网行政上诉案件的审理工作。2020 年，受疫情影响，该院行政案件受理数量大幅下降，进入审理程序的一审行政案件为 916 件。行政案件所涉及的行政管理领域继续呈现分布广泛又相对集中的特点。

据通报，履行职责类案件数量位居首位，占全年受理一审行政案件总数的 24%，同比增长 12%。行政复议类案件 187 件，占比 20%，居第二且比重与去年基本持平。征收补偿类案件和行政强制类案件比重有较大上升，从上年占比 11.6%和 5.1%分别增至 17%和 10%，环境保护行政上诉案件和涉互联网行政上诉案件显著增加，被诉行政行为的类型更加丰富。涉民生案件占比仍然较高，其中因房屋征收拆迁腾退、公有住宅租赁管理、环境整治、农村土地管理及村务公开监督引发的案件数量较多。

从北京市各区涉诉情况看，朝阳、丰台、西城、东城涉诉案件量占一审行政案件收案总量的 48.9%。白皮书显示，2020 年各区政府推进法治政府建设、依法行政的情况总体较好，但部分案件也反映出行政执法中存在证据意识应当进一步强化、执法程序规范化有待加强、法律适用能力仍需提高、履行职责的责任意识不够充分等问题。同时，行政应诉能力有待进一步增强，实质性化解争议主动性和积极性有待进一步提高，也需行政机关在今后的执法及应诉中予以重视。

为进一步规范行政执法、加强依法行政、推进法治政府建设，白皮书提出四点建议：一是进一步深入学习贯彻习近平法治思想，为建设国际一流和谐之都打造良好法治环境。二是进一步完善行政争议源头预防和在行政程序中实质性解决制度机制。三是进一步发挥行政应诉在建立健全依法行政长效机制中的重要作用。四是进一步完善司法与行政良性互动机制，不断提高综合化解社会矛盾纠纷能力。

2021 年度

2022 年 5 月 25 日上午，北京四中院召开线上新闻通报会，公开发布《2021 年度行政案件司法审查报告》。这是北京四中院自建院以来，第七次发布行政审判白皮书。

多名人大代表、政协委员、中央市属新闻媒体记者在线参加了新闻通报会。

据通报，2021 年北京四中院行政诉讼收案数量呈上升趋势，新收一审行政案件 1264 件，同比增长 35.62%。审结一审行政案件 1234 件。审结案件数居前三位的行政领域分别是：土地房屋征收、公房管理等城建类 872

件，违法建设、规划许可等规自类 125 件，村务公开类案件 58 件，其中城建类仍是案件数量最多的涉诉领域。此外，还出现了涉及养殖腾退、国有资产管理等领域的新类型行政案件。从涉诉行政行为类型看，2021 年审结的一审行政案件主要集中在行政复议（200 件）、履行法定职责（157 件）、行政处理（154 件）、行政强制执行（138 件）、政府信息公开（119 件）等。

通报情况显示，2021 年北京市 16 个区政府均有涉诉案件，但分布区域并不均衡，主要集中在主城区范围内。其中，东城、丰台、西城、海淀涉诉案件量居前四位，分别为 213 件、179 件、113 件、91 件，占全年受理一审行政案件总量的 46.92%。延庆、密云、门头沟、平谷涉诉案件量则居全市后四位。2021 年，北京四中院审理的各类案件中行政机关负责人通过线上或线下方式出庭应诉 43 次，其中时任石景山区区长李新、延庆区区长于波、顺义区区长龚宗元作为行政机关正职负责人主动出庭应诉。

白皮书显示，2021 年各区政府推进法治政府建设、依法行政的情况总体较好，但部分案件也反映出行政执法中存在行政复议层级纠错功能和行政争议多元化解机制作用发挥不充分、全面依法履行法定职责存在薄弱环节、主动作为意识有待强化等问题。同时，行政机关行政应诉能力有待进一步增强，实质性化解争议主动性和积极性有待进一步提高，行政机关在今后的执法及应诉中需对以上问题予以重视。

为进一步助推法治政府建设，北京四中院副院长在发布会上表示，行政机关提升执法和应诉能力，首先应强化树立以人民为中心的发展理念，处理好程序正当和实质公正之间的关系，在行政执法中进一步增强运用法治思维和法治方式解决社会治理问题的能力，注重源头预防和化解行政争议。此外，还需进一步发挥行政应诉和司法建议在依法行政中的促进作用，不断完善配套机制建设。北京四中院还提出，后续将进一步完善司法与行政良性互动机制，不断形成行政审判助推法治政府建设合力。

2022 年度

2023 年 5 月 18 日上午，北京四中院召开新闻通报会，对在 2022 年行政审判实践中发现的各区行政案件涉诉情况如何、行政争议一般因何而起、行政执法还需要注意哪些问题进行总结梳理并形成《2022 年度行政案件司法审查报告》对社会公开发布。

2022 年，北京四中院共受理一审行政案件 597 件，二审行政案件 339 件。其中，一审行政案件主要涉及集体土地征收拆迁及补偿、国有土地上房屋征收补偿、公房管理、违建拆除等领域，在涉诉案件数量方面，东城区最多平谷区最少，且各区政府、市政府涉诉案件数量均有所下降，但行政机关败诉率较 2021 年有所上升，败诉案件主要集中于棚户区改造、养殖清退等领域。二审案件中，以区、市市场监督管理局为被告的涉互联网行政案件共 35 件，呈现逐年攀升态势，反映了网络消费者对监管部门处理产品服务质量、商品价格、广告宣传等领域投诉举报的能力提出了更高要求。

据北京四中院介绍，北京四中院通过对被诉行政行为的合法性审查，确立了典型案件的裁判规则，明确了棚户区改造项目中拆除行为、赔偿补偿的责任主体，规范了养殖清退项目中强制清理程序及补偿标准，细化了公房管理部门对承租人及家庭成员资格的认定标准，通过公正司法切实维护人民群众合法权益。

在优化营商环境方面，北京四中院也通过行政争议化解取得了一定成效。行政机关败诉的涉民营企业案件共有 10 件，另有一件因房屋限售引发的不履责案件经法院数十次沟通和九轮调解，最终促成企业与政府达成 5.2 亿调解方案并完成履行，切实维护了民营企业产权和企业家合法权益。此外，北京四中院依托跨区化审理天津环境保护行政二审案件的职能优势，充分践行“两山”理念，监督、支持、规范行政机关及时履责，引导行政相对人爱护环境，为区域生态文明建设和绿色协同发展提供优质高效司法服务和保障。

通过行政案件司法审查发现了哪些行政执法问题？北京四中院在通报中表示，部分行政机关在履行法定职责时存在职责不清或履责不实质、不充分、不及时的问题，有些单位执法程序不规范、证据意识不强，个别行政协议履行不到位，一些行政相对人依法应该获得的合理赔偿、补偿未能及时有效实现，此外还有部分行政机关主动化解行政争议的成效欠佳。对此，行政机关应不断提升法治理念、法治思维，通过多种途径提升行政执法能力、加强行政应诉工作，并进一步发挥行政复议纠错解纷作用，加强纠纷源头治理，推动行政争议多元化解、实质解决。

2023 年度

2024 年 5 月 9 日上午，北京四中院召开新闻通报会，公开发布《2023 年度行政案件司法审查报告》。该院已连续九年发布行政案件司法审查报告。

数据显示，2023 年，北京四中院受理的一审、二审行政案件总量达 1104 件，相较 2022 年均有所上升。其中，北京市 16 区政府涉诉的一审行政案件集中于城建和规土两大类行政管理领域，主要包括公房管理、国有土地上房屋征收与补偿以及集体土地征收、拆迁及补偿等。此外，随着行政复议体制改革的深入推进，北京四中院受理行政复议案件所涉行政管理领域呈现多元格局，公安交通、市场监管、人力社保等领域行政争议经复议程序后进入四中院审理的案件较多。

以数字经济为代表的新业态新模式蓬勃发展为行政监管带来了挑战，集中表现为相关行政案件数量的增长。北京四中院介绍道，2023 年，四中院审理的涉互联网行政上诉案件相较 2022 年同比增长 126.8%，其中因商品质量或服务的投诉举报引发的行政争议占比近九成。

在行政诉讼助推法治政府建设方面，2023 年，共有 12 个区政府正职或副职区长在北京四中院出庭应诉 27 件行政案件，涉及重大公共利益、社会高度关注或者可能引发群体性事件的案件均有行政机关负责人出庭出声，发挥了关键少数依法行政的引领带动作用。此外，北京四中院还建立“司法建议+N”机制，通过司法建议、政府常务会会前讲法、公开庭审观摩等举措，助推法治政府建设。据悉，该院年内向各区政府发送司法建议 8 篇，回函率 100%。

白皮书显示，2023 年各区政府推进法治政府建设、依法行政的情况总体较好，但是部分案件也反映出行政机关在切实履行法定职责、复议实质解纷能力、争议源头治理能力等方面存在一定的不足。例如，对某些领域的法定职责认识不清、主动纠错意识有待进一步提升等。

为进一步为助推行政机关加强法治政府建设，北京四中院发布会上表示，行政审判是政府法治建设工作的晴雨表，能够直接反映行政机关及其工作人员依法行政的能力和水平。为深入贯彻落实习近平法治思想，进一步推动行政争议实质化解，提高行政机关依法行政水平，持续深化“法治中国首善之区”建设，结合行政审判中反映出的行政执法问题，该院建议，行政机关应进一步强化法治意识，提升运用法治方式解决改革发展难题的能力，加强行政执法规范化建设，并注重行政争议的预防和萌芽阶段的化解，不断强化纠纷源头治理。同时，行政机关还应发挥行政复议化解行政争议的主渠道作用，加强府院联动，全力推进法治政府建设成果的实现。